中国商贸经典文化

中国商路文化

王茹芹 编著

高等教育出版社·北京

内容摘要

本书是中国商贸经典文化项目的子项目之一。

本书主要研究古代商人用自己的双脚走出的丝路、茶路、盐路和粮路等历史演变进程：汉、唐、宋、明、清等不同朝代的朝贡贸易、茶马互市、盐专卖、大运河漕运等长途贩运交易史实；沿线的古城、古镇、古港，还有古国名城遗址等历史文化；中原商人、西域商人、舶商、蕃商、马帮、脚夫、外茶商、盐商和粮商等从商有为、经商有道、聚财有方的智慧和充满艰辛的传奇历程等内容。千古往来的中国商路，超越时空展现了商人的智慧和商贸力量。潜心阅读它们，体验一次和历史的亲密对话，会领悟到商路中"商可富国、商路兴城、商联天下、商无止步"的文化内涵，同时会感受到商贸的力量，尤其能加深对中国商路是富国之路、福民之路、文化之路和友谊之路的认识。

本书图文并茂并配有视频、图片、文本等二维码资源，呈现出能看、能读、能听的立体化功能，使中国商路的历史文化进一步活化，使人身临其境地研读历史，感受中国商路的魅力。

中国商贸经典文化项目委员会

顾问：

胡　平　张志刚　吴　慧

专家：

阎守诚　魏明孔　宁　欣

编委会主任：

王茹芹

编委会副主任（按汉语拼音排序）：

李琳琦　赵丽生　周建松

委员（按汉语拼音排序）：

程淮中　程龙刚　戴裕崴　邓昌大
姜义林　兰日旭　李　飞　李富森
李宇红　梁仁志　梁伟样　庞　毅
齐小萍　陶昌学　王安兴　徐汉文
徐盈群　薛茂云　易思飞　俞步松
张宝忠　张　红　张　卿　张维东

商贸的力量——"中国商贸经典文化"总序

世界上任何一种文明的兴起和繁盛，几乎都是从商贸开始的。古希腊文明的兴起就是源自其独特的自然地理环境所造就的海外贸易与工商业的发达。古印度文明的兴起也得益于其与古代阿拉伯地区繁荣的贸易往来的推动。古代中国更是如此。我们在讨论先秦历史时，总是要谈到商人与商业在其中扮演的极其重要的角色，以范蠡、白圭、吕不韦等为代表的一大批富商大贾已经成为先秦中国的重要标志。后来，美国的兴起也遵循着这样的规律，它既是因贸易而建国，更是因贸易而发展繁荣直至达到鼎盛，甚至连改变美国历史的美英战争也是因贸易纷争而引起的。凡此种种，均揭示了商贸在人类文明发展史上的重要影响或强大力量。

商路、商帮、商号的崛起，可以说是中国传统社会商业发达的三大标志，也是传统中国发展最为鲜活的推动力量。丝绸之路的兴起，为汉唐盛世奠定了重要基础，一大批因商而兴的世界级城市拔地而起，成为当时中国富庶与强盛的重要标志，从而使中国文明成为令人艳美的楷模。宋代以后，陆上贸易继续发展的同时，海上贸易更是大踏步前进,从汴梁到临安,从宁波到广州，在商业的催生下，一大批城市迅速出现，市民经济光彩夺目，文化发展空前繁荣。还出现了世界上最早的纸币——交子。宋室南迁带动南方商业的快速发展，更是直接推动了中国经济中心南移国策的最终完成。明清时期，中国的商业经济呈现出一片繁荣景象。此时的中国已然成为世界商业中心、经济中心和文化中心之一。此时的商人空前活跃，商人地位也日渐提升，以山西商帮、徽州商帮、陕西商帮、山东商帮、福建商帮、洞庭商帮、广东商帮、江右商帮、龙游商帮、宁波商帮"十大商帮"为代表的商帮集团异军突起，对当时的社会政治、经济、文化等各个领域的发展均产生了重要而深远的影响。此时与百姓生活息息相关的一大批知名商号兴盛繁荣。它们以精益求精取胜，研制出一个个世代相传的绝技精品，创造出一块块蜚声中外的金字品牌。今天的各种著名中华老字号中，有一批就是明清传统老字号的延续和发展。同时，为了顺应商贸的发展，钱庄、票号等金融组织日趋发达，机构遍布海内外，对全国统一市场的形成和发展对外贸易发挥了重要作用；"龙门账法""四脚账法"等会计方法也促进了商贸管理水平的不断提高,领先于世界。

从某种意义上说,商路不只是商贸之路,也是文化之路、创新之路。不同地域的文化通过商路而流动传播、交汇融合;商路上的商品和经商手段不断创新,推动着中国传统商业文明的不断进步和中外商业文化和经营理念的不断更新。商帮不仅是商人群体,也是文化群体和创新群体,他们推动传统商业的进步、经济的发展和商业文化的不断传播。商号也不只是商业店铺,它们也是传统文化的重要载体和创造者。金融也不只是钱庄和票号,其文化更是光辉灿烂,仅就商品交换媒介的货币,其本身的制作工艺、文字书法、图案设计等均体现出当时的思想意识形态和精神追求,货币文化随商贸往来而传播各地。同时"龙门账法"和"四脚账法"等会计方法也反映出当时的核算经济活动的簿记水平的科学高度,并代表着管理者对经济活动收支盈余关系认识的先进水平。正是商路、商帮、商号、钱庄、票号和会计,让中国传统商贸的力量展现得淋漓尽致,使商贸具有了富国福民的意义,成为沟通中外、汇通天下、变革古今的重要载体和力量。也正是它们,为传统中国的辉煌奠定了基础。可以说,它们给传统中国的发展和进步提供了不竭的动力和源泉。

尽管以今天的眼光来看,传统商路、商帮、商号、票号和钱庄不可避免地带有时代的局限性,传统会计方法也已经作古。但任何一种事物只要适应了它所在的时代和社会,并为那个时代人民的利益和社会的进步做出贡献,它本身就是有益的。我们不能以今天的眼光去审视传统,而必须将其放在特定的历史或时代背景下加以认识和评判,这样才会更加客观、公正和科学。从这个角度看,中国的传统商路、商帮、商号、票号和钱庄,以及传统会计方法对中国传统社会的发展,无疑起到了非常重要、积极的作用。

与此同时我们也发现,几千年来中国商业在发展的同时,商人的权益和地位始终没有得到很好的制度性保障,商业的发展还会遭受种种严苛环境的磨砺甚至限制、打击。商人因而往往缺乏安全感和对商人身份的认同感。正是在这样的背景下,抑商现象比比皆是,几乎成为传统时代的一种社会潮流。一方面是商业的不断发展和商人队伍的日趋壮大,另一方面是商业环境的严峻和商业发展的不断被打压,这看似矛盾的场景却在中国传统社会商业发展史上不断上演。这种现象如何认识?对今天有何深刻的启示?这些都是颇值得深思的问题。

中国商业史学会与高等教育出版社合作的"中国商贸经典文化"项目,

就是要弘扬商贸文化,感受商贸的魅力,让商贸更大地发挥对富强国家、造福人民、传播文化和发展社会的推动力量!同时也要通过考察、研究中国传统时代商路、商帮、商号、票号和钱庄的兴衰发展演变的历史规律,来为破解现代中国商业和文化发展的密码提供帮助。同时,我们也希望这几本书能够为中国传统商业文化的传播做出有益的贡献。如此,则我们的心愿就达到了。

中国商业史学会会长 王茹芹

2019年6月1日于北京

前　言

一、研究背景

商路，是因商人的贸易往来活动而形成的线路。中国商路特指历史上商人依托人力、畜力和物力等传统运输手段长途贩运商品的商贸往来线路。中国商路从形成、发展到衰落经历了一个漫长的历史演变过程，其兴衰演化的规律以及留存的各类遗产具有典型的商贸历史文化价值。据《尚书·禹贡》记载，禹分天下为九州——冀、兖、青、徐、扬、荆、豫、梁、雍，并且"相地宜所有以贡"，规定其他八州经各条水陆道向王都冀州入贡，同时，夏王朝又以冀州物产加以赏赐。可以认为，贡路是中国商路的早期形态。

古老的中国，在漫长的历史进程中，商人们货殖致富。其商贸活动历经千年绵延，带动了沿路国家、地区的经济发展和文化交流，出现了"因路而生、因路而兴"的城镇化现象。至今遗存的具有典型意义的商路遗址和遗物，及相伴而生的生态环境具有独特的历史文化价值。2014年6月22日，在卡塔尔首都多哈召开的第38届世界遗产大会上，中国大运河和由中国、哈萨克斯坦和吉尔吉斯斯坦联合申报的"丝绸之路：长安—天山廊道的路网"，都被联合国教科文组织列入《世界遗产名录》。具有典型商路意义的中国大运河和丝绸之路成为人类社会共享的世界文化遗产。作为拥有世界文化遗产的大国，必然要承担好保护和研究遗产文化的责任。

现在的中国比历史上任何时候都更加重视中华民族历史文化遗产的保护和传承，正在知古鉴今，传承延续两千多年历史具有典型商路意义的"丝绸之路"文化，建设"一带一路"国际大通道，贯穿亚、欧、非大陆，使更多的国家和人民分享中华民族在多元文化的国家和区域之间友谊交往的历史文明。在经济全球化趋势的现代社会中，"一带一路"沿线国家和地区携手推动和实现政策沟通、设施联通、贸易畅通、资金融通和民心相通，使沿线多元文化国家之间互信、互通、互补和共同繁荣，这将是中华民族振兴新的历史画卷。为此，研究中国商路、领略中国商路历史文化价值显得十分必要和紧迫。

二、研究对象

中国商路主要集中在近代以前，依托人力、畜力和物力来完成相对固定的长距离商贸往来活动，在近代之后随着现代交通的出现以及其他因素的影响，逐步走向衰落。中国商路是中国传统商业形成和发展过程中一个重要的历史现象，是中国商业历史发展演变的重要内容。中国商路研究是中国商业史研究的深入，为中国商业史研究增添了新的视角，同时，也丰富了中国商业史研究内容。

中国商路以线路上商贸往来的历史事件和规律为研究对象，研究线路历史演变过程、结构要素特征、历史贡献及其现实价值。本书的中国商路研究范围主要来源于以下两类：一是经权威机构认定列入遗产名录，其中具有典型商路意义的项目，如丝路和粮路，这是对遗产项目的深入研究；二是现未被权威机构认定列入遗产名录，但史料有明确记载，同时有保留至今的相关遗址、遗物等遗产，并具有商路典型意义的历史文化价值，如茶路和盐路等，这是中国商路研究的普遍范围。据此，本书重点撰述了苍茫戈壁上的陆上丝路、远渡重洋的海上丝路，重峰峻岭间的茶马古道、绵延中蒙俄的万里茶道，纵横疆土的千古盐路和贯通南北的漕运粮路。以上丝路、茶路、盐路和粮路四个门类共同构成本书的研究范围。

据文献史料记载，由中国商人"凿空"的商贸往来通道涉及疆土内外，有蜿蜒疆土的水、陆通道，也有延伸内外的国际通道。这些通道中，用商品特征命名的除丝路、茶路、粮路、盐路外，还有瓷器路、珠宝路、玉石路、皮货路、药材路等；用线路地理特征命名的有绿洲路、草原路、沙漠路、海洋路等；另外还有以交通工具命名的驼队之路、马队之路、船队之路、车队之路等。中国商路种类多、区域广的特点无疑使研究更具有理论价值和现实意义。如果通过本书，能够引起相关的研究人员、教师和行业人员对中国商路的关注，开展多门类商路研究和弘扬商路文化的氛围，那么编纂本书的重要初衷就实现了。

三、研究内容

本书以中国商贸线路的历史演变过程、结构要素特征、历史贡献及其当代价值为主要内容，以"有哪些商路、商路什么样"为主线形成四篇七章的主体结构。四篇是按商品分类，分丝路篇、茶路篇、盐路篇和粮路篇。每篇又按具体线路分章，丝路篇分陆上丝路和海上丝路两章，为第一、二章；茶路篇分茶马古道和万里茶道两章，为第三、四章；盐路篇分海盐商路和井盐商路两章，为第五、六章；京杭大运河漕运的粮路篇独立成章，为第七章。各条商路分章叙述，七章内容呈现了本书撰述的七条商路。在各章下分节阐述商路的要素特征，分历史沿革、商品贩运、沿线城镇、沿路商人、历史影响五个要素设节撰写内容。五要素内容以历史沿革的史实为基础、商贸特性为核心、历史影响为终极，并用五要素内容统合各条商路的面貌，告诉读者同口径的中国商路历史轨迹。

1. 历史沿革

概述商路演变的历史轨迹，以时间为序叙述各条商路的兴起、繁盛、衰落进程，重点阐述唐代的陆上丝路、明代的海上丝路、明清的茶路和盐路以及粮路的繁盛状况，并揭示中国商路兴衰与政权更迭、历史战乱、自然环境改变和新功能替代等因素的关联性，这是对中国商路总体状况的基本认识。

2. 商品贩运

把商路上贩运的商品和贸易联系起来，集中阐述商路的商贸特性。商品内容的撰写以贩运的主要商品为重点，又记述了贩运的其他商品，生动地勾画了活跃在商路上的贸易往来。关于盐路，因产盐地域的不同，有海盐、井盐、池盐的区别，又因井盐与池盐都在我国的内陆地区，贸易形式等方面基本相同，故在内容上仅涉井盐而舍去池盐；粮路虽不限于漕运，但以京杭大运河为依托的南北粮食漕运的历史影响最大，故在行文上就以此为中心，叙述粮路特征。显然，数千年连续不断的商路流通，难以对每条商路和商路上贩运的每个商品分别加以考察和计数，以历史影响最大的商路的历史现象和事件为中心进行考察，可以反映商路历史文化所具有的典型性特征。

贸易的撰写内容包括贸易的制度、政策、机构、形式和管理者等，记叙了重要历史阶段的不同商品的贸易往来规制和方式，体现上层建筑和经济基础的相关环节对商路贸易的影响。尤其是商路上中央政府与周边民族和域外各国以进贡和回赐为特征的以物易物的朝贡贸易，唐、宋、明各朝各代的茶马互市，延续古今的盐专卖政策，大运河漕运等长途贩运史实，是中华民族独有的商贸历史文化遗产，使中国商路的历史价值具有不可替代的地位。"商品贩运"内容是对中国商路的本质认识。

3. 沿线城镇

沿线城镇是中国商路概念的重要构成要素，撰述中国商路沿线城镇的商贸历史事件和文化，反映"因城兴路，因路兴城"历史现象，是本书的重要特点。书中运用大量文献史料以及遗址和遗物等实物史料，叙述了商路沿线的重点城市、要镇、商埠和港口的商贸事件和历史文化。这些城镇有的是贯通亚欧大陆商路的沿线城镇和港口，有的是分布在国内疆土商路的沿线要镇、商埠、关口和驿站等。其中有延续或保留至今的古城、古镇、古港等，也有现已消失的古国名城。书中还关注到了"因路兴城"的重要历史现象。这个重要现象就是因为商人在商路上要停留和居住，先在要道旁建立了很多定居点；这些定居点逐渐发展成商品转运站，又形成商贸集散地；再随着时间的推移便成为要道城镇的"因路兴城"现象。历史上，不计其数的沿线城镇和港口，形成商路独有的景观。而这些城镇和港口的商贸历史事件和文化，使中国商路内容丰富、特点突出，这是对中国商路的深层认识。

4. 沿路商人

撰述商路上商人及相关群体的活动，记述各路著名商人的从商有为、经商有道、聚财有方的史实，反映商人的特性和追求，赞誉商人精神。书中具体叙述了丝路上的中原商人、西域商人、舶商和蕃商；茶路上的马帮、脚夫、商号、锅庄、外茶商和内茶商；盐路上的盐商和粮路上的粮商等商人的经商事件。其中还具体记述了通晓多种语言的中亚胡商，在丝绸之路上把中国的丝绸、香料、漆器、铁器、金银器等运到中亚，经长途跋涉后，转手卖给波斯人、罗马人、印度人或者草原上的游牧民族，以及他们在从事贸易的同时，还传播语言、艺术、技艺和宗教的历史过程。商路上无论是中国商人还是外国商人、是行商还是坐贾，都经历过来自沿途的政治、经济、自然和社会等因素带来的风险考验，其中大多数商人获得了丰厚的风险回报，许多人成为富商巨贾，使商路商人富有特殊的魅力，并成为"善为货殖"的典型。商人创造了商路，这是对中国商路的根本认识。

5. 历史影响

将中国商路放在经济社会环境中去分析，在认识中国商路的内在结构和特性基础上，分析商路对沿线经济社会的影响和贡献力，理性认知中国商路的"历史影响"。书中具体分析了商路上贸易往来对沿线的经济发展、城镇繁荣、商贸流通和文化交流等方面的影响作用。强调了丝路对中、西民族往来和国际交往的影响力，茶路在联结边疆与内陆、贯通欧亚大陆的历史作用，盐路"两淮盐利之巨，居天下赋税之半"的历史贡献，粮路对国民生活和社会稳定的特殊意义；还赞颂了商人走出来的"路连天下、商通世界"的商路，使商路不只是商贸路，还是文化路、福民路、文明路，是全人类共享的文化遗产，这是对中国商路的理性认识。

四、研究特点

中国商路不只是商贸之路，也是文化之路、友谊之路和创新之路。中国商路文化是中华民族优秀传统文化的经典，也蕴藏着丰富的现代社会发展的智慧和启示。本书研究的中国商路是以联合国教科文卫组织列入《世界遗产名录》的丝绸之路和中国大运河为背景，依据权威史料中的明确记载，并有保留至今的相关遗址、遗物等遗产，将研究框架确定为丝路、茶路、盐路和粮路。本书旨在创建中国商路文化体系，挖掘中国商路独有的"商通世界、路联天下"的历史文化价值，揭示中国商路在人类文明发展史上的重要影响和推动力量。因为中国古代商路的大多数物理特征和社会功能已经消失，要在商路遗存的路段和城镇中探寻历史演变进程，在丰富的史书和文献资料中梳理思路，所以本书从构思、策划、组织实施到出版经历了十年磨一剑的艰苦研究过程。

1. 研究过程

2007年，笔者时任北京财贸职业学院院长。为了建设校园文化，设计并组织建设了以"陆上丝路、郑和下西洋、茶马古道和大运河漕运"四条中国商路历史文化为内容的石雕"商苑"广场；2009年，将丝绸商路、大运河商路、郑和下西洋、茶马古道等商路历史文化列为数字资源建设项目。2010年，立项建设了"大运河校园景观"，将通州、天津、济宁、扬州、杭州等运河沿线经典景观按比例尺建在校园，使河道和景观交相辉映，成为京杭大运河漕运文化的传播基地。2012年，在国家大运河申遗期间，笔者又组织了有22位专家参加的核心考察团自北京通州运河广场出发，一路沿运河南下，车行考察1794公里，在北京、临清、聊城、台儿庄、淮安、扬州、无锡、杭州等地进行了调研考察。这次调研考察，是推进大运河商路文化研究的探寻之旅，也是支持国家大运河申遗的传播之旅。

在十多年的时间里，经历了搜集资料、撰写初稿、研讨论证、统稿四个环节的研究过程。

（1）2010—2012年是搜集资料环节，素材和数字资源的资料搜集工作；

（2）2013—2014年是撰写初稿环节，在搜集资料的基础上形成了初稿，并制作了视频、图片、文本等类型的数字资源；

（3）2015年，完成了初稿，并对初稿组织了广泛的研讨和论证；

（4）2016年至今，完成了定稿、统稿和出版等工作。

现在看来，对于历史课题的研究，扎实搜集资料、精心撰写初稿、广泛研讨论证、认真统稿出版的四环节缺一不可，其中搜集史料、整理史料是基础，四环节形成递进研究过程结构，各环节成果互相作用，统一形成研究成果。实际中，因课题内容不同，会出现研究过程各环节的时间、顺序或具体工作安排的灵活性，但我们认为"四环节研究过程"反映了历史文化课题研究路径的普适性。

2. 章法体例

我国历史研究有"横排竖写"和"竖排横写"等成熟的章法体例结构。这些章法体例是继承纪传体和编年体研究传统，形成的编排篇目和记述史实的一种研究方法。其中，按事物的属性将研究内容划分为若干类别，以类别为纲横排篇、章、节、目，再按时间顺序竖写最低层次节或目的内容，从前至后记述史实，称"横排竖写"；按时间顺序，以纵为主，先纵后横，反映事物的兴衰起伏，称"竖排横写"。研究历史讲究章法体例，并形成可鉴可用的成熟方法，是中国独有的良好传统。

中国商路类别多，构成要素面广，我们总体运用了"横排竖写"章法体例。书中"横排"分三层结构：一是以商路流通商品的属性横排形成四篇；二是以商品的具体线路横排形成七章；三是各章以商路的五要素横排形成五节，横排的篇、章、节结构，使全书内容层次分明，领属关系明确，呈现了中国商路的整体形象。书中"竖写"是指各节按时间顺序撰写商路的要素特征，以时系事，纵向叙述要素事件发生的背景和原因、具体发展过程、过程中的特征等。竖写中国商路构成要素，将七条商路贯穿两千余年发生的相关史实萃为一书，使全书内容体现了比较丰富的历史知识和历史智慧。"横排竖写"体例结构，横排了多条商路，展现了内容的宽度；竖写了丰富的史实，突出内容的深度。"横排竖写"体例结构清晰地体现了"有什么商路、商路什么样"的内容逻辑，表现出中国商路文化的立体性，反映中国商路具有的独特历史文化价值。

在"横排竖写"体例中，因"竖写"事件对史料的连续性要求较高，又因书中每节内容的特征不同，因此书内有些节里内容出现竖写特点不够突出的问题，这有待于今后的深入研究进一步解决，但也不影响我们对"横排竖写"体例结构适用商路研究的认识。

3. 著述方法

我们坚持马克思主义唯物史观，通过记述、叙述、阐述、论述等著述方法，体现"史论结合、论从史出"的态度和方法。在研究过程中，我们对历史资料的"记述"，坚持存真记实、如实记史；对历史事件始迄、要素和顺序的"叙述"力求完整；对历史事件的性质、相互关联性、发展变化原因"阐述"力求清晰；对历史事件的观点和见解体现"论从史出"的严谨态度。在研究中国商路定义的过程中，我们面对商路普遍存在于不同社会形态之中的客观事实，在交通的路线、工具和技术等不同情形中寻找典型商路意义。通过对中国商路不同表现形式的寻根溯源，考察追踪，确认在中国漫长的古代社会，以丝绸之路为代表的商路，依托人力和畜力的商贸往来，与古代经济相依相存数千年，具有独特的历史文化价值。故把中国商路定义为"历史上商人依托人力、畜力和物力长途贩运商品，并形成具有重要历史影响力的线路"。概念的要素完备、要义鲜明、时界清晰，对中国商路的讨论有了共同基础。

围绕概念的要义,由"道路"上升为"商路"的论证是全书的要旨。如果"道路"论证不够,全书根基不牢;如果"商路"论证不够,内容苍白无力。我们坚守马克思主义唯物史观,按照"史论结合"的要求,以道路属性为载体,将商贸属性贯彻于道路载体上,记述相关线路的起止地、路段界限和沿线标志等物理特征,阐述了商路的道路属性;又用商贸的视角,在道路载体上阐述商品贩运、贸易形式、沿线商人和沿线城市等商贸历史现象,使道路具有了商贸属性进而成为商路;同时,叙述了商路历史演变进程,论述了商路的历史贡献。

4. 内容形态

全书内容形态以文字形式为主体,图片、数字化资源为辅助形式,采用了文字、图片、数字化资源"三位一体"的新形态。

书中的图片有线路图、人物图、事件图、历史遗迹图、文物图等,这些图片在相应内容中,具有感性、直观、客观、真实、准确反映史实的价值。图片和文字相映相间表现内容,图文并茂,不仅在直观上拉近了历史和现代的时空距离,而且增强了内容的历史文化氛围,还提升了内容的吸引力。图片是以形象思维为基础,通过直观形象反映历史本来面貌,在全书内容中起到重要作用。

按照高等教育出版社的要求,突出"互联网+"出版的时代特征,运用现代信息技术,建设了关于商路的历史事件、历史知识、历史遗迹和历史人物等的数字资源。这些资源有的是对历史知识的扩充,有的是对历史事件的还原,有的是对概念和含义的解读,还有的是对遗址、遗物等遗产的展示。这些数字资源的运用,使本书知识容量实现了进一步超越,中国商路历史文化实现了进一步活化,可使人身临其境地研读历史,感受历史文化的魅力。读者可以扫描本书边白处的二维码观看,增强阅读体验的人性化。

"三位一体"的新形态,使本书有了能看、能读、能听的功能,运用多种思维方式解读知识和历史,也把本书传播知识和文化的功能推向新阶段。但是,因本书的历史文化属性,较多出现古文献、文言、古人名、古地名、旧图片等内容,这些文字或许有时读起来佶屈聱牙,图像可能也已经模糊褪色,但潜心阅读它们,是对中国商业文化传统和经典文化的一次"巡礼""亲密接触"与体验。

5. 专家团队

鉴中国商路演变，建中国主体商贸文化，成商路研究一家之言，是本书研究十余年的追求。因为中国商路已时过境迁，所以史料的搜集和考订工作非常艰辛。令人非常欣慰的是，在研究过程中始终得到高水平专家在不同研究阶段的支持和协助。本课题研究的专家顾问有：首都师范大学历史系博士生导师阎守诚教授；中国经济史学会会长、中国社会科学院经济研究所博士生导师魏明孔研究员；北京师范大学中国古代史教研室主任、国家重点学科——北京师范大学中国古代史研究中心副主任宁欣教授。

在研究前期，由北京财贸职业学院高职研究所所长孙万军教授领衔的教师队伍，协助完成了丝绸商路、运河商路、郑和下西洋、茶马古道等史料搜集和数字资源建设，为初稿的撰写奠定了扎实的基础。在审稿、定稿阶段，中国商业史学会专家对初稿内容逐章进行了细心的考订和完善。他们分别是：中国商业史学会副会长、北京工商大学教授庞毅；中国商业史学会副会长、对外经济贸易大学教授孙玉琴；中国商业史学会副会长张维东；中央财经大学教授兰日旭；山西财经大学教授张亚兰；四川自贡市盐业历史博物馆馆长程龙刚、文博馆员邓军；江西中医药大学教授吴海波；武夷学院教授刘勤缙；江苏淮阴师范学院副教授李德楠；西北大学副教授李瑞哲。同时，中国商业史学会副会长、扬州大学教授黄俶成，北京财贸职业学院的三位副教授陈凌、于继超、杨绍萱也参加了相关统稿工作。本书凝聚着众多专家学者的集体智慧，是大家精诚协作的共同成果。在此向为本书付出努力的所有专家、学者和老师们表示诚挚感谢！因笔者个人原因，书中会有一些不尽如人意的地方，有待于今后完善。现在，中国商路文化研究的专家团队，积极营造百花齐放的研究氛围，努力为新时代"一带一路"国际合作发挥文化导向作用。

五、研究意义

客观现实中，中国商路的遗址遗物经长期历史演进和变迁之后，很多已经面目全非，大多数的物理特征和社会功能已经消失，但商路沿线的一些路段和城镇等历史遗存，可以超越时空展现人类社会发展历史中商贸的力量。在与历史的对话中，随着我们对中国商路研究的不断深入，我们深刻地认识到中国商路凝结着中华民族优秀文化的基因，蕴含着商贸文化的丰富内容，可资可鉴，是中国商业历史文化的宝贵财富。

1. 商可富国

运用经济学原理考察商路效益，是由商品供求在地区间的不均衡性决定的，地区差价的驱动是商路繁荣的直接原因。书中记述的丝绸价格在古罗马市场远远高出长安市场的史实，一定程度上反映了商路贸易的特性。书中记述的张骞出西域、郑和下西洋、运河粮路、盐运古道、茶马互市等历史典型事件，虽然在史籍中关于事件兴起的记载有政治、军事、商贸、文化等多种背景，但最终都以商贸闻名而产生历史影响力。

客观上，贩运商品随商路流动，使地区差价不断变动，超常差价不断产生，吸引了商人的积极性，商路贸易异常活跃。繁盛的贸易带动沿线经济的发展，国库随之充盈，在古代经济中形成良性循环。尤其是商路上往来的朝贡贸易，极大地体现了帝王的尊严，标志着帝国的强盛，展现了"商可富国"的历史文化。

2. 商联天下

中国商路的历史告诉我们，商贸活动不仅会突破地理的天然阻隔，也会冲破文化的屏障。这种屏障包括区域、国度、民族、宗教信仰、政治形态、经济发展水平的差异等。历史上星罗棋布的水、陆商路网络，穿梭在中国国土上，延伸至西亚、欧洲大陆，突破天然阻隔，冲破文化屏障，创造了商联天下的历史。书中记叙的中国丝绸陆海两路，在丝绸贸易的同时，将中国发明的造纸术、印刷术、火药等先进技术传入西亚和欧洲，印度的佛教、中亚的伊斯兰教、西方的基督教向东传入中国，成为商品、技术、文化交流的共同之路。如上所述，千古往来的中国商路，赋予了商贸独特的内涵，即通过商贸使多元文化主体间互联彼此、互通有无、共享资源、共同富裕、共建文明。这就是商联天下的文化含义。

3. 商路兴城

中国商路研究将沿线城镇纳入中国商路概念的构成要素，阐述了因商路的导向力和商贸的集聚力，出现的"商路兴城"的历史现象。书中叙述沿线的无论是延续至今的古城、古镇、古港,还是早已消失功能的古国名城的遗址、遗物等内容,都会让人领会到城市历史文化的魅力,这些是本书最富有感染力的内容。

商路兴城文化中的商贸的力量,揭开了"城"和"市"结晶成城市的奥秘。历史上,正是商路的导向力和商贸的集聚力,使沿线城镇市场繁荣、人气兴旺、商贸兴盛、建筑林立。出现过在较长时期中国商路沿线的繁盛城市成为国际化大都市,代表着世界城市文明的历史。"商路兴城"是数千年人类社会发展史中一个典型现象的总结,揭示了以商路为纽带的城镇建设发展规律。这个规律持续数千年作用于人类社会的发展过程,至今仍在现代化建设中发挥着重要影响。

4. 商无止步

中国商人先辈们用自己的双脚走出了中国商路的历史,养成了"善为货殖"的 特性,铸就了永不止步的精神。本书颂扬商人精神,强调商人是商路的主人地位,体现商人创造商路历史的基本认识。书中叙述了沿途著名商人的从商有为、经商有道、聚财有方的史实,称赞商人"善为货殖"的精神和历史贡献。赞扬了商人们面对沿途国家和城邦政权更迭带来的战乱风险,沙漠、戈壁、悬崖、峭壁、海啸等自然环境带来的艰险,沿途出没的拦截抢劫等险恶环境下坚持长途贩运,表现出不畏艰险、永不止步的精神。史实表明,正是因为这些不畏艰险、永不止步的商人,大部分获得丰厚回报而成为富商巨贾,从而吸引了更多的人从事商路上的商贸活动,使中国商路连绵不断经历了数千年演变历程,并遗存下厚重的商路历史文化遗产。商无止步,是历代商路上的商人给我们留下的宝贵的文化财富,是和中华民族生生不息的精神一脉相承的,是和中国特色社会主义现代化建设的创新精神相呼应的,必将在中华民族伟大复兴的宏伟事业中发扬光大。

2019 年 6 月 1 日于北京

目 录

第一篇　丝　路

第一章　陆上丝路

第一节　陆上丝路历史沿革　　004

第二节　陆上丝路贸易　　011

第三节　陆上丝路沿线城镇　　021

第四节　陆上丝路商人　　036

第五节　陆上丝路历史影响　　042

第二章　海上丝路

第一节　海上丝路历史沿革　　049

第二节　海上丝路贸易　　055

第三节　海上丝路沿线港口　　069

第四节　海上丝路商人　　081

第五节　海上丝路历史影响　　083

第二篇　茶　路

第三章　茶马古道

第一节　茶马古道历史沿革　　094

第二节　茶马古道贸易　　098

第三节　茶马古道沿线城镇　　106

第四节　茶马古道商人组织　　117

第五节　茶马古道历史影响　　122

第四章 万里茶道

第一节 万里茶道历史沿革	128
第二节 万里茶道贸易	133
第三节 万里茶道沿线城镇	136
第四节 万里茶道商人	152
第五节 万里茶道历史影响	160

第三篇 盐 路

第五章 海盐商路

第一节 海盐商路历史沿革	168
第二节 食盐专卖制度	173
第三节 海盐商路沿线城镇	177
第四节 海盐商路盐商	191
第五节 海盐商路历史影响	200

第六章 井盐商路

第一节 井盐商路历史沿革	207
第二节 井盐商路沿线城镇	212
第三节 井盐商路盐商	219
第四节 井盐商路历史影响	221

第四篇 粮 路

第七章 运河粮路

第一节 运河粮路历史沿革	229
第二节 运河粮路贸易	240
第三节 运河粮路线路	247
第四节 运河粮路沿线城镇	256
第五节 运河粮路历史影响	266

第一篇 丝路

01
Theme 1

第一章
陆上丝路

视频
丝路概览

丝路，即丝绸之路，有广义和狭义之分。广义丝路分为陆上丝路和海上丝路；狭义丝路仅指陆上丝路。本章所述丝路专指陆上丝路，是指西汉时因张骞出使西域而逐渐兴起的中西贸易线路。它是以今天的西安为起点，经甘肃、新疆，到中亚、西亚，并联结地中海各国的陆上通道。丝绸之路的名称，由近代德国地理学家费迪南·冯·李希霍芬（Ferdinand von Richthofen）于1877年首次提出，之后因瑞典探险家斯文·赫定（Sven Hedin）以"丝绸之路"为名的著作而为世人瞩目，广为流传。陆上丝路的贯通便利了中原以丝绸为主的多种商品与西域马匹、毛皮等商品的交换，并涌现出了一大批著名的商人和官方使者，不仅使长安（今西安）成为繁华都城，也带动了沿线地区的经济发展，在古代中西贸易往来和华夏民族文化融合中，具有重要地位。

第一节　陆上丝路历史沿革

文本
草原丝路

陆上丝路伴随历史的变迁，始于先秦，兴于汉代，盛于唐代，绵延两千余年。因不同朝代的政治、经济和自然环境等因素的影响，陆上丝路经历了凿通、延伸、繁盛、衰落四个阶段的演变过程，并从东向西延伸，形成丝路东段、丝路中段和丝路西段，连接了占世界陆地面积三分之一的亚欧大陆。

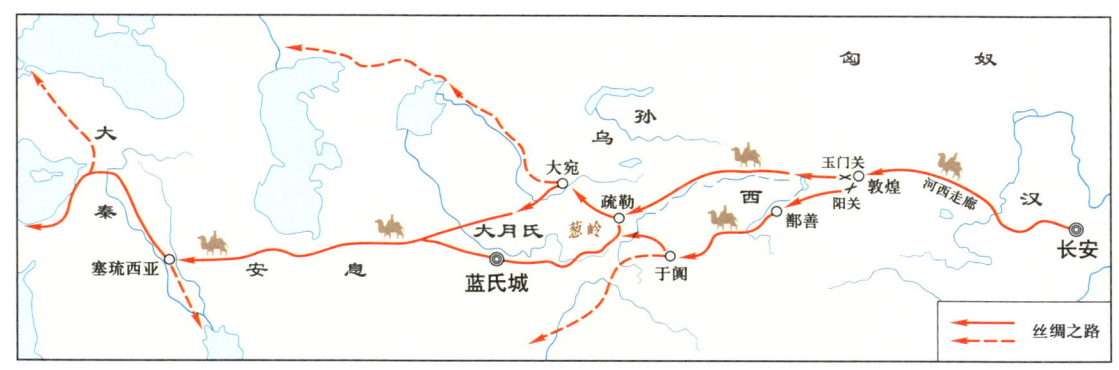

● 陆上丝路全图

一、陆上丝路的凿通

● 汉武帝画像

从青铜器时代开始，在北方草原上初步形成了一条由中原，经蒙古草原到西方的草原丝绸之路。受游牧民族"逐水草而居"和战争等因素影响，此路时断时续地得到扩展。"在张骞通西域以前，中国的丝绸、蜀布、邛竹等货物虽已销往大夏、印度等国，但中间都经过了许多国家和民族的转手贩运。"①与此相对的陆上丝路的正式贯通，则追溯到汉武帝时期。

西汉初期，匈奴控制了中国西北部、北部和东北部广大地区。当时既与汉朝又与匈奴接壤的较大地区就是西域。为了建立反匈奴联盟，汉武帝先后两次派遣张骞出使西域，并招募了大量身份低微的商人，利用政府配给的货物，到西域各国经商，开启了丝绸之路的新纪元。

文本

大月氏

公元前138年，汉武帝派遣张骞领着使团马队带着丝绸等物品出使西域，其目的是联合大月氏夹击匈奴。途经匈奴疆域时张骞被俘，10年后张骞逃出匈奴到达大月氏，但这时的大月氏已不想与匈奴对抗了。张骞在返回长安的途中，又被匈奴俘获扣留1年多，后趁匈奴内乱终于逃回长安。张骞这次出使西域虽然没有达到最初的目的，但使汉朝的影响直达西域，建立了与西域各民族之间的联系，打开了中西直接交往的通道。此后，各国的使者、商人往来于这条路上，东行的西域人带着马、毛皮及玉石，西行的中原人带着丝绸，从长安沿河

---

① 沈济时.丝绸之路.北京：中华书局，上海：上海古籍出版社，2011：9。

西走廊到敦煌，互市贸易、民间贸易日渐兴旺，胡商和中原商人聚集在敦煌进行丝绸、马、毛皮及玉石等商品交易，形成陆上丝路东段。陆上丝路东段形成于西汉早期（约公元前138年），从长安出发，经兰州进入河西走廊，经过武威、张掖、酒泉到敦煌。

壁画中的"张骞出使西域"

公元前119年，张骞二次接受使命，带领副使、将士三百余人，携带"牛羊万头""金币帛数千巨万"，从长安出发，经河西走廊、焉耆（yān qí，今新疆焉耆西南）、龟兹（qīu cí，今新疆库车、拜城一带），越过葱岭到达赤谷城（乌孙国首都，今吉尔吉斯斯坦伊塞克湖州伊什提克）与乌孙国建立关系，通过乌孙国又与大宛（dà yuān，今乌兹别克斯坦费尔干纳盆地，锡尔河上游东面），康居（咸海以东，费尔干纳西北，今乌兹别克斯坦、塔吉克斯坦境内），大月氏，大夏（今阿姆河中游一带），安息（今伊朗），身毒（shēn dú，今印度）等国建立了关系。由于西汉政府攻打匈奴节节胜利，当时已经控制了西域，因此张骞二次出使顺利，走了36个国家，和各国建立了友好往来。从那之后，汉武帝每年派使节去访问西域各国，西域派来的使节和商人络绎不绝。公元前60年，西域地区纳入了西汉王朝的版图。为了加强对西域的管辖，西汉政府设立了对西域的直接管辖机构——西域都护府，并沿着河西走廊设置郡县，派兵屯田戍守设置屏障，保证了丝路沿途的安全和旅途食宿的方便，陆上丝路进一步向西延伸形成陆上丝路中段。据《汉书·西域传》记载，从西汉都城长安出发，经河西走廊，然后分为南、北两条路线。南道从敦煌出阳关往西，经过今天的罗布泊，到达楼兰（今新疆罗布泊西北岸），再沿着阿尔金山、昆仑山北麓向西，沿着塔克拉玛干沙漠南侧西行，经过且末（今新疆且末县），精绝（今新疆民丰县），于阗（yú tián，今新疆和田），莎车（今新疆莎车），疏勒（今新疆喀什）等地，越过葱岭，向西南可以到达身毒，或向西到达大月氏、安息、条支（西亚古国名，在今伊拉克境内底格里斯河和幼发拉底河之间），最远到达地中海东岸。北道从敦煌向西，出玉门关，经车师前国（今新疆吐鲁番），沿天山南麓、塔克拉玛干沙漠北侧西行，经过龟兹、姑墨（今新疆阿克苏）、疏勒等与南道汇合，再越过葱岭到达大宛、康居，再经过安息、条支到达大秦（罗马帝国）。南道开通较早，张骞通西域后更加畅通，北道到汉宣帝时才畅通无阻。

视频

陆上丝路兴起

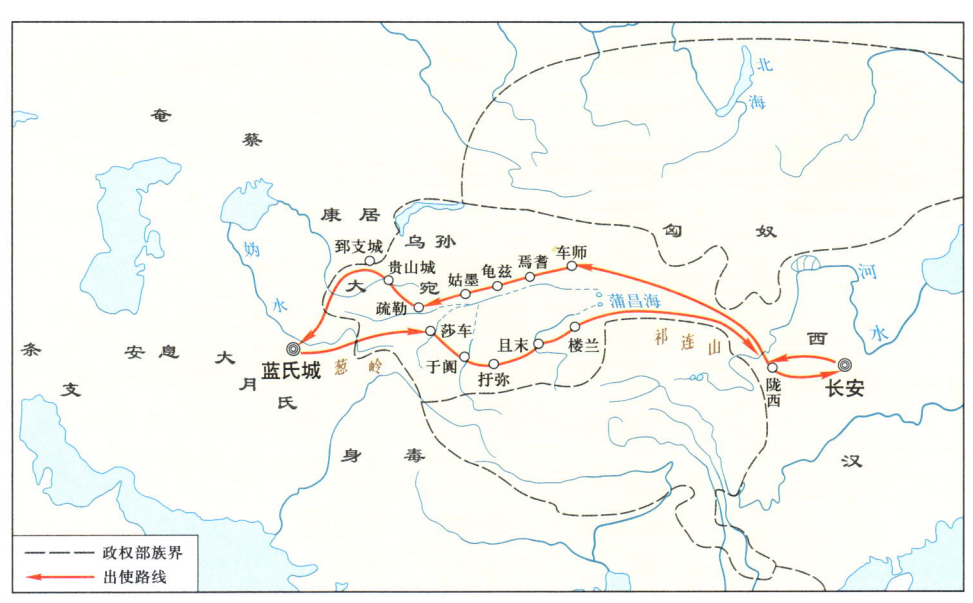

🏵 张骞通西域路线图

陆上丝路的兴起，东、中两段贯通，是西汉帝王实现统一西域伟略的重要标志。同时，以丝绸为主的商品贸易带动了沿线地区和城镇的发展，长安已成为中国丝绸的重要集散地。当时的政府用两种方式征集货源：一是政府官方征调以及国家税收，使大批丝绸由各地涌入长安，被收入国库，用作赏赐、互市贸易的回

视频
———
陆上丝路
凿通

赠品;二是中原的丝绸商人,从产地将一批批丝绸和手工业制品转运至长安的东市和西市。以丝绸为主的商品在长安集中之后,商人们经陆上丝路由东往西贩运。这些具有冒险精神的商人,大部分获得丰厚回报而成为富商巨贾,从而吸引了更多人从事丝路上的贸易活动。由于中国的丝绸色彩绚丽、质料柔滑,穿着舒适,在西域被认为是最上等的衣料,因而逐渐风靡域外诸国。于是,西域商人抓住商机,携带着西域特有的商品,如马、毛皮、珠宝、玻璃器皿等随着使团进入中原来到长安,由此推进了丝路的贸易往来。

二、陆上丝路的延伸

张骞"凿通"陆上丝路之后,陆上丝路时断时续地向西扩展。公元73年,班超出使西域,进一步疏通了陆上丝路的东、中两段;公元97年,班超派遣甘英出使大秦,虽受安息人干扰而没有直接与大秦交往,但经中亚、西亚到达波斯湾。之后,历经三国、两晋、南北朝,陆上丝路的路线虽时有中断,但整体还是畅通的,并在原有基础上又有所扩展。通过陆上丝路,中国的丝绸、火药及先进物品被大量运往沿线欧亚各国。西域的宝石、香料、玻璃器具及菠菜、葡萄、石榴等蔬菜水果,也源源不断地运至中国。

❀ 班超像

到了隋朝,不但恢复了已有的丝路,而且据公元608年成书的《西域图记》记载,此时以敦煌为出发点,形成了三条到达地中海东岸的主干线:北道从伊吾(今新疆哈密),经天山北麓的蒲类海(今新疆巴里坤湖西边的木垒河)、铁勒部、突厥可汗庭(在今伊犁河流域),渡北流河(今伊犁河、楚河等),过里海北,到拂菻国(即东罗马帝国)和西海(即黑海)沿岸的刻赤(今克里米亚共和国港口城市,濒临刻赤海峡西岸);中道过高昌、焉耆、龟兹、疏勒后,越葱岭,经康国(今中亚撒马尔罕)、安国(今中亚布哈拉)等地,到波斯和西海东岸的安都城(今土耳其安塔基亚);南道经鄯善、于阗、喝槃陀(古称蒲犁,在今新疆塔什库尔干塔吉克自治县),越葱岭后,过吐火罗(今阿富汗),到

❀ 裴矩出使西域

北波罗国（今巴基斯坦）和西海（指阿拉伯海）。除此之外，还开辟了很多支线。为了加强对丝路的管理，隋炀帝派遣裴矩专驻张掖以掌管与西域诸国的通商事宜。公元609年，隋炀帝出巡武威、张掖等地，西域27国国王和使者到张掖拜谒隋炀帝，热闹非凡，被史学家称为古丝绸之路上的"万国博览盛会"。①

三、陆上丝路的繁盛

在唐朝，陆上丝路得到进一步扩展，朝廷还在高昌和庭州（今新疆吉木萨尔县）分别设置了安西都护府、北庭都护府以分管西域各地，维护陆上丝路的畅通。此时，丝绸的质量、品种和销量，均达到了空前的水平。丝绸以其丝滑、柔顺、轻盈散发出强大魅力，古罗马市场上的丝绸，一两丝与一两黄金同价。②丝绸更是被作为商品交换中的一般等价物，可以与多数商品直接交换，很多从事丝绸生意的商人迅速暴富，家资巨万。巨额商业回报吸引了更多商人参与，陆上丝路沿线生意异常兴隆，有专门控制人员往来的关卡，有提供食、宿、草料的驿站，有林立的客店和商铺。很多交易活跃的地方发展迅速，成为贸易集散地和商业重镇。巨额的关税收入让唐朝国库充盈、国力强盛，成为当时世界上最强大的帝国。据《唐六典》记载，唐朝曾与300多个国家和地区相互交往，定居于长安、洛阳的"胡人"不下10万人。

在长安，来自中亚、西亚、南亚、东南亚以及欧洲等地的各国商人随处可见。繁盛的丝绸贸易使长安的富人越来越多，消费暴增，致使陆上丝路上的商品随之增加，其他行业也快速兴起。陆上丝路商品种类繁多，奇珍异宝令人眼花缭乱，从家畜到野兽，从皮毛、植物、香料、颜料到金银珠宝、矿石、金属，从器具、牙角到武器、书籍、乐器，几乎应有尽有。长安东市的商家当时达到220行，包括铁行、笔行、肉行、绢行、秤行、大衣行等。旅店、饭店等服务行业也很兴盛。据记载，长安东市的一次失火，被烧毁的"曹门以西十二行"的商铺就有"四千余家"，损失的金银、丝绢、药材等数以亿计。陆上丝路上的频繁交往，"使长安形成了一种效慕西域的风气，西域的乐舞、绘画、服饰、饮食，都成了汉人钦慕之物；边弹边唱、翩翩起舞、

视频

陆上丝路繁盛

---

① 沈济时.丝绸之路.北京：中华书局，上海：上海古籍出版社，2011：26。
② 吴慧.中国商业通史简编.北京：中国商业出版社，2015：78。

旋转如飞的胡姬所开的酒店，成了当时文人学士的流连忘返之所。丝路使长安成了一座国际性的大都市"[①]。

四、陆上丝路的衰落

唐朝中期以后，受如下三方面因素的制约，陆上丝路的贸易急剧衰落，陆上丝路逐步被海上丝路替代。

一是战乱。唐朝中叶战乱频发，丝路被阻。安史之乱后，西藏吐蕃越过昆仑山北进，侵占西域大部；唐时北方地区连年战火，黄河流域的丝绸生产几近停顿。至南宋，政府已无法控制西北，商人唯求自保而不愿远行，陆上丝路日益衰落。

视频
——
陆上丝路衰落

二是海运贸易的兴起。15世纪，奥斯曼帝国崛起，从土耳其控制中东开始，陆上丝路上的税收开始增加，以谋求利益为主的商旅开始逐渐放弃这条商业通道。这不但使陆上丝路上的一些城市贸易衰败，同时也促成了大航海时代的开始。新型贸易通道的形成，使陆上丝路的地位完全失落，功能几乎丧失殆尽。

三是自然环境恶化。14世纪开始，西域地区因气候干旱、降水减少、河流改道等自然因素使土地大量盐碱化、沙漠化，很多地区已经不再适合人类居住，西北陆上丝路的东端几乎荒废，曾经繁荣的西域古国销声匿迹。而今，只有古老的遗迹和尘封的文物可以见证古陆上丝路曾经的辉煌。

宋朝以来，伴随经济重心的南移，中西经贸交往的商道重心由陆上丝路转向了海上丝路。蒙古帝国建立之后，原先陆上丝路所涵括的广大地区基本被纳入蒙古帝国范围之内，外贸向内贸转化。明清以后，海上丝路渐趋进入顶峰，陆上丝路日益式微；到近代之后陆上丝路则完全衰落，被海上丝路所替代。在近代期间，陆上丝路成为西方列强经印度、中亚等地入侵中国西部、西南地区的一个重要通道，给当时中国以及陆上丝路沿线国家和地区带来了无穷的灾难。

当然，横贯亚洲、连接欧亚、接通东西的陆上丝路，是一条商贸之路、探险之路、交流之路、开放之路。回望陆上丝路，跨越时空，感悟历史，为中国

———
[①] 沈济时.丝绸之路.北京：中华书局，上海：上海古籍出版社，2011：32。

商人不畏艰险，敢为天下先，用汗水、心血和智慧缔造了"商通世界，贸连天下"的世界文明所震撼，为历代帝王励精图治，探索"以商富国、以商福民"的治国方略而自豪。陆上丝路不仅书写了华夏民族贸易和对外贸易的绚丽篇章，还打造了世界贸易的雏形，创造了天下共享资源的社会文明，是人类社会发展史上的不朽篇章。

第二节　陆上丝路贸易

伴随陆上丝路的贯通和扩展，陆上丝路上的贸易渐趋繁荣。在多样化的贸易形式中，互市贸易、朝贡贸易、民间贸易成为最重要的三种贸易形式。在中原与西域等地的贸易中，分散在各个地区的商品类型渐趋多样化。在中原往西域贩运的商品中，丝绸是最为重要的，茶叶、瓷器、铁、铜制品等的贸易量也日益增多，而在西域输入中原的产品中，马牛等牲畜、金银珠宝成为两大类主要的大宗交易。

一、陆上丝路贸易形式

陆上丝路上的商贸活动和商贸政策，充分体现了中原王朝对陆上丝路贸易的重视，在发展官方贸易的同时，积极鼓励民间贸易的发展。陆上丝路上的贸易形式主要有互市贸易、朝贡贸易、民间贸易三大类。互市贸易满足了中原与西域资源禀赋差异带来的需求，朝贡贸易带来了国际和平与外交利益，民间贸易作为前两种贸易的重要补充，促进了城市和商业的繁荣。

（一）互市贸易

互市贸易是由政府组织并在指定地点、指定时间内，对外国和少数民族之间贸易的通称。

1. 互市贸易背景

互市贸易的产生，实际上是由内地与边疆生产特点的差异所决定的。这种差异主要表现为农耕经济与游牧经济的分工：中原气候适合桑蚕养殖，盛产丝绢，边疆地区以游牧为主，盛产良马牲畜。因此陆上丝路上的互市贸易内容，主要为"绢马贸易"。

隋唐时期，中原王朝或农耕民众主要用丝绸及各种手工业品，交换周边少数民族的马匹及其他畜产品，历史上将这种互通有无的民族贸易称为绢马贸易，这就是典型的互市贸易。

绢马贸易在历史上维持的时间比较长，它曾经是中原王朝或农耕民族同周边少数民族进行政治联系和经济交流的主要形式之一，其发展经历了无固定市场到有专设市场的阶段。唐朝末期，由于边疆各民族对茶叶的需求渐增，绢马贸易逐渐被茶马贸易所取代。

2. 互市贸易机构

隋唐时期对于互市贸易有规范化的官方管理机构和制度，这也是其国力强盛的体现。

隋代设有"交市监"机构，管理互市贸易各项事宜。唐代初期沿用隋代的"交市监"互市管理机构，唐太宗贞观六年（632年）将"交市监"改名为"互市监"。武则天垂拱元年（685年），曾经一度改称为"通市监"，但是不久又恢复为"互市监"。

机构的多次调整，表明最高决策者对民族互市的重视以及对理顺互市管理渠道的积极态度。同时，随着贸易规模逐渐扩大，越来越多的边境城市中设立由官方统一管理的互市市场，如唐蕃古道上的赤岭唐与突厥贸易的朔方等。

✤ 唐蕃会盟碑

陆上丝路上设立互市的地点主要在边境地区。赤岭位于今青海境内的日月山，是唐蕃古道上的重要关隘。唐玄宗开元二十二年（734年），唐与吐蕃会盟，双方在赤岭立碑，作为双方边界的标记，因而赤岭成了唐蕃互市之地。吐蕃经常在赤岭"交马"，用以换取唐朝的缯帛、茶叶及生活必需品（见《旧唐书·吐蕃传》）。

3. 互市贸易发展

隋文帝时期，突厥赶马到边境城市，请求与中原进行贸易，隋文帝应允。

突厥族建立的东西突厥汗国是同隋唐王朝最早发生互市贸易的少数民族政权。早在隋文帝开皇初年,"突厥部落大人相继遣使贡马万匹、羊二万口、驼牛各五百头,寻遣使请缘边互市,与中国贸易,诏许之"。于是双方便开始了互市贸易。

唐玄宗即位以后,由于国家急需战马,唐又与突厥进行多次绢马互市,双方都获得了实惠。

后来唐与后突厥汗国约定,设立专门的互市场地,每年以数万匹绢换戎马,"以助军旅,且为监牧之种,由是国马益壮"。天宝初年,双方互市地点又移至朔方(今陕西靖边白城子),朔方节度使王忠嗣"每至互市时,即高估马价以诱之,诸蕃闻之,竞来求市,来辄买之,故蕃马益少,而汉军益壮"。在西域立国的西突厥汗国在开元初年,亦常常派人在安西与唐互市,密切了双方关系。于是双方便开始了长达数十年的茶马和绢马互市。

互市市场的形成更加促进了内地与西域之间的贸易往来,同时也为丝路的形成奠定了基础。

(二)朝贡贸易

朝贡贸易就是中央政府与周边诸民族和域外各国的进贡和回赐关系。这种关系的实质是以物易物,带有浓厚的政治色彩。

文本
朝贡体系

1. 朝贡贸易背景

汉唐中期,国力殷实,生产力发展,物产丰富。域外诸国纷纷称臣或与中原建立友好邦交,按规定时间前来朝贡。中原王朝国力强盛,是朝贡贸易存在和发展的前提条件。

西汉和唐初,匈奴势力强大,东突厥横行西北,西突厥控制西域,政府无力作出有效的抵抗,只得采用和亲政策,同时每年送给匈奴贵族大量的丝绸,以换取边境的相对安宁。汉唐中期,中国周边和境外少数民族国家在被中原王朝用武力征服或威胁后即变成了藩属之地,其履行属国义务,每年向王朝进贡大量珍品。唐朝画家阎立本作的《职贡图》就是这一情形的反映。

中国自古就是礼仪之邦,深知礼尚往来之道,故对朝贡者大都根据所贡物品价值,回赠相当数量的中国丝绸等特产作为答谢。开元七年(719年),吐火罗来贡,玄宗"以其远蕃修贡,加宴劳赐锦彩五百匹"(《册府元龟》卷971《朝贡》)。

◆《职贡图》描绘了唐太宗时期的来朝使者（唐，阎立本）

2. 朝贡贸易机构

为了适应陆上丝路畅通所带来的朝贡贸易繁荣局面，中原王朝渐趋设立了贸易管理机构。其中，太府寺和鸿胪寺是两个最为典型的贸易管理机构。

太府寺是中央设立的管理商业贸易的最高行政机构，其职责是掌管国家财政税收及支出，管理首都各坊市、物价及度量衡等。太府寺长官为太府卿，官职为从三品，副长官为太府少卿。其下属还有太府丞、主簿、录事等。

鸿胪寺是唐宋时期专设的礼仪外交机构；明清之际虽也设立鸿胪寺，但其很多职能被礼部替代。其职责是执掌朝会礼仪、外宾接待事务，凡国家大典礼、郊庙、祭祀、朝会、宴飨、经筵、册封、进历、进春、传制、奏捷，各供其事。凡外国或少数民族的皇帝、使者，到长安朝见皇帝或进贡，都由鸿胪寺按等级进行招待、供给饮食。另外，鸿胪寺也需对进贡物品进行估价，拟订回赐外国皇帝、使者的物品种类和数量。

中原对于来朝的使臣赏赐颇丰，一次赏赐数量多达数千万（成千上万匹丝绸）。唐玄宗开元年间朝贡的国家和地区达到"七十余蕃"，其中包括突厥、契丹、吐蕃、龟兹、疏勒、于阗、焉耆等周边少数民族以及日本、新罗、大食、波斯等境外诸国。朝贡主要贡品有犀牛、大象、豹等珍禽异兽；水晶、珍珠、玳瑁等珠宝珍玩；沉香、人参、龙脑香等香料药材以及波斯锦、白叠布等棉织品，甚至还有歌伎、舞女等侍女优伶。

3. 朝贡贸易发展

朝贡贸易满足了各国贵族商品的需求，促进了中原王朝与世界各国的友好贸易往来。域外各国使节一路来到长安，很多沿线城市的商人抓住这样的商机，带动沿线城市的繁荣。西域商人携带如马、毛皮、珠宝、玻璃器皿等西域特有的商品，随使团进入中原来到长安，由此推进了丝路的贸易往来。时有零散商人也以使臣名义，或跟随使臣的队伍一同前往长安进行贸易，贩运丝绸往西域和中亚、欧洲等地区。

东汉时期，由于大批商人的到来，政府在边境屯田戍守，道路关口设置驿站，款待来往传信驿卒和络绎不绝的商胡贩客。

丝路贸易措施完善，商旅受到政府保护，随着贸易的不断扩大，越来越多的胡商前来经商，在长安和其他商贸重镇中定点经营，甚至安家落户。今日兰州的滨河路上，有一胡人牵驼奋力前行的大型石雕，反映的就是活跃于古丝绸之路上的蕃商。这些蕃商中，有许多人因长期在中国经商，最后定居下来，成为回族的先民。

◉ 蕃商胡贾骑着骆驼从阿拉伯、波斯地区一路东行

中原内地的汉族行商在唐朝建立之初就数量众多，而且随朝贡使团的不断增加，商品经济的逐步发展，这类商人的数量更有了迅速增加。他们有在一定地区进行小规模贩卖的商人，也有资金雄厚、活动范围广阔的富商大贾。

陆上丝路发展到鼎盛的时候，在中原内地的贸易城市时常能见到突厥、回纥、大食、波斯甚至东罗马帝国的商人，他们主要贩卖珠宝、香料等西域特产到中原各城市，并收购中国的丝绸和特产一路转运往西方。所以在这一点上，朝贡贸易在某种程度上极大地激发了众多做丝绸贸易与其他行业的商人，促使陆上丝路更加繁盛。

（三）民间贸易

民间贸易是民间自发开展的商业活动。除了国家控制的互市贸易以外，零散商人和有组织的商队常年往返于固定城市之间，进行商品转卖和贩运，即民间贸易，其亦是丝绸运往西域和中亚、欧洲的一种重要贸易形式。

1. 民间贸易背景

随着丝路贸易的不断扩大，越来越多的胡商前来经商，在长安和其他商贸重镇定点经营，甚至安家落户。

文本
昭武九姓

唐贞观十四年（640年），唐朝平定高昌、击败西突厥汗国，丝路上畅通无阻。太宗下诏招商和鼓励贸易，昭告天下，"西突厥已降，商旅可行矣"。自此，西域和昭武九姓的行商来华贸易者与日俱增，有些胡商由此而成巨富，甚至跻身政界。

2. 民间贸易行商

行商是指以私人身份在丝路上从事转运贸易活动的商贾。行商主要由中原地区汉族行商和境外西域的胡族行商组成。

中原地区的汉族行商在唐朝建立之初就数量众多，而且随着商品经济的逐步发展，这类商贩的数量迅速增加。唐中叶以后，行商的数量急剧增加。他们大多为本小利微的小商小贩，在一定地区进行小规模的贩卖活动。其中也有资金雄厚、活动范围广阔的富商大贾。

西域和境外胡族行商则居无定所，长期进行长途贩运和转手倒卖，大多贩卖体积小而轻、容易携带且价值昂贵的珠宝珍玩，由于利润巨大，故贩运者遍及丝路沿线和全国各地。

长途贩运的行商们大都与各城市中的住商有着固定的贸易往来。

3. 民间贸易住商

住商是指具有市籍和私人邸店及固定营业摊点而专营商业的中外商贩。住商大多数是中原汉族商人，也有极少数是西域胡商。

全国各地的住商数量极多，隋朝时已逾万家，入唐后住商数量更多。唐朝时长安一地就有王元宝、杨崇义、郭万金、邹凤炽、窦乂等数十家闻名全国的巨商富贾。其中有专营丝绸者，有专营珠宝者，有专营旅店者。长安东、西两市都设有绢行，专以丝绸为业的住商当时不在少数。丝路沿线商镇及东、西两京城内经营盐铁、木材、茶叶、饭店的住商数量更多。

二、陆上丝路上的商品

从公元前2世纪到清代，陆上丝路上往来的商队将西域的特产和独特的生产技术等带到中国，而中国也将古老文明孕育下的丝绸、火药、造纸、印刷等产品和技术传到西域各国。陆上丝路上流通的商品，主要分为中国向外输出的商品和西域输入中国的商品两大类。

（一）中国向外输出的商品

中国向外输出的商品相当丰富，品种多样，且技术含量较高。在特色商品方面，主要有丝绸、生丝、陶瓷、茶叶、铁器、铜器、金银首饰、兵器、火药、医药品等，而主要的流通商品除丝绸和丝绸制品外，还有铁制品、陶瓷和茶叶三大类。在先进技术方面，主要有冶炼和制造技术、水利和灌溉技术、养蚕和纺织技术、制瓷技术、造纸和印刷技术、火药制造技术、医学、先进的农耕经验等。当然，丝绸是丝路上流通量最大、最为珍贵的商品，故丝绸之路因此得名。

1. 丝绸

陆上丝路流通的商品种类繁多，但丝绸是陆上丝路上最主要的，也是最受欢迎的商品。

早在汉代前，中原地区盛产的丝绸就已经被西域边疆少数民族所认识和喜爱。张骞"凿通"西域后，丝绸被带到了更远的域外诸国，使西方世界认识了这种华美、轻盈的纺织品。

丝绸产地在唐朝前期以北方为主，其产地主要分布在山东、河南、河北，如广陵的锦、丹阳的京口绫、吴郡的方纹绫、越州的越罗等；唐朝后期经济中心南移、气候变化，产地也逐渐南移，主要分布在北宋的两浙路（今天的浙江省，江苏省的镇江、苏州、无锡、常州地区，上海市，福建省闽东地区），江南东路（今天的江苏、安徽两省长江以南的大部分地区），江南西路（今天的江西省的大部分地区），荆湖北路（今天的湖北省洞庭湖以北至荆山，西至沅、澧二水地区），荆湖南路（今天的湖南省和广西全州地区）。

丝绸作为中原输往西域的主要商品，其品种多样，且各个朝代还存在明显的不同，如表1-1所示。

表1-1 先秦至清代之间各个朝代丝织品种一览表

丝织品种	朝代
罗、纨（wán）、绮（qǐ）、绨（tí）、锦、绣等	先秦
在"帛"或"缯"（zēng）的总称之下，又有绮、绨、缦、练、绫、绢以及纱、罗、缎等花色品种	汉代
主要有缯、绮、縠（hú）、缣（jiān）、绨、缟（gǎo）、练、紬（chōu）、绫、绣、绢、纱、纨、素、锦等	南北朝
主要有蜀锦、半臂锦、被锦、绯红锦、白地锦、小文子锦、六破锦、绫、罗、纱等	隋唐五代
主要有蜀锦、织金锦、异向绫和同向绫	两宋
继承了前代的丝绸织造技术，绫、罗、缎、锦等品种较前代有所创新，有所进步，并形成独特的风格	元代
主要有蜀锦、宋锦、云锦	明代
主要有苏州摹本缎、杭罗、杭纺、粤缎、漳绒、漳缎、山东绸等	清代

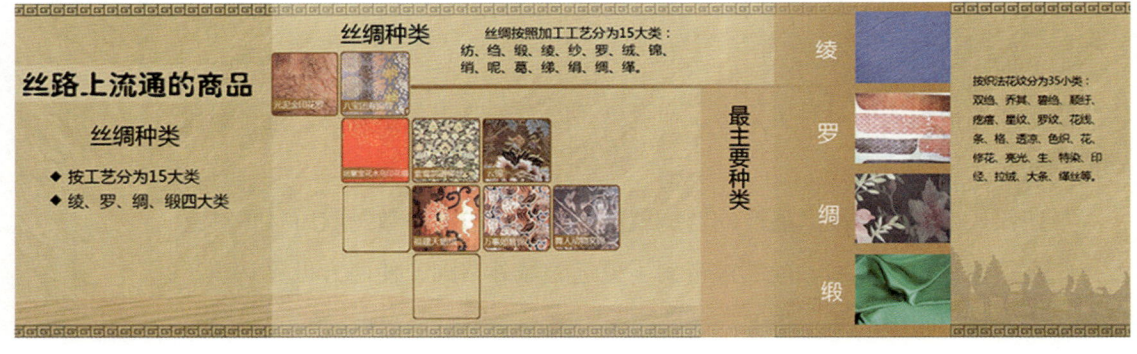

丝绸种类图

2. 其他流通的主要商品

（1）铁器及铁制品。铁器指的是完全用铁打造的器具，主要是兵刃，如宝剑、铁矛等；铁制品指的是在铜器上加铸铁制作的零部件器具，主要有防护器具、生产工具、生活器具等，如铁援铜戈、铁锅、剪刀等。

我国是世界上最早使用铁器的国家之一,商代已经出现了陨铁制品,因陨石量少,取之不易,通常只被用作战略物资。西周时期,发明了人工冶铁技术,铁制品迅速普及到生产领域,成为提高生产力和生产效率的重要生产工具。秦汉时期,冶铁技术进一步成熟,铁器作为重要的生产资料和战略物资被大量生产,在全国得到普及。中国的铁器和铁制品先进、实用,被其他国家所需要,因此出口量猛增,利润丰厚。汉武帝时期冶铁收归官营,铁器工业成为支柱型产业。

据敦煌和吐鲁番文书记载,在高昌和敦煌的商市上都有大量铁器和铁制品出售,交易十分活跃。

(2)陶瓷。陶瓷是陶器和瓷器的总称。陶瓷是以黏土为主要原料加入各种天然矿物经过粉碎混炼、成型和煅烧制得的材料以及各种制品。

中国最早的彩陶出现在新石器时代,其发源地在黄河流域,主要为生活用品及储存器皿。秦汉和魏晋南北朝时期,中国瓷器的烧造技术更臻成熟,形成了以青、白瓷为代表的南北文化系列。隋唐时期的瓷器生产更有了长足发展,产地更加扩大,瓷器种类更为繁多,其中又以隋代的琉璃绿瓷、唐代的白瓷和"三彩陶"为典型代表。

由于瓷器内含高超的烧造技术和珍贵的观赏价值,因而也就成了中外商贾在丝路上大量贩卖的大宗商品,也成了中外人民热心追求的艺术品。

丝路上的唐三彩骆驼

(3)茶叶。茶叶是一种灌木,可入药,加工后可冲泡饮料。大约从秦汉开始,中国人就已经知道了饮茶有止渴、提神和防治疾病的功能。到了唐代,茶已成为中国人日常生活中必不可少的饮料,古时有"茶为食物,无异米盐,于人所资,远近同俗"(《旧唐书·李珏传》)之说。因此茶叶成为市场上最为抢手的紧俏商品之一。因为丝路的畅通,茶叶大量被贩运,周边少数民族地区的游牧民族依赖茶叶平衡饮食结构,域外诸国人喜好饮茶,并奉为时尚。据有关文献记载,蒙古草原的回纥使者每至长安朝贡之时,往往都要"驱马市茶"(《新唐书·陆羽传》),满载而归。

文本
陶瓷分类

文本
茶叶种类

（二）西域输入中国的商品

西域输入中国的商品，除了一般物品外，还有农作物特殊商品，以及艺术品、生产技术等。例如，马牛牲畜、粟麦米面、金银珠宝、毛皮、毛织品、服饰、药品、玻璃器皿、香料、乐器以及舞蹈杂技、绘画技艺、天文学和宗教文化等；农作物有西域特有的胡桃、红蓝花、石榴、葡萄、苜蓿、胡麻、胡豆、胡葱、胡瓜（豌豆、大蒜）、酒杯藤等农作物。生产技术方面有优良牲畜及其饲养技术、农作物品种及其栽培技术、葡萄酒及其酿造技术等。

1. 马牛牲畜

马牛牲畜指西域特产的马、牛、羊等畜产品。

中原地区牧草缺乏，缺少良种马和农耕用的牲畜，而西域地区畜牧业发达，因此中原地区长期引进西域的良种马、牛、羊等牲畜。其中，马、驴、骡在国防军事、战争、农业生产以及载物运输方面具有重要作用。故这些牲畜备受中原朝廷和广大农民的青睐，因而它们自然也就成了陆上丝路商贸中必不可少的大宗商品。耕牛是农民从事农耕生产最主要的生产工具，拥有足够数量的耕牛是农业生产得以进行的重要保证。

这些牛马牲畜主要通过隋唐王朝同周边少数民族国家间的官方互市进行交易。

2. 金银珠宝

金银是指贵金属，珠宝是指珍珠和宝石，它们自古以来就是财富的象征。金银珠宝的种类主要有金银饰品、珍珠、宝石、玉器等。

据《册府元龟》一书记载，开元天宝年间由康国、安国、吐火罗、波斯、大食（即阿拉伯）以及狮子国（今斯里兰卡）等向唐朝进献的珍宝就有水晶杯、玛瑙瓶、宝床子、宝香炉、白玉杯、水晶眼药瓶子、生玛瑙、生金精、象牙、珍珠、琥珀等。

金银珠宝成为陆上丝路上重要商品的原因为：统治阶层和富贵人家钟爱奢侈品，这些奢侈品极大地满足了富庶贵族的奢华享受生活。它也是财富地位的象征，还可以装饰美化形象。由于这些奢侈品价值昂贵，利润极高，市场需求量大，故富商大贾趋之若鹜。因其体积小，重量轻，易于携带贩卖，特别受到西域胡商的青睐。

据有关文献记载，隋唐两都长安和洛阳及一些大的陆上丝路商镇都经常有买卖金银珠宝的胡商出现，有些胡商因而致富，家资巨万。

第三节　陆上丝路沿线城镇

西汉张骞"凿通"西域以来，陆上丝路不断由东往西延伸，到盛唐时期已经形成了以长安为起点，东、中、西三段构成的完整陆上丝路。随着陆上丝路的形成与畅通，丝路沿线的交通要隘逐步发展成为商贸繁盛的城镇。

一、陆上丝路东段沿线城镇

陆上丝路东段，是整个丝路中最早形成的。伴随张骞出使西域，至西汉早期（约公元前139年）已经初步打通。东段从长安出发，经兰州进入河西走廊，经过武威、张掖、酒泉到敦煌。这一时期，陆上丝路的主要贸易形式是互市，胡商和中原商人在敦煌进行丝绸、马、毛皮及玉石等交易。

伴随陆上丝路的畅通，在丝路沿线的重要地区出现了一批重要城镇。像丝路起点的长安，是当时国际上的大都市；河西走廊上的武威、张掖、酒泉、敦煌，中原王朝曾在这里设过都护府，又称为河西四郡。

（一）陆上丝路东段起点——长安

隋唐长安城是当时全国政治、经济、文化中心，也是世界上最著名、最繁荣的国际化都市之一。由陆上丝路来华的商贾，主要活动在唐朝首都长安及开封、洛阳等地。作为陆上丝路起点的长安，是当时世界上最繁华的商业都市，人口逾百万，商业发达，共有九市十二大街，像磁石一样吸引着阿拉伯、波斯等地的商人。在长安进行贸易的胡商日益增多，以至于唐朝政府在长安专门设置"互市监"，加强对他们的管理。同时还设有东、西两市。中原的丝绸商人，从产地将一批批丝绸和手工业制品转运至长安的东市和西市，供各国的商人收购和交易。

东市位于长安城东南，面积约0.17平方千米。每市之内各有两条平行的东西大街和南北大街，将整个市区划分成九个长方形街区，每个街区之间还有许

视频

丝路东段起点——长安

文本

古长安的商品流通模式

多巷道相通。市内规模虽大,但大街小巷都能相通,交通十分方便。长安东市的商家当时达到二百二十行,包括铁行、笔行、肉行、绢行、秤行、大衣行等。旅店、饭店等服务行业也很兴盛。

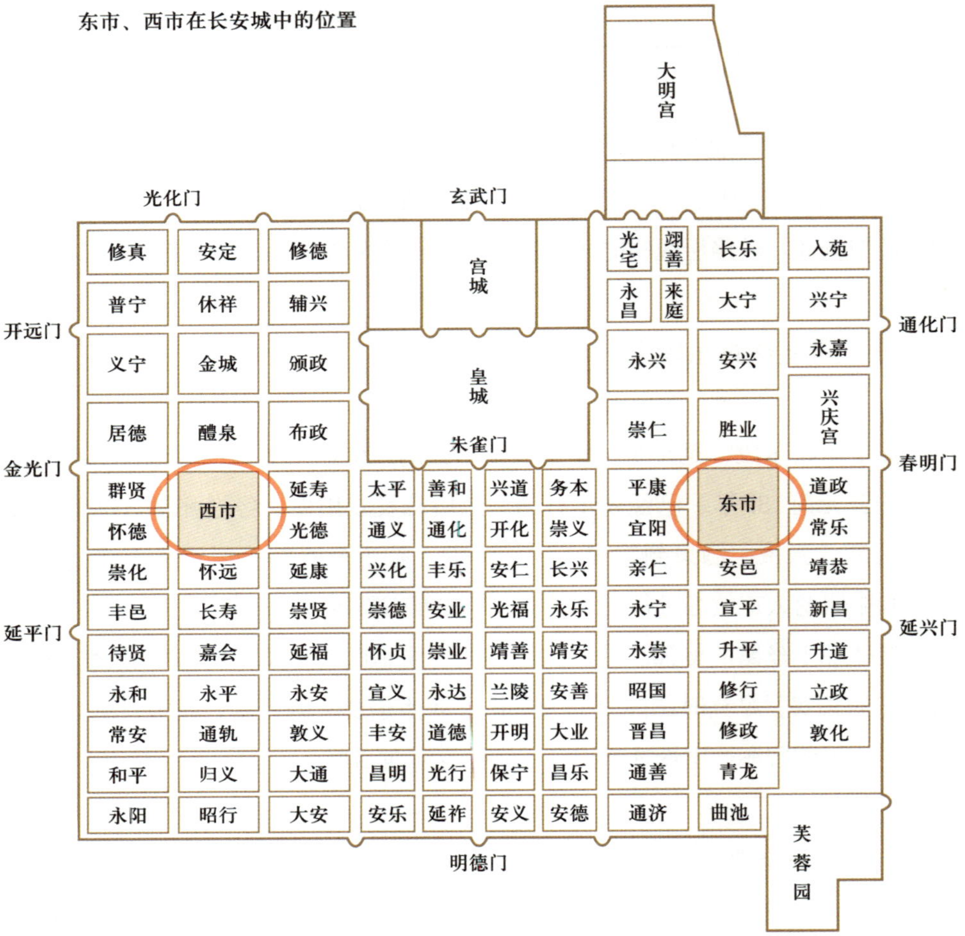

东市、西市在长安城中的位置

🏵 唐朝长安城及东、西市分布图

西大街曾是古长安的繁华商业区。唐西市原位于皇城外西南,朱雀大街第四、第五牌坊处,是一个超大规模的世界贸易中心。当时官府对城市的商业活动采取严格限制的政策。市区与住宅区严格分开,周边有围墙。西市是胡商集中进行交易的地方,有衣肆、药材肆、绢行、帛行、金银行、胡店、波斯邸、波斯店等。其中阿拉伯、波斯商人的胡店、波斯邸、波斯店特别引人注目,他们主要操纵着西市珠宝、香药市场,并左右对外贸易。西市胡商云集,奇珍异宝汇聚,商贸交易极为繁荣,更有"金市"之美誉。据史书记载,当时的西市商业贸易西至罗马，东到高丽（今韩国和朝鲜）、日本，商贾云集。许多来自中亚、波斯等西域地区的胡商都通过丝绸商路，会集于此从事商业贸易。

总之，隋唐都城长安无疑是这一时期陆上丝路上最大的商业都市，同时也是西方世界了解中国的最早窗口之一。

（二）陆上丝路东段要隘——武威

武威古称凉州，历史悠久，自古就是中原与西域经济、文化交流的重镇，是陆上丝路上一颗璀璨的明珠。还一度成为北方的佛教中心。武威位于河西走廊最东部，郡治为姑臧（今甘肃无为县城附近）。这是陆上丝路进入河西走廊的第一大镇，"正当走廊东大门，扼丝路之要冲，通一线于广漠，控五郡之咽喉"，地理位置十分重要。

自汉武帝开辟河西四郡以来，历代王朝曾在这里设郡置府。东晋十六国时，前凉、后凉、南凉、北凉国和隋末的大凉政权先后在此建都，武威成为长安以西的大都会，中西交通的咽喉，陆上丝路的重镇，民族融合的熔炉。

武威在丝路上具有贸易中继站、商品集散地和胡商商业活动基地的性质。商人们手中的商品从长安渡过黄河，经过兰州到达武威。来自长安的内地商人（也有部分胡商）从产地或者长安的贸易市场收购东方的丝绸、瓷器等，运到武威市场，在市场中与西域来的商人交换金银器、玻璃器皿和珠宝等西域特产，再将商品运回长安。由西域来的商人从长安出发运往武威的商品，在此地短暂停留，在武威市场中集散分流，或被卖给西去北道、南道的胡商，或直接流向更远的贸易重镇。规模大的商队往往设施完备，在武威长期经商的商人常按约定来到商队驻地，经商队首领同意后，跟随商队一起西行，到其固定的发货地点敦煌做生意。

（三）陆上丝路东段重镇——张掖

张掖古称甘州，是丝绸商路上的国际贸易都市，是河西走廊重镇。

张掖市位于甘肃省西北部，河西走廊中段，东邻武威和金昌，西连酒泉和嘉峪关。汉武帝元鼎六年（公元前121年）设置张掖郡，取"张国臂掖，以通西域"之意。北朝西魏改为甘州。东汉（26—220年）时期，内地与西域以丝绸为主的商业贸易逐步繁荣，中国丝绸通过张掖运往西域，远销大夏、安息、大秦，直至地中海沿岸地区。张掖地处河西走廊咽喉地带，成为丝路上的重要枢纽。

西魏（535—556年）时期，西域商队云集张掖，东罗马帝国和波斯钱币可

图片

张掖镇远楼

在张掖交易中使用，张掖成为国际贸易城市。中原王朝在这里实行鼓励中外贸易的政策，保护胡商，禁止地方豪强对贸易的胡商敲诈欺侮，建立胡商互市的各项制度，对于自西域而来的合法商人提供尽可能的便利条件。隋朝（581—618年）时，张掖成为经营河西和西域的大本营，民族贸易异常活跃。公元609年，隋炀帝西巡，亲自在张掖主持有西域27国使臣、商贾参加的"互市"。唐朝（618—907年）时，经济繁荣，文化昌盛，张掖是西域诸藩与中国互市的集中地，之前随各国使团来此的胡商在这里形成了与中国贸易的商业市场，并积极以张掖作为发展对外贸易的基地。

（四）陆上丝路东段要塞——酒泉

酒泉（现酒泉市）为汉代河西四郡之一，自古就是中原通往西域的交通要塞，丝路的重镇。

酒泉东接张掖市和内蒙古自治区，南接青海省，西接新疆维吾尔自治区，北接蒙古国。酒泉一带原为匈奴驻牧地，公元前121年（元狩二年）汉武帝派霍去病进军河西，同年秋天打垮了浑邪王，把匈奴残部追逐到玉门关外，西汉王朝把中原几十万人迁来河西酒泉等地居耕，于是这里的文明开始了新的一页。公元前106年，西汉政府因"城下有金泉，其水若酒"而命名，设置酒泉郡，辖黄河以西的匈奴休屠王、浑邪王故地，是河西四郡中最早设立的一郡。

酒泉郡的设立，在陆上丝路的凿通中，具有深远的历史意义。空前的经济贸易规模、广泛的文化交流、强大的政治体制、长期稳定的国家统一，促使汉王朝实行了前所未有的对外开放政策。两千多年前的酒泉，是汉武帝对外开放的窗口，是东西方文化的交汇点，中国文化、印度文化、阿拉伯文化、波斯文化、希腊罗马文化……所有的文化和宗教都在这里产生了巨大的影响。

（五）陆上丝路东段咽喉——敦煌

敦煌，史称三危、瓜州。敦煌自西汉元鼎六年（公元前111年）建郡后，一直是陆上丝路两关咽喉。进出阳关、玉门关必经敦煌，来自西域的胡商进出中原，在敦煌办理"过所"，各国商人在敦煌屯聚商品，其种种活动使敦煌一直呈现出国际口岸和丝路商业都会的特色。

进入魏晋南北朝以后，敦煌的地位更为重要，不仅是中原和西域交通的枢纽，也是中原王朝管理西域事务的政治中心，因此西域诸国商胡多云集于此，

图片
敦煌莫高窟

使其成为"华戎所交第一会"。如曹魏时期担任敦煌太守的仓慈鼓励中外贸易，有意保护胡商利益，严禁地方豪强对其进行敲诈欺侮。对想要赴京都洛阳贸易的商胡，都发给"过所"，从不刁难。对想回国者，不但帮助其出售所余商品，而且"使吏民护送道路"。因此，在仓慈病逝以后，西域商胡"悉共会聚于戊己校尉及长史治下发丧，或有以刀割面，以明血诚，又为立祠，遥共祀之"。五凉时期，"敦煌郡大众殷实，制御西域，管辖万里，为军国之本"。始建于前秦苻坚建元二年（336年）的敦煌莫高窟，更给这里增添了浓郁的宗教文化色彩。

唐朝时由于丝路畅通，不少商胡定居于此，成为唐政府管辖下的编户齐民。隋唐时期是敦煌在陆上丝路上的鼎盛时期。由于西突厥问题的解决、安西四镇的建立，陆上丝路在7世纪中期畅通无阻。政治形势的稳定、生产力的发展，都成为陆上丝路上的商业都会——敦煌昌盛的原因，敦煌在丝路贸易繁荣的背景下迅速成长为一个国际性的市场。

敦煌位于陆上丝路东段的终点，是中西交通的门户，中西商贾从事贸易活动的商品集散地。古老的陆上丝路即从这里出玉门关和阳关，经今天的新疆越过葱岭到达中亚或者欧洲。敦煌集中了从长安、武威、张掖运来的各色商品，也同时汇集了西域商胡转运而至的西域特产，大量的商品在此集中展示、囤积储存，按路途重新分流，商贾们也将他们手上的珍奇宝物在此交易，换回他们需要的商品。这里的丝绸、瓷器等中原特产继续西行，经过阳关或玉门关被运往北道、南道的各个城市，或者被西域商人直接贩运至西域的和田或疏勒。另外，从西域城市贩运来的象牙、珠宝、和田玉器等珍品，也在这里集中，并分流至去往长安路上的各个城市，流向那里的住店商人手中，最后卖给各个消费者，大量的宝器和西域皮料等被长安的贵族们收入囊中。

二、陆上丝路中段沿线城镇

汉朝打败匈奴之后，设立了对西域的直接管辖机构——西域都护府（约公元前60年），陆上丝路因而进一步向西延伸，形成中段。陆上丝路中段，从敦煌出发，穿过白龙堆戈壁后，形成了南北两道，北道过玉门关走高昌、焉耆、龟兹到疏勒；南道过阳关走楼兰、且末到达于阗。在两道中，都涌现出了一批令人瞩目的商镇。

（一）陆上丝路中段北道城镇

在北道，过白龙堆戈壁之后，从玉门关经过高昌、焉耆、龟兹到达疏勒。在这一段商路中，比较著名的城镇如下。

1. 陆上丝路中段北道关卡——玉门关

玉门关始置于汉武帝开通西域道路、设置河西四郡之时，因西域输入玉石时取道于此而得名，汉时为通往西域各地的门户，曾是汉代时期重要的军事关隘和丝路交通要道。隋唐时，玉门关关址由敦煌西北迁至敦煌以东的瓜州晋昌县境内。

视频
玉门关

❀ 玉门关遗址

2. 陆上丝路中段北道重镇——高昌

高昌城始建于公元前1世纪，初称"高昌壁"，为丝路重镇。后历经高昌郡、高昌王国、西州、回鹘高昌、火洲等长达1 300余年的变迁，于公元14世纪毁弃于战火。

高昌位于丝路的中段，是重要的交通枢纽。东来西往的商人在城市的商业区聚集，展示并出卖手中的商品。

特别值得指出的是，"胡锦"在高昌市场上大量出现，如波斯锦、龟兹锦、疏勒锦等。这些胡锦的产地，有的在波斯、粟特地区和西域各地，有的是中原按照胡商的要求生产的外贸商品。这类胡锦工艺高超，深受西域和西方各国的欢迎，一度成为丝路贸易中的紧俏货。

随着丝路贸易的发展，大批内地汉人和中亚粟特商人迁居高昌，使这里的

视频
高昌古城

人口大量增加，城镇逐渐增多。南北朝时期，高昌境内已有16座城市，成为陆上丝路中段的商业中心。《天宝二年交河郡市估案》文书详细记载了当时城内市场商品的种类和物价的涨跌，说明当时高昌地区商业贸易非常兴盛。

视频

丝路中段北道重镇——高昌

◆ 高昌古城遗址

3. 陆上丝路中段北道要道——焉耆

焉耆原系西域古国，位于高昌城以西，是古代陆上丝路上的重镇。公元前53年西汉在焉耆屯田，北魏时在焉耆设镇，唐代在焉耆设立都督府，清代在焉耆设厅、府。焉耆地扼天山南北要道，物产丰富，适于农耕。良好的环境为陆上丝路畅通提供了充分的条件，过往的商贾和使者，在这里可以得到驿马、粮食甚至肉食的供应。

◆ 焉耆遗址（七个星遗址之一）

视频

丝路中段北道大商镇——龟兹

4. 陆上丝路中段北道大商镇——龟兹

龟兹国,是汉时西域古国之一,位于焉耆和姑墨州(今新疆阿克苏)之间,亦为丝路中段的一大商镇。龟兹又称丘慈、邱兹、丘兹,古时为西域出产铁器之地。东汉班超驱逐匈奴、控制西域后,始将西域都护府治所移至龟兹。从此,龟兹便成为汉王朝在西域设置的政治中心。

龟兹国在唐朝初年曾臣服于西突厥汗国,与焉耆互为声援,断绝了对唐的朝贡关系。唐贞观二十一年(647年),唐太宗派兵一举征服了龟兹,将其置为安西四镇之一,又将安西都护府由高昌城移至龟兹。从此,龟兹成了唐时西域地区的政治、经济和军事中心,这使龟兹的丝路商贸出现了前所未有的兴盛局面。

❀ 龟兹古国遗址

5. 陆上丝路中段北道中国最西端的商镇——疏勒

疏勒又名佉沙,是唐时丝路中段,现今中国境内最西端的一个商镇。唐贞观末年,唐太宗即于此设疏勒都督府,亦为安西四镇之一。唐玄宗开元年间封其王为疏勒王。该地以盛产"疏勒锦"而驰名,说明唐时这里已有相当发达的丝织业,故成了西域贩锦商胡的必经之地。作为边境城市,疏勒成为中原王朝与西域周边国家及少数民族开展绢马贸易的场所。

🔷 疏勒遗址

（二）陆上丝路中段南道城镇

在南道，过了白龙堆戈壁之后，过阳关走楼兰、且末到达于阗。在这一段的路线中，渐趋形成了如下一些著名的关卡、商镇。

1. 陆上丝路中段南道重要关卡——阳关

阳关位于甘肃省敦煌市西南的古董滩附近，是中国古代陆路对外交通咽喉之地，是丝绸商路南路必经的关隘。西汉置关，因在玉门关之南，故名阳关。阳关和玉门关同为当时对西域交通的门户。阳关古城昔日繁华异常，如今仅剩一片沙滩（古董滩）和一座汉代烽燧遗址。宋代以后，因与西方贸易的陆路交通逐渐衰落，关遂废弃。古董滩因地面曾暴露大量汉代文物，如铜箭头、古币、石磨、陶盅等而得名。

视频

阳关

视频

阳关、玉门关、敦煌

🔷 阳关遗址

视频
丝路中段南道的中西贸易中心——楼兰

2. 陆上丝路中段南道的中西贸易中心——楼兰

楼兰在历史上是丝路上的一个枢纽,中西方贸易的一个重要中心。司马迁在《史记》中曾记载:"楼兰,姑师邑有城郭,临盐泽。"这是文献上第一次记载楼兰城。西汉时,楼兰的人口有14 000多人,商旅云集,市场繁盛,还有整齐的街道,雄壮的佛寺、宝塔。然而当时匈奴势力强大,楼兰一度被匈奴所控制。匈奴攻杀汉朝使者,劫掠商人。汉武帝曾发兵破匈奴,俘虏楼兰王,迫其附汉;但是楼兰又听从匈奴的反间计,屡次拦杀汉朝官吏。汉昭帝元凤四年(公元前77前),大将军霍光派遣傅介子领几名勇士前往楼兰,设计杀死了楼兰王尝归,立尝归的弟弟为王,并改国名为鄯善,将都城南迁。但是汉朝并没有放松对楼兰的管理,"设都护、置军侯、开井渠、屯田积谷",楼兰仍很兴旺。

作为中西方贸易中心,这里的商品种类繁多,交易量较大。西域各国的商人在此向东来的粟特商人购买中原的丝绸制品、生丝、棉织品、漆器和铜器等,并贩卖西域特有的毛织品、畜牧产品、珠宝和玻璃器皿等,他们当中大多数采用物物交换,也有使用他们本国金属货币购买商品的。

楼兰古城遗址

3. 陆上丝路中段南道重镇——于阗

于阗,是古代陆上丝路上的重镇,以出产美玉著称于世,名曰于阗玉。始建于公元前3世纪,是西域地区最早建立的城邦国家之一。东汉初期,于阗已发展成为陆上丝路中段南道西域诸国中最为强大的国家之一,其联合匈奴,控制了除鄯善以外的所有陆上丝路中段南道诸国。汉明帝永平十八年（35年）班超出使西域时，计杀匈奴使者，迫使于阗王归顺。东汉遂以于阗为据点，逐渐控制了西域地区。入唐以后，于阗与唐一直保持友好关系。唐太宗将于阗置为安西四镇之一。高宗显庆二年（657年），在于阗设毗沙都督府。从此于阗成为唐陆上丝路中段南道上的重要商镇。

❀ 于阗国与传丝公主

于阗在丝路上具有举足轻重的地位，过葱岭至南亚地区的道路，一直由其控制。据波斯史学家记载，从于阗到契丹的商人，14日可至，沿途城村相接，行人无须伴侣，多跟随商队而行。东西特产的丝绸和珠宝与于阗特产的玉石，在于阗市场进行物物交换。于阗的住商把换回的货品高价转卖给粟特商人，一部分由中原贵族及富绅收藏，另一部分交给长安的玉器加工师进行加工，再流通到长安市场；而在域外经商的胡商商队把换回的货品高价贩卖给各地市场玉器店铺后，加工再零售给各地民众。玉制的礼器、祭器、乐器和装饰品，以及当时中原的丝织品、棉布、木器、铜器出现在于阗市场上，成为中亚和西域各国喜爱和交换的商品。

视频

丝路中段南道重镇——于阗

三、陆上丝路西段城镇

陆上丝路西段形成于盛唐时期。唐帝国击破突厥，加强对西域的控制，在碎叶、龟兹、疏勒、于阗设镇，史称"安西四镇"，开辟了天山北路的交通线，开放沿途关隘，使陆上丝路进一步向西延伸连通中亚，形成丝路西段。丝绸商路西段，从碎叶（现遗址位于吉尔吉斯斯坦托克马克城西南8公里）出发，通过撒马尔罕（现为乌兹别克斯坦第二大城市）、布哈拉（现为塔吉克斯坦第三大城市)、木鹿古城(现土库曼斯坦马雷市附近)到达地中海沿岸,最后抵达罗马。其中碎叶为中西贸易必经之地,是唐代陆上丝路上最远的一镇。

伴随隋唐国力的强盛及加强对丝路的管理,陆上丝路在以前的基础上不断向西延伸。在此过程中,一批著名的商镇渐趋凸显。

(一)陆上丝路西段上中国历代王朝设置的最远城镇——碎叶

碎叶城是唐朝在西域设的重镇,是中国历代王朝在西部地区设防最远的一座边陲城市,也是陆上丝路上一个重要城镇。据郭沫若考证,碎叶还是著名诗人李白的出生地。碎叶城又称素叶城、素叶水城,因其依傍素叶水,故得此名。

碎叶原本是唐代异常兴旺的丝路上的一个中外客商汇集与混居的城郭小邑,受称雄中亚的西突厥控制。公元627年,玄奘从阿克苏出发赴印度取经,在《大唐西域记》中留下了"从大清池西北行五百余里至素叶水城(即碎叶城)。城周六七里,诸国商胡杂居也"的记录。

公元658年,唐高宗派遣大将苏定方在楚河流域击败西突厥军队。唐朝的国界从此越过葱岭,远达咸海东南一带。679年,唐朝平定楚河流域的一支叛军,正式在碎叶设镇置军。安西都护王方翼用50天时间加固与扩建碎叶城,"立四面十二门,皆屈曲作隐伏出没之状",易守难攻。从此,碎叶同龟兹、疏勒、于阗并称"安西四镇",不但设镇守使驻守,还推行内地的政令。

这里流通着中国的丝绸、皮革、漆器、铁器和金银器等,以及西域的玻璃器皿、宝石和各种装饰品以及中亚的土特产。来自伊宁的丝绸和来自大宛的特产,在碎叶市场进行互补贸易,之后丝绸由撒马尔罕转运商抬价批发到撒马尔罕的丝绸市场,再由住商零售给撒马尔罕贵族和富豪。另一部分丝绸和特产,由去往罗马的远途商人一路转运至罗马市场中,加价贩卖给罗马住商,再由住商零售给罗马贵族和民众。

(二)陆上丝路西段枢纽城市——撒马尔罕

撒马尔罕是中亚最古老的城市之一,关于它的记载最早可以追溯到公元前5世纪,善于经商的粟特人把撒马尔罕建造成一座美轮美奂的都城。公元前4世纪,当马其顿帝国的亚历山大大帝攻占该城时不禁赞叹:"我所听说到的一切都是真实的,只是撒马尔罕要比我想象中更为壮观。"撒马尔罕现为乌兹别克斯坦第二大城,撒马尔罕州首府。

撒马尔罕古城遗址

作为陆上丝路上重要的枢纽城市，撒马尔罕连接着波斯帝国、印度和中国这三大帝国。撒马尔罕在《魏书》中被称为悉万斤；在《隋书》中称为康国；唐高宗永徽（650—655年）时在康国置康居都督府，故址即在撒马尔罕，当时称撒麻耳干，又称飒秣建。约公元8世纪中叶后，因大食势力东进而废弃。唐玄宗天宝九年怛罗斯之战唐军惨败后，此地成为大食领土，从此永远脱离了中原王朝。

汇聚于撒马尔罕的中国丝绸以及大量的生丝被分流，一部分由撒马尔罕经商的粟特商人居间转运至撒马尔罕市场，高价贩卖给来自罗马的丝绸商人和去往罗马经商的波斯商人；另一部分被撒马尔罕商人定点转运到撒马尔罕市场，销售给撒马尔罕的住商。撒马尔罕商人交易的主要对象是中国内地，贩运的主要货物是欧洲贵族所钟爱的丝绸等纺织品。

（三）陆上丝路西段洲际交通枢纽——布哈拉

布哈拉，是塔吉克斯坦第三大城市，位于泽拉夫尚河三角洲畔，沙赫库德运河穿城而过，有2 500多年历史，人口约25万，是中亚最古老的城市之一。布哈拉在9世纪至10世纪时为萨曼王国都城，1220年为成吉思汗所占，1370年被帖木儿征服。16世纪中叶，萨马尼德人建都于此，史称布哈拉汗国。中国古书中所说不花剌、《新唐书》中的戊地国及唐代招武九姓中的毕国、安国，都是指布哈拉汗国。

布哈拉曾是古代陆上丝路重镇之一。由于它位于洲际交通干线的枢纽地带，因此曾在东西方贸易、文化交往中发挥了重要的桥梁作用。布哈拉至今保留着许多当时的集市贸易遗址。布哈拉驿站众多，商人和他们的驼队经常在这里驻扎、休整，补充给养，然后再踏上新的路程，继续西方之旅。

✤ 布哈拉城

（四）陆上丝路西段重要城镇——木鹿古城

木鹿古城（即梅尔夫古城）在撒马尔罕和巴格达之间（现土库曼斯坦马雷市附近），是位于中亚土库曼斯坦马雷州的一个古代绿洲城市，是古代陆上丝路上的交通要道。

✤ 木鹿城遗址

木鹿古城是中亚的一个重要的文化中心，那里保存有东方许多民族的物质和精神文化珍品。木鹿古城处于商贸交通要道的枢纽位置，位于陆上丝路的两条主要干线的交汇处，一条主要干线是向南经过赫拉特到波斯湾，另一条主要干线是向北经过卡拉库姆到花拉子模。

（五）陆上丝路最西端的城镇——大秦

大秦是古代中国对罗马帝国及近东地区的称呼。古时中国似乎从未直接到达大秦，最接近的大概是生于东汉时期的班超与甘英。班超于公元97年率领70 000名士兵到达里海，并派遣部下甘英出使大秦，而甘英最远亦只到黑海沿岸。

公元前2世纪陆上丝路的开通，加速了东西方文明的交流，而罗马帝国正位于贸易路线的终点，当时的中国把它命名为"大秦"。《后汉书·西域传》中记载"大秦国，一名犁靬，以在海西，亦云海西国。地方数千里，有四百余城。小国役属者数十。以石为城郭。列置邮亭，皆垩塈之。有松柏诸木百草。"《后汉书·西域传》亦记载了当时罗马的政治、风貌及特产："其王无有常人，皆简立贤者。国中灾异及风雨不时，辄废而更立，受放者甘黜不怨。其人民皆长大平正，有类中国，故谓之大秦。土多金银奇宝，有夜光璧、明月珠、骇鸡犀、珊瑚、琥珀、琉璃、琅玕、朱丹、青碧。刺金缕绣，织成金缕罽、杂色绫。作黄金涂、火浣布。"

罗马是最大的丝绸消费国。由于丝绸品质优秀，所以丝绸一直以来是罗马人狂热追求的商品。罗马行商高价获得的丝绸、生丝以及少量珍贵的丝绸制品，被辗转贩运到罗马市场中，他们常常能够从罗马住商手上赚取三倍以上的高额利润。其中生丝作为优质的纺织原料，被加价贩卖给罗马纺织工厂，织成各种色彩绚丽的服饰衣料，后被罗马的贵族们制成华美的衣物；丝绸制品则由罗马行商高价卖给罗马住商，再卖给罗马贵族及民众，以满足大部分女性消费者的需求。由于波斯地区对丝绸制品的垄断，运到罗马的丝绸往往以天价上市，但是仍不足以满足罗马贵族对丝绸的消费欲望。古罗马市场上丝绸的价格曾上扬至一两丝绸一两黄金的天价，造成罗马帝国黄金大量外流，一度迫使元老院断然制定法令禁止人们穿着丝衣，以此来减少黄金外流。

第四节　陆上丝路商人

在陆上丝路的形成、扩展过程中，像西汉的张骞、东汉的班超和甘英、隋朝的裴矩等人明显起到了沟通、维护和保障陆上丝路畅通的作用；而来自中原、西域的商贾则推动了陆上丝路的繁荣。

一、中原商人

在陆上丝路上从事贸易的中原商人，行商占据绝大部分，只有很少一部分是以陆上丝路上的商镇为中心的住商。住商，又以京城里的商人为典型。

（一）京城里的商人

京城里的商人主要是指以京城为中心从事商业贸易活动的住商。西汉前期最富有的是那些大的盐、铁商。宛（南阳）孔氏、曹（山东曹县）邴氏，都以铸造业起家；齐人刁间则依靠贩盐致富。转输各地土特产品的大贩运商在富商大贾中亦居前列。孔氏、邴氏、刁间都兼营贩运业，更有名的是洛阳师史，"转毂以百数，贾郡国，无所不至"，家财居然达到了7 000万钱。

隋唐经济繁荣，富商大贾的人数更多、名气更大。唐朝初年河东人裴明礼会料理生活，操持家业。他收购世间遗弃的物品，积攒到一定数量后再卖出去。这样，他积攒了万贯家财。金光门外有一块土地，因为尽是瓦砾，无人购买。远见卓识的裴明礼买下这块荒芜之地后，在地里竖立一根木杆，其上悬挂一筐，让人拣地里的石头瓦砾往筐里投掷，投中者奖励钱，吸引多人前来投掷。上千个投掷的人，仅有一二个人投中。还未等这些人投掷熟练，地里的瓦砾已经拣拾尽了。于是，裴明礼又将这块土地让人放羊。这样，地里又积满了羊粪。之后，裴明礼把事先拣拾搜聚的各种果核撒在这块地里，再用牛犁将它翻起来。一年以后，地里长出茂盛的杂果树苗。裴明礼运到集市上去卖，又赚到了许多万钱。后来，裴明礼又在此地上建造房屋，在院子

裴明礼

的周围安置蜂箱养蜂贮蜜。地里全栽上蜀葵,蜜蜂采花酿蜜又传授花粉,蜀葵与蜂蜜都获得丰收。裴明礼善于经营管理,唐太宗贞观年间,裴明礼自古台主簿升任殿中御史,又转任兵部员外中书舍人,后升任太常卿。

王元宝、杨崇义、郭万金等则是唐中期的巨富。王元宝以贩卖琉璃而成巨富。他经常乐善好施、扫雪迎宾,每至冬月大雪之际,令仆人自本家坊巷口,扫雪为径路,他亲自到坊巷前恭敬地站着,迎揖宾客,就本家具酒炙宴乐之,为暖寒之会。传说中国古代正月初五拜财神、财神爷巡游民间送福送财、吃发菜等传统习俗都与王元宝有关。此说虽无记载,但管中窥豹,可见一斑,大唐首富王元宝在民间已演变为神话,成为古今商贾的终极偶像。

(二)陆上丝路上的行商

丝路上的行商主要是指在丝路上从事商业贸易活动的中原行商。由于行商活动范围广,自身留下的资料较少,但能从零星的出土文书中看出陆上丝路上的汉商活动非常频繁。

吐鲁番出土文书《唐开元二十一年(733年)西州都督府案卷为勘给过所事》[1]记载,京兆府华源县人王奉仙,唐开元二十年(732年)前往安西运送兵赐的雇佣人。733年,王奉仙在安西(库车)服役回到西州时,取得过所(通行证),但走到赤亭时患病,发现欠了他三千文钱的张思忠的行踪,随后追赶。他为了追债偏离了既定线路,到西州酸枣戍的时候,被守酸枣的兵士捉住,因为他没有向北庭去的过所,却一路向北而去。他解释说他之前因为患病无法赶路,且有人作证,最终得以放行。吐鲁番出土的过所文书与尼雅(在今新疆塔克拉玛干大沙漠的南缘尼雅河畔)、库车(在今新疆阿克苏地区东端)出土的一样,都表明商人贸易处在官府的严密管控之下,没有官方的许可,商人不能随意偏离既定路线。王奉仙这样远行到安西的人,被称作"行客",从张思忠欠他三千文钱的事实,似乎可以看出这些行客在旅途中也从事放贷或买卖。这本西州都督府案卷还记载了桑思礼、蒋化明从北庭到伊州纳和籴(纳税)。

---

[1] [五代]王仁裕撰,曾贻芬点校.开元天宝轶事.北京:中华书局,2006:13、17、37-38。

阿斯塔那的5号墓所出《高昌县为麹嘉琰请过所状》[①]，文书共有18行，从其内容看，是高昌县县府呈复西州都督府户曹的状文。文书盖有三方"高昌县之印"，可见文书是高昌县呈报给西州都督府户曹的状文正本。说西州都督府户曹接到了高昌县民麹嘉琰申请批给过所的牒文。牒文记录麹嘉琰携子清、奴乌鸡、婢千年、作人王贞子、骆敬仙及驴十头、马一匹，欲从高昌县前往陇右临洮军经商，为顺利通过途中所经关镇、守捉等关卡，请求州府批给过所公文。

《唐果毅高运达等请过所文书》[②]记载汉商高运达与两个胡商一起申请过所，反映了中古时期胡汉商人共同组成商队进行交易的情况。

此外，唐代还出现了汉人与粟特人合伙经商的情形，由此也留下了一些汉胡商人之间的诉讼案例。以粟特商人为代表的胡商的大量出现，体现了丝路上民间贸易的频繁，而中西方的商人穿梭于丝路上，以获取最大的经济利益，推动了丝路的商贸繁荣。

文本
汉胡商人间的诉讼案例

二、西域商人

相对中原地区而言，西域地广人稀，但资源丰富、物产多样。西域商人通过丝路不断把西域物品输入中原，把中原物品推广到欧洲等地区。在此过程中，西域商人在中西商贸交往中起到了巨大的桥梁和中介的作用。西域等广大地区对中原丝绸等物品的钟爱，成为西域商人来中原贸易的动力。

（一）胡商的界定

中国从古代开始将外国人称作化外人、蕃夷、外藩人、胡人等。如果是商人，就称作胡商、商胡等。故西域商人又被称作胡商或商胡等。汉唐之间东西陆路经济文化交流，大多以胡商为中介来进行的。他们的来源地包括波斯、大食、回鹘、南越等地，其中以粟特商人最多。

商胡的商贸活动可以是直接的，也可以是通过某个中介民族而间接进行的。

---

① 国家文物局古文献研究室，新疆维吾尔自治区博物馆，武汉大学历史系.吐鲁番出土文书（第9册）.北京：文物出版社，1990：56-58。
② 国家文物局古文献研究室，新疆维吾尔自治区博物馆，武汉大学历史系.吐鲁番出土文书（第7册）.北京：文物出版社，1986：105。

丝路贸易不是由一个国家或某一个民族单独来完成的，在历史发展的进程中，其他先后兴起的民族都是其中的参与者，即后来兴起的民族对前一民族在发展贸易上具有一种继承性，如匈奴、月氏、乌孙、粟特、鲜卑、嚈哒（即白匈奴）、突厥、回鹘等北方游牧民族，他们都曾先后参与了丝路贸易，在丝路贸易中发挥过积极的作用。

（二）胡商的贸易活动

自汉开始，胡商在中国的踪迹屡见于史籍。从汉文史籍看，东汉以降，大量胡商来华。魏晋以后，伴随着粟特人的商业活动，他们在丝路上停留、居住，从而形成了一些聚落，并设有聚落首领，聚落带有一定的自治性质。自公元3世纪开始，粟特人在塔里木盆地周边地区的于阗、楼兰、疏勒、龟兹、焉耆等地就相继建立了一些聚落。隋唐时期，丝路贸易出现繁荣的局面，更加吸引了大量的粟特人入华，出现"伊吾之右，波斯以西，职贡不绝，商旅相继"的场面。[1]唐人张籍所作的《凉州词》描述了凉州道路上运输丝绸的景象："边城暮雨雁飞低，芦笋初生渐欲齐。无数铃声遥过碛，应驮白练到安西。"当然，胡商在丝路上进行贸易要受到当地政府的管辖，胡商要往内地贸易必须持有当地政府部门发放的"过所"。

在吐鲁番发现的一件粟特文地名录中，记载了9世纪到10世纪粟特人在欧亚大陆的经商路线。这条商路自西而东为拂菻（东罗马帝国）、波斯、安国、吐火罗、石国（在今乌兹别克斯坦塔什干市）、粟特、拔汗那（即汉时的大宛）、喝槃陀、佉沙（即疏勒）、于阗、龟兹、焉耆、高昌、萨毗、吐蕃、吐浑、弥药，最终到达薄骨律（宁夏灵武）。[2]

吐鲁番出土文书《唐开元二十年（732年）瓜州都督府给西州百姓游击将军石染典过所》，记载了粟特商人石染典带着作人康禄山、石怒忿以及家生奴移多地，还有牲口等，从安西（今库车）先到瓜州市易，途径敦煌、哈密、铁门关，准备再到安西经商。石染典一行经过悬泉、常乐、苦水、盐池戍守捉等地方上的镇防机构，由官员勘查后，来到沙州。石染典向沙州官府呈报自己携带奴隶、牲口到沙州贩易，并申请去伊州的过所。到伊州后，向官府呈上瓜州所发"过所"

---

[1] ［北宋］王钦若，等.册府元龟.卷九八五，北京：中华书局，1960：11567。
[2] 林梅村.粟特文买婢契与丝绸之路上的女奴贸易.载西域文明.北京：东方出版社，1995：8-11。

证件，由伊州刺史查验、盖印，才能继续西去安西。这件"过所"上首处盖有"瓜州都督府之印"。中间三处盖有"沙州之印"，尾部盖着"伊州之印"。从这份文书看，商人的"过所"是在丝路上商客行旅必有的通行证或身份证。由于申记过所必须申报同行人、所携商品情况，所以"过所"又具备营业许可证的性质。经过鉴证、勘查过的"过所"，方才有效。如果没有"过所"，那么在经过关律要塞时，就会被抓获扣留，直到弄清身份，送有关功曹处理。另外，《唐开元二十一年（733年）石染典买马契》《唐开元二十一年（733年）石染典买驴契》文书，记载了石染典进行马、驴交易的情况，是难得的证明粟特商人活跃在丝路上的文书。

❀ 石染典买马契图

由于丝路上的贸易是远距离运营，路途风险很大，加之古代丝路上经常有盗贼出没，这就要求他们必须组成商队。吐鲁番文书《唐垂拱元年（685年）康尾义罗施等请过所案卷》，记录了两组从粟特、吐火罗来的商人在西州重组商队，准备从西州到长安去经商。尽管这样，仍然会遇到危险的情况。玄奘西行求法，曾在新疆焉耆目睹过一场惨剧："山西又逢群贼，众与物而去。遂至王城所处川崖而宿。时同侣商胡数十，贪先贸易，夜中私发，前去十余里，遇贼劫杀，无一脱者。比法师等到，见其遗骸，无复财产，深伤叹焉。"①敦煌莫高窟第45窟有一幅胡商遇盗图。遇到强盗，商人只好把货物摆在强盗面前祈求神灵保佑。

胡商遇盗图

1959年5月，在新疆克孜勒苏柯尔克孜自治州乌恰县以西的一个山崖缝隙间发现了947枚波斯萨珊银币、16根金条，可能是商人遇到强盗时紧急掩埋的。商队行走在途中，危险情况随时会发生，即使雇佣武装护卫，如果抢劫者的力量过于强大，仍然不可避免地遭到抢劫，从乌恰县山洞中紧急掩埋的财宝的数量看，应该是一支大型商队。据《沙州都督府图经》记载，敦煌西北有一个"兴胡泊"，"东西十九里，南北九里，深五尺。右在州西北一百一十里。其水咸苦，唯泉堪食，商胡从玉门关道往还居止，因以为号。"②因为有泉水，可为商队补充水分，还可休息，该地应该是古代商胡往返的必经之地。近年来，出土的西安安伽墓石椁、史君墓石椁、流失国外的美秀美术馆北齐石棺床、青海郭里木吐蕃墓葬棺板画中都有关于商队运营的场面，为我们提供了丰富的图像学资料。

---

① [唐]慧立、彦悰.大慈恩寺三藏法师传.北京：中华书局，2000：24-25。
② 唐耕耦，陆宏基.敦煌社会经济文献真迹释录（一）.北京：书目文献出版社，1986：8。

史君墓石椁商队图

文本

粟特人与家乡联系的二号古信札

陆上丝路东线发展的粟特商队并不是孤立的,他们与家乡撒马尔罕保持着密切的商贸联系,比较典型的是粟特文二号古信札的记载。当时粟特商人以凉州作为贸易中心据点,向各地派出商队从事商业贸易,他们经商的地点包括洛阳、邺城、金城、敦煌等地,而且与楼兰也有贸易往来。大麻纺织品和毛毡(毯)是粟特人销往内地的商品,丝绸和香料(磨香)则显然是粟特人在中国购买欲送回撒马尔罕的商品,这四种商品实际上也是丝路上往来商旅贩运的最主要商品。

为得到中国的丝绸,粟特商人甚至参与了具有高额利润的贩卖人口的交易。除此之外,胡商还主要参与了马匹、骆驼等交易活动。沿着通往中国的丝路,商人把中亚的玻璃器、宝石、各种装饰品运到中国,然后把中国的丝绸、香料、漆器、铁器、金银器等运到中亚。经过长途跋涉之后,转手卖给波斯人、罗马人、印度人或者草原上的游牧民族。胡商在从事大规模贸易的同时,也传播语言、艺术、技艺和宗教。僧侣是在商业活动的带动和影响下,进行宗教传播活动的。

第五节 陆上丝路历史影响

自西汉张骞"凿通"陆上丝路以来,至隋唐到达巅峰。在此期间,行商、住商不断努力,使中西各国的交流日益频繁和紧密。陆上丝路不但促进了汉唐社会经济的繁荣,形成了"以商富国、以商富民"的财富观,而且推动了陆上丝路沿线社会经济的发展,促进了各民族的融合。

一、促进了社会经济发展和各民族的融合

陆上丝路在很长一段时间内是陆路通往西方的必经商路,遍布陆上丝路沿线的大小绿洲城郭,是来往商贾进行贸易活动和贸易联络的必经城镇,在沿线的集市贸易中既能看到来自中原地区的物产,也能看到远道而来的舶来品。商品的流通促进了经济的发展,推动了整个沿线地区的社会经济繁荣。中原商人、商队输出的以丝绸为主的各种产品,为沿线各个地区的社会经济发展注入了新鲜元素。中国的丝织品在欧洲享有盛誉,特别是罗马帝国,将中国的丝织品当

作珍贵物品，称中国为"丝国"；当年罗马共和国执政官恺撒曾穿着丝袍出现在剧场，轰动一时，后来穿中国丝袍成为罗马上层贵族的社会风尚。由西域传入中原的马、牛、羊以及哈密瓜、葡萄、核桃、胡萝卜、胡椒、胡豆、菠菜、黄瓜、石榴等品种多样的农牧业产品，则为中原人民的生活提供了丰富的物产，像葡萄酒等西域特产经过久远的发展也融入中国的传统酒文化中。

横跨中西的陆上丝路，穿越了众多的游牧民族、不同国别人种。在长距离、大范围的丝路贸易活动中，他们不断融合，形成新的民族，来中原经商的胡商演绎成为回民，就是其中的典型。陆上丝路所经之地，还为我们留下了大量的文化历史遗迹，成为当今的旅游胜地。

二、推进了中西经济科技文化的交融

陆上丝路向外传播的不仅仅是丝绸，还把我国当时一些先进的科学技术一并西传。作为中国古代文明重要标志的四大发明——指南针、造纸术、火药、活字印刷术，就是通过陆上丝路传向世界各地的。四大发明的西传对整个人类社会，特别对西方文明的发展起到了重要的促进作用，尤其是造纸术、印刷术的传入，促进了西方国家教育的普及化，对当时欧洲的宗教、政治，以至于资本主义制度的建立、思想文化的交流及传播都产生了深远的影响，可以说为西方的启蒙运动以及科技的发展和文明的传播奠定了物质基础，加快了世界文明的发展，使西方许多国家在短时间内完成了向文明的跨越。不仅如此，陆上丝路还为中亚、欧洲等地区带去了中国先进的冶铁技术，为中亚带去了坎儿井和先进的水利灌溉技术。古代中国的医学比较发达，中国医术便随着炼丹术传入阿拉伯地区。东西方医学的会通促进了近代医学的发展。

同时，来自西方的宗教和艺术，给中原的固有文化以很大的冲击。佛教、琐罗亚斯德教、基督教、摩尼教和道教都曾在陆上丝路沿线地区进行传播。法显法师于公元399年经西域进入天竺（印度），随后由海路经狮子国（斯里兰卡），再经耶婆提（印度尼西亚）回国。他途经陆、海两条丝路，为文化交流作出了贡献。唐玄奘西天取经，推动了唐朝与西域和印度的交流。在贵霜帝国时期，佛教对中亚地区产生了非常大的影响，同时也与中亚当地的传统文化相融合。随着阿拉伯帝国的崛起，伊斯兰教逐步向东扩大影响。西域艺术传入中国，大大丰富了中国的传统艺术，不论是在艺术种类、艺术形式还是在艺术思想方面，西域艺术对中原文化都有影响。西来的艺术文化与中国固有的艺术相结合，形成了独具特色的艺术形式与文化内涵，对中国的服饰、音乐、绘画等均产生了深远的影响。

三、形成了不畏艰险、勇闯商路的商人精神

张骞"凿通"陆上丝路以来，一批又一批商人不畏艰险，投身于陆上丝路的商贸活动之中。在中国西部、中亚、西亚等恶劣的自然和社会条件下，历代在陆上丝路上经营丝绸为主的贸易活动中的行商、住商，凭借肩背、骆驼运，不畏路途艰辛、官府打压、盗匪抢掠，在互助共生的合作精神下，穿行于7 000多公里的陆上丝路，走出了辉煌的丝绸商道，缔造了独特的商贸富国的商业文明。这种不畏艰险、勇闯丝绸商道的商业精神与实践，不但是中华民族难能可贵的历史文化财富，而且是人类文明历程的宝贵财富，值得全人类借鉴。

视频

陆上丝路总览

陆上丝路的辉煌已经成为一幅历史画卷，而中国在2013年提出构建"一带一路"构想，过去陆上丝路的辉煌又将造福于沿线各国。2014年6月22日，由中国、哈萨克斯坦和吉尔吉斯斯坦联合申报"丝绸之路：长安—天山廊道的路网"正式被联合国教科文组织纳入世界文化遗产，丝绸商路文化成为人类社会共同的文化遗产。世界文化遗产里记载着中华的古老商贸曾经繁荣过城市、富强过国家、影响过世界的历史，遗存着"商通世界、贸连天下"的史实，见证"商贸富国、商贸福民"的强国伟略。今天的中国，重温丝绸商路的历史，借鉴古丝路的地理空间和战略构想，正在开创"一带一路"的崭新时代。

扩展阅读文献

1. 沈济时. 丝绸之路. 北京：中华书局，上海：上海古籍出版社，2011.
2. 孟凡人. 丝绸之路史话. 北京：社会科学文献出版社，2014.

02
Theme II

第二章
海上丝路

视频

郑和下西洋概览

　　海上丝绸之路（简称海上丝路），是指古代东西方海上贸易交通路线。这一概念由陆上丝路衍生而来。与陆上丝路相比，经由海上丝路流通的商品种类更加多元化，除丝绸外，瓷器、香料、茶叶均是大宗货物，因而海上丝路有时又被称为瓷器之路、茶叶之路、香料之路。按航线方向的不同，海上丝路通常分为东西两条。东向航线又称为东海丝路，系指自中国东北部沿海，经渤海或黄海、东海到达朝鲜，再渡朝鲜海峡，最终抵达日本的贸易航线。西向航线又称为南海丝路，系指从中国东南沿海出发，经南海、印度洋至西亚、非洲的贸易航线。

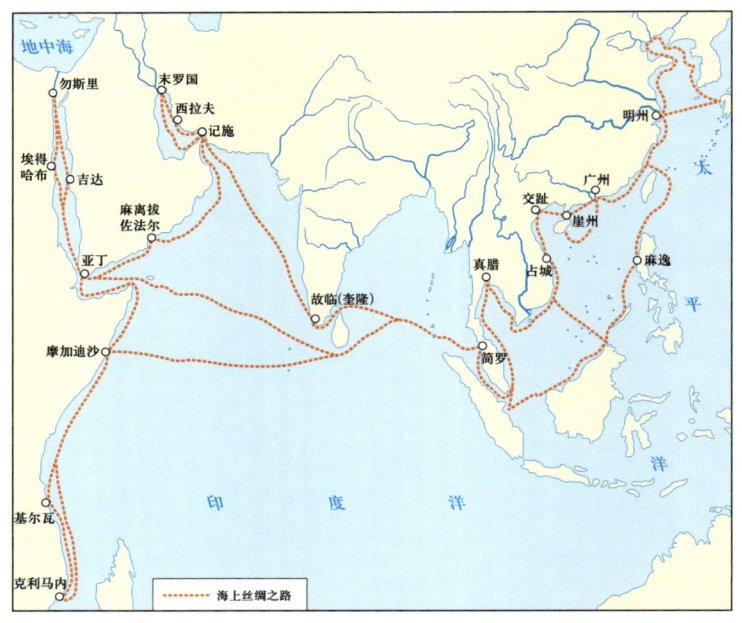

明代海上丝绸之路示意图

第一节　海上丝路历史沿革

公元前2世纪，汉武帝派出远洋船队驶往印度洋，开辟了南海—印度洋航线，海上丝路出现。随着造船、航海技术的进步及生产力的发展，海上丝路不断发展，沿线各国间的贸易日趋繁荣。近代以来，随着西方势力的侵入、中国海权的丧失，海上丝路上的商品逐步被西方机制品和在东方掠夺的各种原材料所替代，海上丝路失去了原有的内涵和魅力。

一、海上丝路的贯通

中国先民的航海活动至迟在商代已延伸到域外。商末，贵族箕子率领殷民渡海到达朝鲜，在朝鲜北部建立政权，史称"箕氏朝鲜"。战国以来，齐、燕两地的人民与朝鲜颇多往来。秦朝时，方士徐福率众自山东半岛出发，沿渤海海岸航行至朝鲜半岛南部，过朝鲜海峡，到达日本。徐福东渡的真实性尚存疑问，但相关文献反映了秦汉之际，从中国到朝鲜、日本的海上交通路线的形成，标志东海丝路已经开辟。其航线大体是从登州（今山东蓬莱）或莱州出发，至辽东半岛南端过渤海海峡，沿岸东北行至鸭绿江口。然后沿朝鲜半岛西海岸南下，经朝鲜海峡至日本。

汉武帝时，曾派遣近侍内臣率领招募来的商人、水手，携带黄金及各类丝织品远航印度洋，购买海外的珍珠、宝石及各种珍奇异物。由此实现了中印海上航路的畅通，沟通了太平洋和印度洋，中国与东南亚、南亚的海上交通贸易往来正式开始，海上丝路初步形成。汉代形成的南海至印度洋航线的大致路线为：从广东徐闻或广西合浦出发，沿着海岸线驶过南海，进入泰国湾，穿过马来半岛后进入孟加拉湾，最后到达印度半岛的东南端。

徐福像

二、海上丝路的延伸

（一）魏晋南北朝时期

魏晋南北朝时期的东吴、东晋、宋、齐、梁、陈政权的控制区域基本位于河湖密布的长江以南。为适应水路交通及航海业的需要和利用长江天堑抵挡北方势力南下，六朝政府非常重视造船航运业，使这一时期造船业获得空前发展，航海经验更加丰富，航海水平进一步提高。在六朝政府积极发展海外关系的政策推动下，海上丝路逐步向前延伸。一是广州港的兴起。随着珠江流域经济的开发，广州很快以其特有的区位优势取代了徐闻、合浦的地位，成为中国海外贸易首要口岸，海上丝路的起点也因此移至广州。二是海上丝路继续向西方延伸，其终点已开始从印度半岛东南部向西，跨越阿拉伯海，抵达波斯湾。

魏晋南北朝时期东海丝路也有了新的发展。东晋南朝时，朝鲜半岛上的高句丽与日本的倭国处于敌对状态，因而传统的由中国辽东沿海经朝鲜半岛由北向南，再到日本的航道受阻。日使来华被迫由朝鲜半岛南部横渡黄海，同时由于建康（今江苏南京）成了中国南方的政治经济中心，因而东方航线随之南移。南朝时，东向航线的大致航路为：由建康出发，顺江而下，出长江口后，沿岸北航，至山东半岛的成山角附近，继续沿岸而行，到达朝鲜半岛北部。或由成山角东进，横渡黄海，抵达朝鲜半岛东南部，然后再沿岸南下，渡朝鲜海峡，抵日本。

❀ 广州黄埔古港

❀ 中国的好运角——成山角

（二）唐代时期

在南海丝路上，唐朝时从广州至波斯湾的航线已经固定化、经常化。《新唐书·地理志》记载，"广州通海夷道"大体上从广州出发，经香港大屿山以北入海，经海南岛东部向南抵达越南占婆岛、昆仑岛；向南经新加坡至苏门答腊岛或爪哇岛；经马六甲海峡进入印度洋，西航至斯里兰卡，再沿印度西海岸至巴基斯坦卡拉奇，向西进入波斯湾，抵今伊朗阿巴丹、奥波拉，溯幼发拉底河至巴士拉，由此陆运至阿拉伯帝国首都巴格达。这样，唐代形成的"广州通海夷道"将东亚、东南亚、南亚、波斯湾、阿拉伯半岛东南岸和东非沿岸连接起来，成为16世纪以前人类定期使用的最长航线。

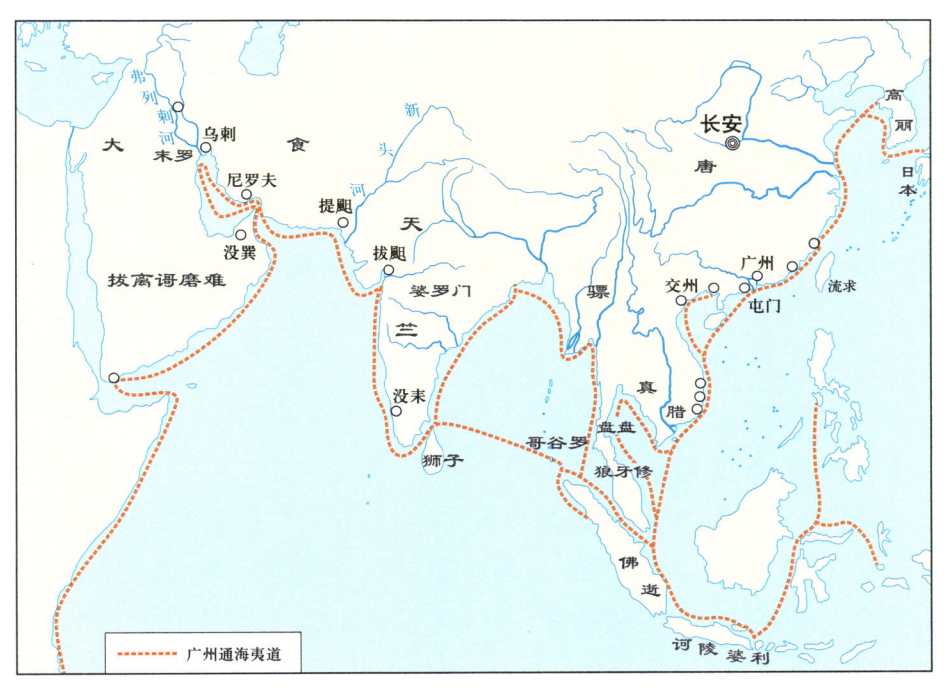

唐代海上丝绸之路示意图

在东海丝路方面，航线呈现多样化趋势。唐朝至新罗的航线有两条：一是从登州过渤海海峡至辽东半岛南岸，再沿岸向东北行至鸭绿江口。然后沿朝鲜半岛西海岸南下，过身弥岛、大阜岛，至牙山湾内的海口。再陆行至朝鲜半岛东南部的庆州。二是从山东半岛的登州、莱州启航，横跨黄海直抵朝鲜半岛西海岸的大同江口或江华湾。中日交通在8世纪以前基本因循南朝时期的航线。8世纪，新罗统一朝鲜半岛后同日本的关系处于紧张状态，昔日的北路航线不便于中日间往返，只得另辟南路航线。南路航线一条是北线从明州

（今宁波）、越州（今绍兴）启航，横渡东海至奄美大岛，往北经诸岛越大隅海峡至鹿儿岛再沿海岸北上至博多大津（今福冈），再东航至难波（今大阪）。另一条是从江浙沿海的楚州（今淮安）、扬州、明州、温州等港口启航，向东偏北斜穿东海，至日本的值嘉岛（今五岛列岛与平户岛之间），再航抵博多和难波。

　　海上航线的扩展，带来了唐朝海上贸易的繁荣，特别是唐后期，由于陆上丝路受阻，海上丝路贸易逐渐占据了中国对外贸易的主导地位。

（三）宋元时期

　　在社会经济向前发展的基础上，宋代的造船业呈现蓬勃发展的态势，一是所造船舶数量增加、载重量上升，二是宋代出海船舶的抗沉性和稳定性有了进一步增强，实现了航海技术上的重大突破。宋人不仅已熟练地掌握了海洋季风的规律，而且将指南针应用于航海，使航行线路准确，航程缩短，风险降低。在此基础上，宋元海上丝路进一步向前延伸到阿拉伯半岛西端的亚丁及东非沿岸，带来了中国与阿拉伯半岛及东非沿岸各国间贸易关系的密切。

三、海上丝路的繁盛

（一）郑和下西洋

视频

郑和七下西洋

文本

郑和七下西洋

视频

海上丝路繁盛

　　郑和（1371—1433年），原名马和，小名三宝（或三保），云南昆阳（今晋宁昆阳街道）宝山乡知代村人。明朝航海家、外交家。郑和于明洪武四年（1371年）出生，是马哈只第二子。郑和有姐妹四人。洪武十三年（1381年）冬，明朝军队进攻云南，马和仅十岁，被明军副统帅蓝玉掠走至南京，进入朱棣的燕王府。少年马和此后就在朱棣身边长大，跟着朱棣南征北战。在靖难之变中，马和在河北郑州（今河北任丘北，非河南郑州）为燕王朱棣立下战功。永乐二年（1404年），明成祖朱棣为表彰马和的战功特赐郑姓，始称"郑和"，并升其为内官监太监，官至四品，地位仅次于司礼监。郑和有智略，知兵习战，明成祖对郑和十分信赖。1405年为恢复发展明王朝与东南亚各国的外交关系，明成祖朱棣授予郑和"钦差总兵太监"军衔，命郑和率领由2万余名官兵组成的庞大船队远赴印度洋，开展与沿线各国的政治经济文化交流。这一活动持续到1433年，历时28年，先后7次。每次出使大小船只200

余艘，人员2万多，各种宝物数以万计，与亚非各国开展了广泛的政治、经济与文化交流。郑和七下西洋成就了人类航海史上的伟大壮举，使明代乃至整个古代中国的朝贡贸易发展到顶峰。

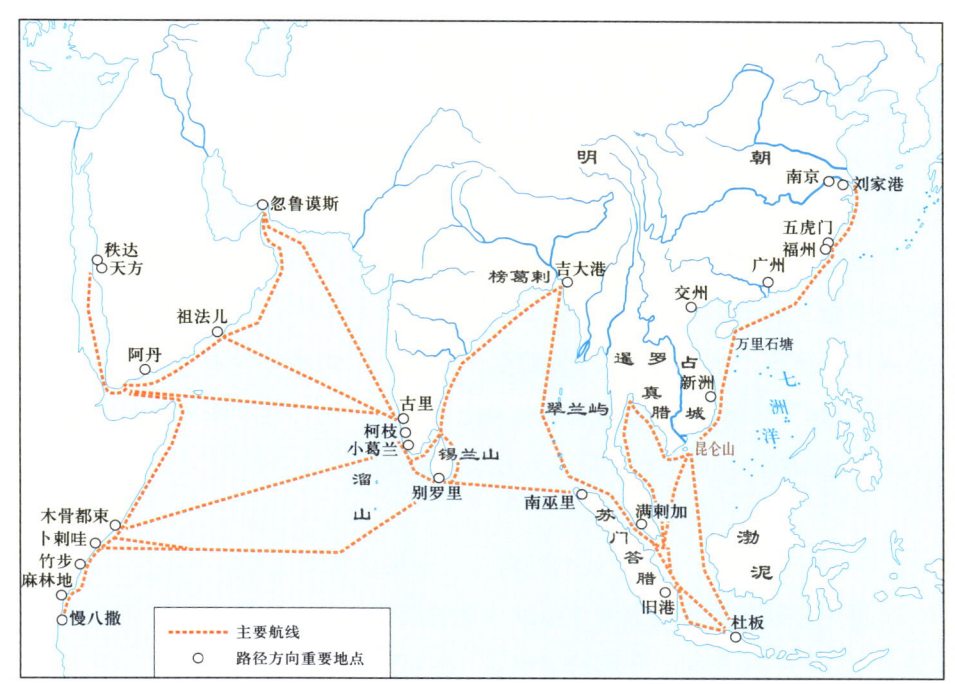

◆ 郑和下西洋图

◆ 郑和船队

◆ 宝船

郑和下西洋的方向是先向南再向西，南向的终点是爪哇，西向的终点则逐渐延伸至东非。为完成不同使命，船队每次都分为数支，纵横往来于亚非各地，经行数十个国家，远达东非及赤道以南的非洲，不仅开辟了远至东非的航路，而且在亚非地区还开辟了许多短距离、多点交叉的新航线，在中国与东非之间建立起了经常性的交通往来。

一是中国至满剌加航线。越中国南海,经占城、真腊(今柬埔寨),进入暹罗湾,再从暹罗湾沿马来半岛南航至满剌加(马六甲)。

二是苏门答腊和爪哇各岛之间的航线。从满剌加经龙牙门(林加列岛)至三佛齐(今苏门答腊),再经假里马丁(卡里马塔)与麻叶翁(勿里洞)之间,到达爪哇。再西航,过马六甲海峡至苏门答腊北岸和马来半岛两岸诸国。

三是孟加拉湾航线。以翠兰屿(今尼科巴群岛)为汇合点,向北航至榜葛剌(今孟加拉国),向西抵达锡兰岛,再西航至溜山(马尔代夫群岛)和印度西海岸各国。

四是阿拉伯海航线。从印度西海岸西北行,至波斯湾口的忽鲁谟斯,再沿阿拉伯半岛东南岸经祖法儿(今佐法尔)至阿丹(今亚丁),越亚丁湾,沿非洲东岸经木骨都束(摩加迪沙)、卜剌哇(布腊瓦)、竹步(今索马里的朱巴河口一带)、麻林(马林迪),再南航经莫桑比克海峡,过马达加斯加岛的南端而返。另从阿丹进入红海,西北行,抵达天方(今麦加)。

(二)东西半球间贸易航线的开辟——太平洋丝绸之路

16世纪后期随着欧洲人海外殖民活动的展开,菲律宾沦为西班牙的殖民地,西班牙人以马尼拉为中心开展对华贸易。在有限的开海贸易政策下,明王朝允许商人从福建漳州月港出海贸易,由此大量海商载运生丝及丝织品等货物前往马尼拉与西班牙商人交易,然后再由西班牙商人用其大帆船把这些中国货物运销到西班牙的美洲殖民地墨西哥西海岸港口阿卡普尔科。西班牙人在美洲赚取大量白银运回马尼拉,再以这些白银采购中国商品,白银由此流入中国。从漳州月港到菲律宾马尼拉,再横渡太平洋直抵墨西哥西海岸的阿卡普尔科航线成为海上丝路一条新航线——太平洋丝绸之路。由此沟通了东西两半球的贸易,中国占据优势地位的丝、茶等商品开始行销世界各国。

之后,随着西方国家侵略势力日益渗入东方,海上丝路逐步被西方国家所控制,原先以中国的丝绸、瓷器、茶叶等为主的商品最终被西方国家的机制品和来自东方各国多样化的原材料所替代。

文本

漳州月港

郑和

✿ 漳州月港遗址

视频

郑和下西洋总览

第二节 海上丝路贸易

海上丝路自汉代形成后，以此为通道的贸易活动便逐步展开，至明代的郑和下西洋达到顶峰。我国很早就制定了海外贸易政策和管理制度，保障了古代海上贸易的发展。在海外贸易活动中，形成了以官方为主导的朝贡互市、民间参与的多样化贸易方式。同时，我国的海外贸易活动以丝绸、瓷器、茶叶等为中心商品。

一、海外贸易政策

从唐代至明代，中国海外贸易政策经历了从积极鼓励到严格限制的演变过程，市舶制度也经历了从发展、完善到衰微的历程。

（一）唐代时期

1. 海外贸易政策

唐王朝奉行积极发展海外贸易的政策：

（1）优待外国使团和商人。一是对唐王朝官方朝贡贸易使臣厚礼接待，以远高于入贡品价值的货物予以回赠。二是以优惠价格与外商交易。政府按高于市场的价格购买进口商品，使外商得到更大的实惠。

（2）尊重外商习俗和宗教信仰。唐代在外国人聚居的广州等口岸设立专供外国人居住的街区——蕃坊，各蕃坊蕃长由外商推举并经唐朝政府任命。外国人在遵守中国法律前提下，按本民族习惯和宗教信仰生活。

（3）保护外商的合法利益。唐朝政府明确规定，除征收正税外，地方政府不得随意加征其他税收。同时还规定保护在华外商遗产，在华外商不幸去世，其遗产由当地官府妥善保管，等其亲属认领。

积极的海外贸易政策，不但促进了唐代贸易的扩展，而且实现了如下目的：一是通过海外贸易活动加强中外政治经济联系，维护唐王朝的国际威望；二是通过海外贸易进口各种海外奇珍异物以满足上层社会的奢侈性需求；三是通过发展海外贸易增加政府的财政收入。

2. 市舶制度的产生

玄宗开元二年（714年），在广州设立了海外贸易的主管官员——市舶使①，市舶制度由此诞生。

市舶使的职能主要有5项：一是对进口货物登记、分类。船舶进港后，由市舶官吏对货物进行登记，并将货物分为粗货（普通货物）和细货（奢侈品）两种，以区别征税。二是征税。唐朝开始，中国正式对海外贸易征税。由市舶官吏对进口船舶征收进口税，所征正税称"舶脚"，又称"下碇税"，即吨税。除正税外，有时还对奢侈品征收实物形式的货税。三是禁止奢侈品自由交易。进口奢侈品由朝廷和沿海地方政府收买，实行政府专营，禁止商人自由经营。四是设置栈房，保管外商货物。由于当时船舶载重量相对较小，外商的货物通常分批来华，唐朝为此在广州设立栈房，为外商保管货物。五是管理外商在华贸易。外商若到中国内地去贸易，须到地方政府和市舶使处申领证件，经过哨所要接受检查。

（二）宋代时期

北宋时期中国的中原地区相对统一，但北方长期为辽、西夏、金等少数民族政权控制。到南宋时期，宋王朝退居江南，与北方民族矛盾尖锐，争战不已。为应对长期的战争，两宋政府财政压力巨大，海外贸易税收成为重要的财政来源，因而海外贸易受到高度重视。

---

① 另说太宗贞观年间已设立，存疑。

1. 积极的海外贸易政策

（1）主动遣使海外，招徕外商。北宋太宗雍熙四年（987年），宋廷主动派出官方使团前往东南亚各地招徕外商，并采购货物。这在中国海外贸易史上是空前的举措。

（2）通过奖励、敦促、重用等手段吸引外商来华。宋王朝规定无论是中外商人、船长还是市舶官吏，凡能吸引外商来华，使贸易规模扩大者均予以官职或爵位的奖励。南宋理宗时期，泉州海外贸易一度出现停滞。南宋政府即聘任阿拉伯人后裔蒲寿庚担任泉州提举市舶司。蒲寿庚任职30年，期间吸引了大量阿拉伯商人前来泉州，以至于泉州有"回半城"之称，泉州海外贸易因此获得长足发展。

（3）保护外商的合法权益。宋朝规定，外商遇市舶司或地方官重征或强行收买舶货，有权越级上诉；对遭风浪袭击而漂流至中国沿海的外国商船给予援救。

（4）为来华外商在华活动提供便利条件。在外商集中的广州和泉州港设置蕃坊，由宋朝政府选择有威望的外商担任蕃长，并授予相应的官衔。蕃长除管理蕃坊内部事务外，还负责招徕外商来华贸易。宋朝政府还在广州、泉州等地设立蕃市，以便利外商在华贸易活动。此外还设立蕃学，供外商子弟就学。

2. 市舶制度的进一步发展

（1）制定海外贸易管理法规，开始海外贸易的立法管理。北宋神宗元丰三年（1080年）颁行了中国历史上第一部海外贸易管理法规——《广州市舶条法》，又称《元丰市舶条》。

（2）设立海外贸易管理机构——市舶司（或市舶务、市舶场）。两宋王朝先后在广州、杭州、明州（今浙江宁波）、泉州、密州板桥镇（今山东胶州）设市舶司，在秀州华亭（上海松江）、江阴、温州设立市舶务，在澉浦（今浙江海盐）设立市舶场，作为海外贸易管理机构。其中，广州、泉州、明州与杭州舶司并称为三路舶司，管理范围更为广大。到南宋时，泉州海外贸易超过广州，成为中国最大的对外贸易口岸。

（3）市舶司的职能扩大。一是负责发放"公凭"（也称公据、公验，即出海贸易和贩卖进口货物的许

宋代泉州市舶司遗址

可证），查验进出口船舶和货物。二是负责征税。市舶司对所有进口货物征收实物税，称为"抽分"。三是实施禁榷和博买。宋代对部分进口奢侈品，如珍珠、玳瑁、珊瑚、玛瑙、乳香等实行"禁榷"，即由政府专营，禁止民间买卖。博买即政府采购。进口货经抽分后，市舶司首先根据政府需要按市价或低于市价购买。四是负责保管、运送、出售进口商品。市舶司对抽分和博买的物品，负责保管，然后派人运往京城。其中粗重货物则由市舶司就地出售。

（三）元代时期

通过军事征服建立的元王朝，其综合国力较宋代大为增强。蒙古大军从漠北到中原，从中国到中亚、西亚直至欧洲的远征使其眼界大开，刺激了统治阶层对各种珍奇异物的需求欲望。而发展海外贸易可以满足上层社会对海外奢侈品的需求。为此，元政府高度重视海外贸易，采取一系列鼓励性措施。

1. 海外贸易政策

（1）积极鼓励外商来华。元朝为吸引更多外商来华，一方面招降并重用南宋主管泉州市舶的蒲寿庚，使其为元朝"诱诸蕃"；另一方面积极向外商宣传元朝发展海外贸易的基本政策。元朝政府利用来华外商向海外各国宣布：外商来华将受到礼遇，其贸易往来不受干预，可自由进行。元朝政府在主要贸易口岸设立驿馆，用来接待各国商使，并继续实行前代的蕃坊制度。

（2）积极组织海外贸易。元朝除鼓励民间贸易外，还积极组织官方及官商合营贸易。官方贸易除传统的朝贡贸易外，朝廷还派使臣直接到海外采购。元代官商合营贸易分为两种形式：一种是"斡脱贸易"。斡脱系为元朝官府和贵族经商、放债营利的一种特权商人，多为色目人。斡脱用官钱从事海外贸易，凭借特权经常经营违禁物品牟取暴利，元朝政府与之分享利润。另一种被称为"官本船贸易"。即由政府出资造船、出本钱，选择海商从事海外贸易活动，利润分成。官本船贸易对民间贸易无疑起了排挤作用，但它也使一些势单力薄的中小海商进入海外贸易行列，从中积累资本，为其独立从事海外贸易做了准备。

（3）鼓励民间贸易。元朝为鼓励商人从事海外贸易，先后采取了诸多措施，如严禁权贵官吏侵害海商利益以及免除海商、水手之家的差役等。

2. 市舶制度的进一步发展

（1）修订、完善市舶法规。元世祖至元三十年（1293年），元王朝在参照宋代市舶法规的基础上，制定了《市舶法则》22条。此后又多次修订，使其成为我国历史上第一部较为系统、完善的对外贸易法规。该法则明确规定了元代对外贸易的税收种类、税率；从事海外贸易的商人资格、商人进出港的具体手续、商人的权益；进出口商品种类的限制；对走私的处罚等。

（2）增设市舶机构。元朝先后在广州、泉州、庆元（即明州，今宁波）、上海、澉浦、杭州、温州设立七个市舶司。至元三十年（1293年），元朝还设立了"海北海南博易提举司，税依市舶司例"，管理广西沿海和海南岛的海外贸易。

（3）市舶司的职能扩大。一是查验进出口船舶和货物。根据市舶法规定，商人出海必须向市舶司提出申请，提供保舶牙人，经核准后，由市舶司发给出海贸易许可证——公据。同时市舶法规定：中外商船一律不得将金、银、铜、铁货、武器、粮食、人口等贩运出口，市舶司对出港船舶及货物依例严格检查。二是征税。元代对进口商品在抽解之外，再征收舶税。三是查缉走私。

（四）明代时期

1. 海外贸易政策

（1）明代前期的海禁政策。海禁，即禁止民间海外贸易，一方面禁止国内百姓出海贸易，另一方面禁止外商以私人身份来华贸易。洪武四年（1371年）明太祖下令禁止沿海百姓出海贸易。洪武十四年（1381年）明政府规定外商"非入贡即不许其互市"。朝贡贸易成为唯一合法的对外贸易方式。

明王朝实行海禁政策，与当时的外部环境密切相关。明朝初年，东南沿海有元末农民起义军张士诚、方国珍余部盘踞近海岛屿与明王朝对抗，同时来自日本的倭寇不断骚扰沿海各地。为巩固新生的明政权，明王朝实施全面的海禁政策以阻断与国内外反抗势力的联系。

然而，为满足统治阶层对海外奇珍异物、香料等奢侈品的需求，为达到"万国来朝"的盛况，明王朝积极推行朝贡贸易政策。

频繁的朝贡贸易，固然提高了明王朝的国际威望，但也带来了沉重的财政负担。洪武五年（1372年）明王朝宣布对各国入贡次数予以限制，规定大部分国家"三年一贡"。洪武十六年（1383年）针对一些外商假冒贡使的现象，明政府又进一步实施了"勘合"制度（即朝贡贸易的许可证制度）。

对朝贡贸易的限制，损害了入贡国的经济利益，中外经济联系遭到进一步破坏，海外各国对明王朝的政策极为不满。到洪武末年，中外关系已经明显恶化。

明成祖即位后，一方面继承明太祖时期的海禁政策，另一方面则积极鼓励海外国家入明朝贡。公元1403年，明成祖派使臣出访朝鲜、琉球（冲绳）、日本、安南（越南）、爪哇、西洋锁里、苏门答腊、暹罗（泰国）、占城、满剌加（马六甲）、柯枝（在今印度西南部的柯钦一带）、古里（在今印度西南部喀拉拉邦的科泽科德一带）等国，从而恢复了明王朝与亚洲诸国的外交关系。为进一步发展中外关系，明成祖于永乐三年（1405年）派遣郑和率领大规模船队下西洋，到明宣宗宣德八年（1433年），郑和船队七下西洋，与亚非各国开展了广泛的政治、经济、文化交流。

朝贡贸易

明成祖朱棣像

（2）明代后期有限制的开海贸易政策。明后期，江南商品经济呈现出空前活跃的态势，中外商人对海禁的反抗愈益激烈。伴随大规模倭患的平息，隆庆元年（1567年），明王朝宣布开放海禁，允许民间商人从福建漳州月港出海贸易，但仍禁止商人前往日本贸易。商人领取引票后出海贸易，引票最初限定为50张，后逐步增至137张。在此之前，明政府已允许外国商人以私人身份到广东贸易。由此结束了明代近200年之久的海禁时期，朝贡贸易的独占地位丧失，私营海外贸易终于合法化。

2. 市舶司制度

（1）明前期市舶司职能。受明前期海禁政策的影响，市舶司的职能发生了一定程度的变化：一是设立市舶司机构，管理朝贡贸易以查验勘合、接待贡使、运送贡品等；二是查禁民间商人的海外贸易，对违禁出海的商人负责缉捕；三是管理中外互市贸易，对于随贡附载而来的商货，市舶司负责检验其中有无违禁物品。进口货物的交易由市舶司下设的牙行来管理。牙行负责对货物价格的评估、介绍中国商人与外商交易。

（2）明后期市舶司职能。明后期隆庆开海贸易以后，明朝海外贸易管理分为两部分，市舶司管理外商来华贸易，督饷馆负责管理国内民间海外贸易。因而这一阶段市舶司除继续负责管理朝贡贸易外，同时负责管理外商来华贸易。对中外商人交易的管理，则由牙行负责，而牙行这时已从市舶司中独立出来，海外贸易的行政管理与经营管理出现了分离，市舶司的海外贸易经营管理权彻底丧失，自唐以来实行了近千年的市舶司制度趋于完结。明后期市舶司对外商来华贸易的管理职责主要是：查验进出口商品和征收进出口税及停泊税。

视频

市舶司

文本

督饷馆及其职能

文本

牙行

市舶司

（五）清代时期

1. 海外贸易政策

顺治初年，清王朝允许商人出海贸易，为满足铸币需要，甚至一度鼓励商人从事铜的进口贸易。从顺治十二年（1655年）起，清王朝颁布了一系列的禁海令。一方面严禁商人出海贸易，另一方面对来华外商严加限制。为有效实施海禁政策,从顺治十七年(1660年)到康熙十七年(1678年),清政府先后三次颁布实施迁海令,强迫沿海居民内迁。在全面海禁之时,清王朝于康熙十九年(1680年)宣布开放澳门贸易,允许中外商人前往澳门交易。

清王朝统一台湾后,基于解决沿海人民的生计、增加财政收入的意图,康熙二十三年(1684年)颁布了开海贸易令,允许商民出海贸易。次年,又宣布在江南松江、浙江宁波、福建厦门、广东广州分别设立江、浙、闽、粤四大海关,负责管理各省沿海的对外贸易,中国对外贸易行政管理机构——海关诞生。

◉ 澳门妈祖庙与大三巴

◉ 粤海关官衙

开海设关、多口通商后,中国的海外贸易并未得到真正的鼓励,清政府的开海令附加了诸多的限制性规定,对出海贸易的商人、商船、来华贸易的外商及其船只、进出口商品予以严格的限制。如清王朝规定:禁止500石以上、双桅船出洋;禁止在海外造船运回国内;出洋贸易商人三年内必须回籍,否则永远不准回籍;外商来华必须先到澳门,经批准才可到广州;兵器、硝磺、金、银、铜、铁及铁器、粮食、头蚕丝等禁止出口。此外,还一度禁止与南洋的贸易等。

由于历史及地理原因,在多口通商时期,欧洲商人来华贸易主要集中于广州。但从18世纪50年代初开始,为打开毛织品市场、接近丝茶产地,英国商人频繁往来于浙江宁波、定海等地。英国商船频繁北上引起清政府疑虑。乾隆二十二年(1757年)清廷下令禁止外商到江、浙、闽三关贸易,只许在广州一口通商。

1759年,清廷又颁布实施了由两广总督李侍尧提出的《防范外夷规条》。此后该规条不断被修订,对外商在华活动的限制日趋严格。如规定外商不得乘轿,不得向官府直接投递文书,不得随意出外游览,外国妇女不得进入广州城等。

2. 十三行制度

十三行制度又称行商制度。所谓行商是指清王朝特许的经营海外贸易的垄断商人，其所开商行被称为洋行或洋货行，统称十三行。

视频

十三行

1686年，为加强对海外贸易的管理，广东地方政府将从事国内、外贸易的商人分开，其商行分别称为金丝行和洋货行。同时规定充当行商者必须是身家殷实之人，报请官府批准，缴纳保证金，政府发给行帖（执照）才能设行开业。十三行并非指洋行的确切数目，基于经营状况的好坏，洋行数目时多时少。

广州十三行贸易场景

（清）广州十三行

清政府规定，外商到达广州后，必须首先投住到行商开设的商馆中，此后外商所有交易均在商馆内完成，因而西方商人将其在广州的贸易称为商馆贸易。行商主要职责如下：

一是承保税饷。外国商船进港后，其应纳进口税由行商向海关保证并于洋船返航时缴纳，外商应纳出口税由行商为其代购货物时扣缴。

二是代购代销进出口商货。外商在广州的贸易，除少量手工业品在行商加保的条件下可与普通商人贸易外，其他大宗进出口货物必须由行商代理经营。即外商带来的进口货由行商承销，外商所需出口货由行商代购。

三是代办各种交涉事宜。清政府官员不与外商直接接触，外商与清政府间的一切交涉都由行商代为传递或转达。即代外商向政府承递文函、代政府宣布对外商的指令。

四是监督管理外商。行商有责任按照《防范外夷规条》对外商及船员在广州的活动予以监督、管理。

由此可见，行商作为清政府特许的半官方的对外贸易垄断组织，成为清王朝与外商之间的媒介、中国市场与海外市场之间联系的桥梁。这一制度限制了中外商人间的自由贸易，成为清政府严格限制海外贸易政策的重要工具。

二、海上丝路贸易形式

文本
官民合营贸易

海上丝路贸易受到了历代政府的重视和积极参与，民间贸易在明代以前相对自由和繁荣，明清之际则受诸多限制。在对外贸易活动中，我国古代形成了官方主导的朝贡贸易、互市贸易、民间贸易、官民合营等多种贸易形式。下面介绍朝贡贸易、互市贸易、民间贸易三种发展形式。

（一）朝贡贸易

朝贡贸易就是中国政府与海外诸国官方的进贡、回赐关系。唐代以前就有很多国家前来寻求与中国建立友好关系。仅在南北朝梁武帝统治时期，南海诸国通使的就有九国之多。唐代前期，延续了以前的朝贡贸易，对来朝贡的国家给予相当丰厚的回赐；安史之乱后，唐朝国力大伤，朝贡贸易萎缩不振，始用市舶贸易替代朝贡贸易。明朝推行海禁政策，禁止私人对外贸易，所有的外贸又以朝贡形式进行。随朝贡而来的船舶称为贡舶，并规定，东南亚（即西洋）诸国在广州登陆，日本在浙江宁波登陆等。广州是指定贡舶靠岸最多的港口。明代对于亚非国家来华的贵宾和使节给予很高的礼遇，一般都受到皇帝的亲自接见，并屡次给以朝见宴会的特殊招待。使者来华，都会在初次朝见时向皇帝贡献带来的物品；礼尚往来，皇帝也会给予丰厚的惠赐。明成祖朱棣时期，每年逢元旦、郊祀、圣寿、冬至四大令节，总是邀请外国使节前来观礼，参加盛大宴会，期间赐予外国使节的宝物更是数不胜数。清代延续了明代的朝贡贸易制度，直到《马关条约》签订，越南、朝鲜脱离朝贡体系，标志着推行了2 000多年的朝贡贸易体系的崩溃。

当然，海上朝贡贸易除传统的做法外，朝廷还会派使臣直接到海外采购。如北宋太宗时即曾派出官方使团购买香药、犀角、象牙、珍珠、龙脑等物。元朝政府不止一次地动用大量资金特命使臣赴海外诸国为皇室采办货物。这些使臣由皇帝赐予诏书，称为铺马圣旨，或驿给玺书，上盖皇帝印鉴，专为征发驿马和领取分例（即因公下海人员在航海途中所需要的粮饷，由行省按规定的标准给付）之用。

（二）互市贸易

海上互市主要体现在中国与外国之间的贸易，有时也称通商或通市。唐代以前，海上互市贸易虽然已经开展，但其重心则一直都在中原地区。唐代初期，设市舶使，掌管南海贸易。中唐以后，东南海运繁盛，海上互市贸易超过陆地，广州、扬州、泉州成为重要商港，至五代，设博易务。这样，互市处在政府的严格控制下，贸易物品多有限制。文宗大和时，除敕准互市外，普通人"不得与诸藩客钱物交易"。宋、元时期，海外的互市贸易更加重要。宋代在广州、临安、明州、泉州等地设市舶司，又在密州板桥镇、上海镇、华亭县、青龙镇、江阴、温州等地设舶务和舶场。元代在泉州、广州、杭州、庆元、温州、上海等地设市舶司。明代在海上仅准贡舶互市。清代海外互市方面，初有海禁，康熙二十三年（1684年）开放海禁后，才在广州、漳州、宁波、云台山设关，置监督，管理与西洋的通商贸易。乾隆二十二年（1757年）关闭三关，仅留广州一关互市，直至鸦片战争时期。

（三）民间贸易

唐宋以来，中国海商大量前往东北亚、东南亚及阿拉伯各地。特别是在宋代造船航海技术的进步及政府鼓励性的海外贸易政策之下，沿海众多的民众参与到海外贸易活动之中。不仅富商大贾扬帆异域，一些势单力薄的中小商人也搭载大商舶合力出海，推动了民间海外贸易的快速发展。

明朝初年，为防止国内反明势力与海外结合，明太祖朱元璋采取海禁政策，严禁私人出海贸易，但允许各国朝贡使臣随船携带用于贸易的商品，在进京的途中与沿途的商人进行贸易。在海外贸易高额利润的驱使下，一些商人、政府官员及其亲属仍铤而走险，在沿海往来贩私。尽管明王朝一禁再禁，但以走私形式出现的私人海外贸易仍不断扩大。

当时，不但海外商船相继到泉州，并派人到景德镇、杭州贩运瓷器、绸缎等商品，而且明代国内不少大商人如李锦、潘秀、郭震等，大量装载瓷器等物出海销售，满足海外需求。当时巨商郑芝龙兄弟拥有商船百艘，海员千余人，常到景德镇采购青花瓷、茶叶，去浙江采购绸缎，然后派遣海船运到东南亚、阿拉伯、东非各地销售，深受欢迎。

三、海上丝路上的商品

与陆上丝路相比，经由海上丝路贩运的商品种类更为丰富，从中国输往海外的除丝绸外，瓷器、香料、茶叶等均是大宗货物；而从海外输入中国的主要是香料及各种自然资源。

（一）主要出口商品

1. 丝绸及丝织品

丝绸以其柔美的质地、绚丽的色彩、飘逸的风格和精美的纹饰深受人们喜爱，与人们的生活有着密切的关系。丝绸种类繁多，人们不仅用其制作华丽的衣裳，还用其制作各种日常用品，如荷包、烟袋、扇套、钱袋、褡裢等。汉代海上丝路开通之后，丝绸及其制品成为那一时期的主要输出商品。宋、元、明、清时期，丝绸在外输产品中仍然占据重要地位，但瓷器、茶叶和铜铁器等的占比迅速上升。

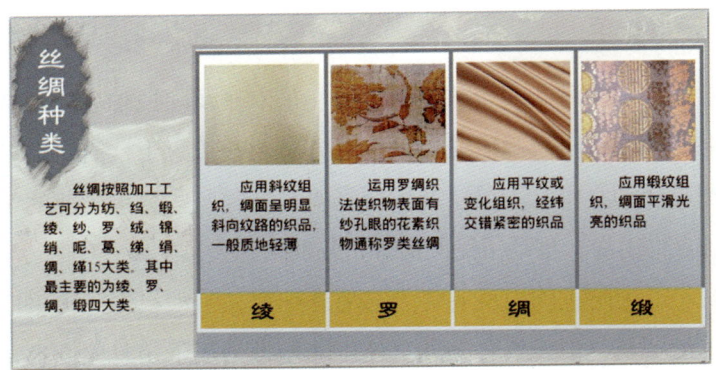

❀ 丝绸种类图

2. 文化产品和科学技术

自魏晋南北朝开始，中国的经史子集及佛经等也成为重要的输出品，主要输往朝鲜、日本及印支半岛。以四大发明为主体的科学技术，通过海上丝路传播到海外，给海外各国产生了巨大的影响。

3. 货币

海上丝路沿线不少国家铸币技术落后，伴随其与中国贸易的开展，中国铸币也成为各国人争相购买的商品。汉代即有五铢钱输往朝鲜，唐宋时代输入朝鲜、日本及东南亚的铜钱数量进一步增多，特别是宋代铜钱的大规模输出引发国内钱荒，宋政府多次下令禁止铜钱输出。然而，中国钱币仍然随着海上丝路贸易源源不断地流向海外,以致在当今海上丝路考古发掘的沉船中还保留大量古钱币。

4. 瓷器

瓷器作为海路贸易大宗输出品,通过官方及民间贸易长期大规模输出至海上丝路沿线各地。唐代瓷器即已输往朝鲜、日本及东南亚各国,洪武十六年(1383年),明廷赠予真腊(今柬埔寨)织金文琦32匹、瓷器19 000件。

视频

输出商品——瓷器

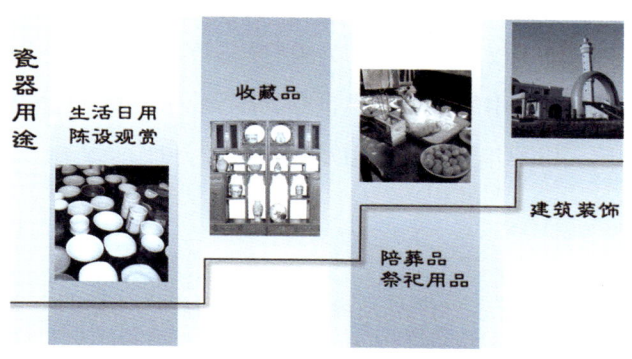

◆ 瓷器用途图

5. 茶叶

早在唐代中国茶叶及茶树的种子已输往朝鲜、日本。16世纪以后,随着中国与欧洲贸易的开展,茶叶出口日益增多,到17世纪后期成为中国最大宗的出口货物,由荷兰、英国东印度公司大量贩运到欧洲。

视频

输出商品——茶叶

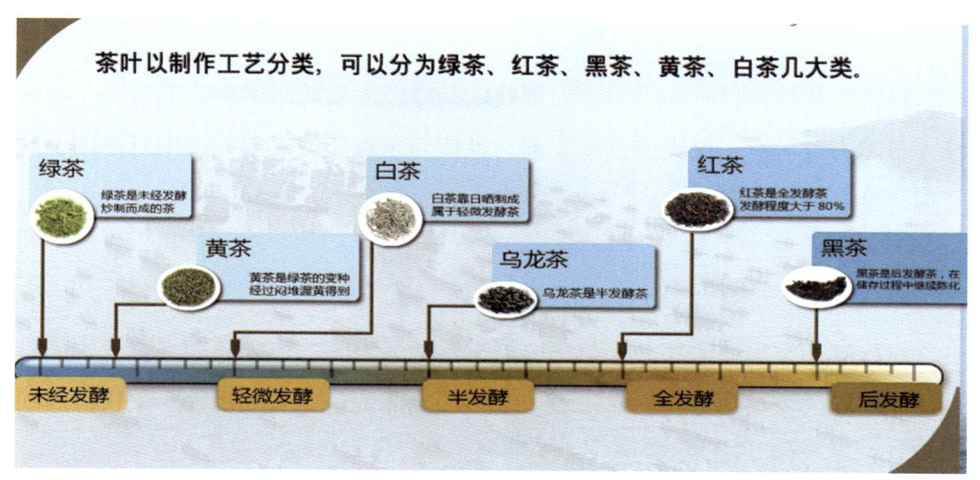

◆ 茶叶分类图

(二)主要进口商品

1. 香料

海上丝路沿线的东南亚、南亚、阿拉伯半岛及东非各地生产各种香料,早在南朝梁武帝时,即有天竺国遣使贡献多种香料。唐宋以来随着海上丝路贸易的兴盛,大量香料源源不断输入中国,成为进口贸易的最大宗货物。其中规模较大的如来自东南亚、南亚的胡椒、乳香、木香、檀香、没药等。宋神宗熙宁年间(1068—1077年)仅广州市舶司为政府购买的乳香即多达34.88万斤[①]。除商人贩运外,朝贡贸易中的香料规模也颇为庞大,如1387年暹罗进贡胡椒1万斤、苏木10万斤;1390年又贡献胡椒及苏木达17万斤。

2. 自然资源

自然资源包括矿产品、林产品及海产品等。自唐代开始即有来自日本的砂金、银、铜的进口,到清前期日本输华商品仍以铜、金、银为主,以至于日本政府担心金、银、铜的大量外流会对本国经济发展带来不利的影响,故于贞享二年(1685年)实现限制政策。此后鉴于中国商船以走私的方式继续将日本的金、银、铜大量载运出去,日本政府又于1715年颁布了"正德新令",规定中国赴日商船每年限定为30艘,铜输出量不准超过300万斤。在严格的禁令限制下,加之日本铜产量日渐减少,致使中国赴日商船逐年缩减。产于东南亚的锡、铅等也是中国自海路进口的重要商品。此外各种珍贵木材业从日本、东南亚各地大量输入到中国。

3. 手工艺品

自宋代开始,日本的折扇、刀剑就以其精良品质获得中国人的青睐。欧阳修《日本刀歌》有"昆夷道远不复通,世传切玉谁能穷。宝刀近出日本国,约贾得之沧海东"的记载。

4. 奢侈品

汉代时期东南亚的犀角、象牙已沿海路输入中国,唐宋时期来自日本的珍珠及东南亚的象牙、犀角、孔雀翎、宝石等商品的进口大幅增加。宋代占城国

---

① 1斤=0.5千克。

一次进贡所带物品即有象牙72颗、犀角86株、玳瑁千斤等。如宋神宗大中祥符八年（1015年），注辇国（位于印度半岛东南部科摩林角东北）派遣由52人组成的使团来华，带来象牙60颗、珍珠27 700两[①]，香药3 300斤。明前期锡兰山（今斯里兰卡）使节多次来华，赠送给中国珍珠、珊瑚、宝石、水晶等。

进口银盒（汉南越王墓出土）

此外，各种珍禽异兽（如狮子、大象、斑马、长颈鹿、非洲鸵鸟、金钱豹、麂等）、粮食等也是中国自海路进口的大宗货物。

第三节　海上丝路沿线港口

海上丝路的出现，并逐步占据中国对外贸易的主导地位，带动了沿线一系列港口城市的发展和崛起，出现了"因路兴城"的一个历史现象。同样，随着海上贸易的不断扩大，很多城市成为货物集散地和交通枢纽，并跃升为国际大都市。沿线的港口成为海上丝路的独有景观。

一、广州港

西汉时海上丝路的起点在徐闻、合浦。三国时吴在岭南设广州以后，珠江流域经济得到迅速开发，加上造船、航海业的进步，广州很快以其特有的区位

---
① 中国市制重量单位。

优势取代了徐闻、合浦的地位。与徐闻、合浦相比，广州优势明显：徐闻、合浦无内河与内地联系，通往内地的交通也较困难，缺乏大量吞吐货物的条件；而广州不但是岭南的经济中心，且与内地联系更为便利，通过珠江水系可达湘、赣、闽等地。汉代时徐闻、合浦之所以作为对外贸易港口，主要是受当时船舶规模及航海技术的限制，海船尚不能远离海岸，而从岭南的经济中心番禺出发，难以渡过海南东部的七洋洲等危险水域，因而出海便利的徐闻、合浦充当了汉代对外贸易港口的角色。到六朝初年，随着船舶体积的增大及航海技术的提高，海船可以适当远离海岸航行。因此，从广州出发，不必经琼州海峡，经海南东部海面和西沙群岛海域，直航东南亚、南亚各地，从而使广州成为中国海外贸易中心，海上丝路的起点也因此移至广州。

❀ 昔日黄埔古港

隋唐时期随着中外海上交往的频繁和贸易范围的扩大，广州作为隋唐时期中国对外贸易第一大港吸引了海上丝路沿线数十国商贾云集，各种香药、珍宝堆积如山。不少外商长期侨居广州，唐王朝在广州设有多个供各国侨民居住的蕃坊。另据阿拉伯文献记载，唐末黄巢起义攻打广州过程中，遇难的外国人多达12万之众。到北宋时广州依然是中国最兴盛的对外贸易口岸。宋政府不仅在广州设置蕃坊，还设有蕃市（中外商人交易的市场）、蕃学（外商子弟学校）。广州海外贸易的兴旺，带动了周边市镇经济的发展，像大通港、琶洲码头、扶胥镇等市镇成了广州的外港。到南宋时期，由于泉州港迅速崛起，开始与广州港并驾齐驱，并逐渐超越了广州港的地位。明前期在海禁政策下，广州成为接待外国朝贡使团的重要口岸，接待贡使的驿站——怀远驿馆舍多达120间。明后期实行有限制的开海贸易政策，广州与澳门一起成为允许外商来华贸易口岸，每年春、夏两季广州举办出口商品交易会成为外商购买中国货物的重要渠道。清前期广州成为欧美商人来华的聚集地，到1757年清政府实行广州一口通商政策后，中国的对外贸易集中于广州开展，与外商交易的主体基本上限于设在广州的具有半官方性质的对外贸易垄断组织——十三行。

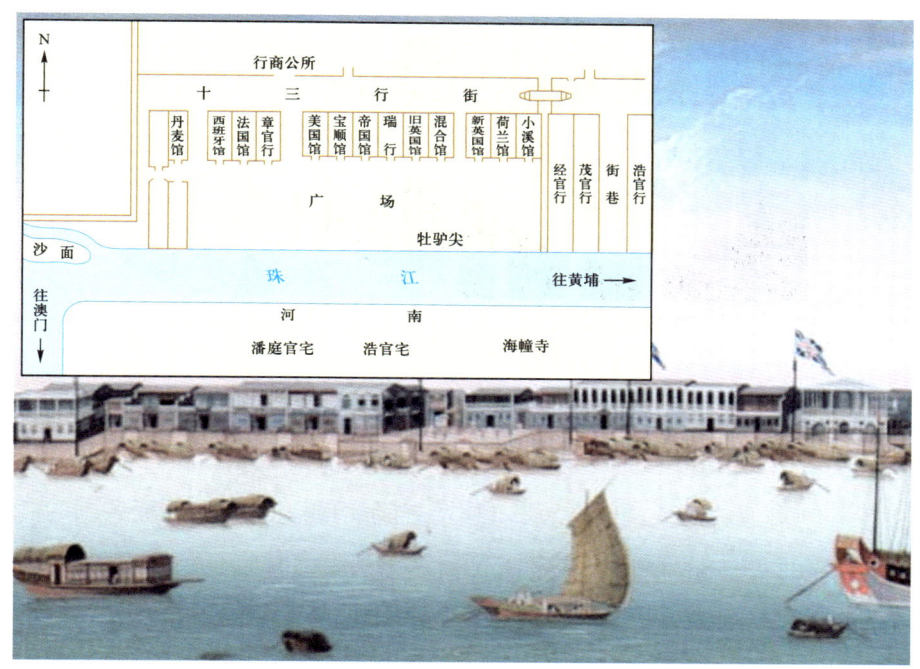

◆ 广州十三行

二、泉州港

泉州地处福建东南部，枕山面海，扼晋江下游，为江海交汇之地，海内外交通便捷。早在公元6世纪的南朝，即有印度僧人拘那罗陀前来泉州翻译《金刚经》的记载。

唐代泉州已成外商汇聚之地，不仅有来自东南亚的商人，阿拉伯、波斯商人也为数可观。随着海外贸易的繁荣，唐王朝在泉州特设参军事，管理海外贸易活动。

五代十国时，泉州为闽国辖地，闽王王审知及其继任者均重视发展海外贸易,不仅"招来海中蛮夷商贾",而且还每年遣船海外进行贸易。五代后期,留从效割据泉州,为适应海外贸易发展的需要,扩建了泉州,并增辟了道路,设置了货栈,推动了泉州海外贸易的进一步发展。

❀ 泉州古港

北宋时期,泉州海外贸易与广州已并驾齐驱。元祐二年(1087年),北宋在泉州设立市舶司,海外贸易发展加速,"有蕃舶之饶,杂货山积",特设来远驿,以接待外国贡使和商人。前来贸易的不仅有东南亚、南亚、西亚各国的商船,还有来自高丽的商船。到南宋时期,随着宋室南渡,遍及东亚、东南亚、南亚、西亚各国的外商前来贸易。宋朝诗人李邴有诗赞曰"苍官影里三州路,涨海声中万国商"。南宋理宗任命蒲寿庚担任提举泉州市舶司后,泉州海外贸易高度兴盛,一跃成为中国最大的贸易港。

❀ 泉州古代海上贸易繁荣,各国海商云集

元代泉州海外贸易臻于鼎盛,外商更是蜂拥而至,其中尤以阿拉伯商人众多，故而泉州被称作"回半城"。泉州港进出口贸易规模巨大，商品种类丰富，中外商人、使者及旅行家络绎不绝。前来泉州的摩洛哥旅行家伊本·白图泰盛赞泉州"是一巨大城市……该城的港口是世界大港之一，甚至是最大的港口"。[①]

元末至正十七年（1357年）到至正二十六年（1366年），泉州爆发了一场持续十年之久的战乱，史称亦思巴奚战乱，或称亦思法杭兵乱。这场战乱重创了泉州一带的社会经济，导致泉州的海外贸易走向衰落。

明代由于政府施行了严厉的海禁政策，泉州海外贸易受到极大限制。成化十年（1474年）市舶司移设福州，泉州的来远驿也随同市舶司废置，标志着泉州港外贸地位的下降。清初在海禁及迁界政策下，泉州的海外贸易进一步衰落。

三、宁波港

宁波地处东海之滨，濒临西太平洋，地势平坦，气候适宜，航道畅通，经济繁荣，历代皆为浙东政治、经济和文化的中心。唐代的明州（今宁波）已跨入全国四大贸易港的行列。由距明州70多里的甬江口望海镇出海的船只，常驶抵新罗和日本。自8世纪起，日本遣唐使船多循南岛路（即南路南线）或南路（即南路北线）往返，亦多在明州登陆或启碇。自遣唐使船停航之后，日本民间商船常常往返于明州和筑紫之间。可以说，明州港是同东方的日本和朝鲜进行贸易往来的门户。与此同时，也有不少中外商船自明州向南，通过和广州、交州的联系，沿西方航线远航东南亚和西亚等地，将越窑青瓷自明州沿着海上丝路输往沿线各国。贸易的兴盛带动了城市经济的繁荣、文化的发达，明州跃升为浙东经济文化中心。

视频

海上丝路
——宁波港

北宋真宗咸平二年（999年），宋王朝在明州设立市舶司。明州港重点发展与日本和高丽的贸易。元丰二年（1079年），宋朝政府规定，前往高丽的商人资金在五千缗者[②]，必须在明州办理登记、领取许可证等手续。次年，宋王朝又规定明州作为商人前往日本、高丽的专门口岸。此后该限制性规定有所放松，但明州在发展与日本及高丽的贸易上始终占据突出地位。

---

① 伊本·白图泰.伊本·白图泰游记.马金鹏，译.银川：宁夏人民出版社，1985：551。
② 宋代货币单位。

◆ 宁波博物馆印象明州港展览

元代明州改称庆元，元王朝在至元十四年（1277年）在庆元设立市舶司，管理浙江沿海的对外贸易。由于海外贸易繁荣，元王朝还在庆元设立市舶库，存放征收的货物（实物关税）。市舶库内设廒仓28间，土库屋6间，规模可见一斑。元末方国珍起义占据庆元港将市舶库改为海仓馆。

明代前期实行海禁政策，宁波港成为朝贡贸易的口岸，并且是日本的遣明使团来华的限定口岸。清康熙二十四年（1685年），清廷在宁波设立浙海关管理浙江沿海的对外贸易。乾隆二十二年（1757年）随着广州一口通商政策的实施，宁波海外贸易发展受到严重制约。

四、扬州港

隋代沟通南北的大运河的开凿使扬州成为南北水陆交通的枢纽和货物的集散地，商品经济日趋繁荣，到唐代扬州已成为国际大都会，沿海上丝路前来的东西方商人络绎不绝。

隋唐时期，扬州同朝鲜和日本的交通有南、北两条航线。北线由日本九州航抵朝鲜半岛南部，沿西海岸北上，再西至山东半岛北部登州登陆，转由济水入淮河，沿淮南运河直抵扬州；或由江苏北部的楚州及其附近沿海登陆，转由淮南运河抵达扬州。扬州同朝鲜的交通多取北线。该线在盛唐之前亦是中日两国通航的早期航线。南线由日本九州岛南部的萨摩半岛或由北部的博多湾一带渡海，直航扬子江口岸，驶抵扬州，再沿长江转至湘鄂，或沿运河转至京洛。日本历次的遣唐使节，鉴真和尚的历次东渡，多取此道。

扬州同东南亚、西亚和北非的交通，一是循丝绸之路，先至京洛，再沿汴水、淮水至扬州，或再转至湘鄂或闽粤；二是沿海上丝路，至广州或福建沿岸登陆，再由梅岭等通道，经洪州（今南昌）、江州（今九江），沿长江而至扬州，或沿海上丝路直接驶向扬子江口，而至扬州。

✿ 扬子津古渡

唐代前来扬州的朝鲜和日本人为数众多，除使节和商人外，还有数量可观的留学生和学问僧。如日本前来扬州的遣唐使团达9次之多。学问僧荣睿在华18年，曾四下扬州；普照在华21年，曾四下扬州。早在盛唐之前，扬州已见波斯和阿拉伯人的足迹。盛唐的扬州，波斯和阿拉伯商人更是接踵而至。唐肃宗时，扬州的外国商人竟达数千人之多。据《旧唐书·邓景山传》记载："神功至扬州，大掠居人资产，鞭笞发掘略尽，商胡大食、波斯等商旅死者数千人。"

自唐开成年间（836—840年）以后，因长江不断地沉积，江口逐渐东移，扬州距海愈来愈远。宋元时期及其以后，江口逐渐向东南移至江阴和华亭（今上海市松江区）一带，扬州作为国际贸易港的地位，逐步为单一的国内内河港所取代。

五、占城

占城，印度支那古国，即占婆补罗。"补罗"在梵语中意为城，简译占婆、占波。

文本
占城历史沿革

占城位于今越南的中南部，王都位于因陀罗补罗（今茶荞）。国土较广，北起今越南河静省横山关，南至平顺省潘郎、潘里地区。当地盛产稻谷，称"占城稻"，为稻谷良种之一，宋代传入中国；郑和下西洋后，占城稻在中国长江、珠江、闽江流域大面积引种、推广。福建省福州长乐一带称此稻为"占谷"或"黄占"，直至20世纪都是当地高杆晚稻的一个优良品种。

占城海上贸易很活跃，宋人周去非在《岭外代答》一书中指出，占城是"海外诸藩国"中西南诸国的"都会"之一。与宋朝有密切贸易关系的阿拉伯等国商船东来时往往在占城逗留，然后从占城出发，走海路若顺风的话，半个月即可到达广州。"占城、大食之民，岁航海而来贾于中国者多矣"，宋元时期，占城移民及其后裔已遍布中国东南沿海。到明代时，占城是郑和下西洋在海外的第一站，也是郑和下西洋的货物中转站，在海上丝路上占有重要的位置。

✦ 越南美山的占城建筑遗址

六、古里

文本
古里历史沿革

古里，今卡利卡特，是印度西南海岸的一座港口城市，在今印度西南部喀拉拉邦的科泽科德一带，为古代印度洋海上的交通要冲。这个出现于13世纪的古国频频出现在中国古籍之中，宋时称作南毗国，元时称作古里佛，明时称作古里。

明代人认为古里是西洋诸国交汇的要地。古里是郑和前三次下西洋的终点，也是后四次前往非洲东岸和阿拉伯国家的大本营，郑和船队在这里补充淡水和食物。当时郑和为了答谢古里国国王沙里地，安排筵宴，款待沙里地。席间，郑和的副手王景弘向沙里地国王提出，为纪念这次远航，在古里国盖一座碑亭，以留作纪念。沙里地国王欣然同意。这样，郑和船队的官兵就动手盖造碑亭。经过船队官兵的努力，没有多久，在古里国造好了一座中国风格的碑亭，石碑上刻有碑文。《瀛涯胜览》中记述了在古里国建碑亭及碑文内容："永乐五年，朝廷命正使太监郑和等，统领大宝船到彼，起建碑亭，立石云：其国去中国十万余里，民物咸若，熙皞同风，刻石于兹，永乐万世。"

◆ 古里

七、满剌加

满剌加，马六甲的旧译，是马来西亚的一个州，在马来半岛南部，位于马六甲海峡北岸，地扼马六甲海峡要冲，是从太平洋通往印度洋的必经之路。

马六甲是马来西亚历史最悠久的古城、马六甲州的首府。该城始建于1403年，曾是马六甲王国的都城，1511年沦为葡萄牙殖民地。1641年为荷兰占据。1826年成为英国海峡殖民地的一部分。马来西亚第一位首相拉曼在1956年2月20日宣布马来西亚独立，其仪式就是在马六甲的草场举行的。

马六甲城内以传统建筑最具特色，包括很多中国式的住宅。古代修建的街道，至今依然保存完好。街道曲折狭窄，屋宇参差多样，很多住房的墙上镶着图案精美的瓷砖，瑞狮门扣，镶龙嵌凤，处处显示出马六甲这个历史古都的独特风貌。

郑和七下西洋，每次都要经过这里。由于两国交往密切，融洽友好，数度来中国访问。所以郑和在此建立官仓，作为船队穿过马六甲海峡访问印度洋沿岸各国的中转站。船队在这里储藏物资、补充给养。当地人为了纪念郑和这位和平通商的使者，把相传他抵达爪哇的日子（阴历六月十三）定为三保太监纪念日，每年这一天，各地的华侨、华裔常远道来三宝垄、三宝庙参加一年一度的纪念活动，并举行盛大的庙会。这种风俗一直沿袭到今天。

🏵 三宝庙里的郑和像

八、三宝垄

　　三宝垄是印度尼西亚爪哇岛上的著名商埠。三宝垄市位于爪哇海北海岸上。相传,中国明代航海家郑和下南洋时,曾在这里登陆,城市由此得名。郑和七下西洋,有六次到爪哇访问。

　　郑和船队的到访,吸引了周边的许多人到这里谋生、定居、做生意。这里渐渐成了繁荣的商埠。郑和在这里传播华夏文化,其影响深远,绵延至今。

🏵 三宝垄里的三宝洞

爪哇人可大致分为三类。第一种是回回人。这些人都是西域番商流落到此，衣食住行都跟他处穆斯林无异。第二种是迁来的华人。他们几乎都是广东和漳州、泉州一带泛海而来。他们穿衣、饮食也非常干净整洁，大多数人都像穆斯林一样皈依了伊斯兰教。第三种是爪哇本地人。他们崇信鬼怪，饮食、住宿污秽不堪。

当年郑和登陆的港湾，也命名为三宝港。每年阴历六月十三日是郑和抵达的"圣日"，这时全国各地的华侨华裔都要到这里参加庙会。

九、忽鲁谟斯

忽鲁谟斯，即霍乐木兹，又译作和尔木斯，在今伊朗东南米纳布附近。临霍尔木兹海峡，废址在霍尔木兹岛北岸，扼波斯湾出口处，为古代交通贸易要冲，今为对岸阿巴斯港所取代。这里土壤贫瘠，谷、麦产量非常低，有许多来此转卖粮食的外国人，故粮价特别低。当地人民生活富裕，民风淳厚，一旦有人遭祸致贫，其他人都会馈赠钱帛，共同帮助他脱离难关。

忽鲁谟斯处于特殊的地理位置，北接波斯，南接阿拉伯半岛，沟通亚、非、欧，中国的陆上丝路也到达这里。它是中世纪世界著名的国际贸易港口，非洲的米息儿，阿拉伯半岛的祖法儿、阿丹，印度半岛的古里、柯枝，甚至欧洲地中海沿岸的国家都来这里贸易，故国民皆富。古代的忽鲁谟斯是一个国际化的大都市。伴随着海上丝路航线的延伸，郑和的海外基地也由满剌加转移到这里，并从这里派遣分舰队赴红海和东非。郑和船队到忽鲁谟斯是对前三次下西洋航行的一大发展，也是对以后三次下西洋活动的一大推进，具有承前启后的性质。

忽鲁谟斯是在有关郑和航海的史书文献中出现频率最高的地名之一，也是郑和下西洋的主要目的地之一。据《明史·外国传·忽鲁谟斯传》中记载，因为郑和前三次出海后，西洋近国已航海入贡，"远者犹未宾服"，明成祖朱棣乃命郑和持玺书前往诸国。所谓远者，是指忽鲁谟斯。

十、阿丹

阿丹（今也门亚丁港），素有欧、亚、非三洲海上交通要冲之称，是世界著名的港口。位于阿拉伯半岛的西南端，扼守红海通向印度洋的门户。

史料中记载这里气候温和，国家富强，民风剽悍，有马步锐兵七八千，所以国势强盛，四邻国家对阿丹都非常畏惧。国内民居房屋都用石头砌成，上面或者用砖，或者用土再覆盖一层。有用石头堆起三层、高四五丈的，也有用当地所产紫檀木盖楼居住的。

当地男女都是蜷曲的头发。男子缠头，穿撒哈拉梭幅、锦绣纻丝等衣服，脚上穿靴子。女子身穿长衣，肩部脖颈上佩戴宝石、珍珠、璎珞等饰品，耳朵上戴着四对镶金宝环，手臂上佩戴黄金、宝石打制的镯子，手指、脚趾上也都佩戴着指环。别具特色的是，阿丹女子把丝巾盖在头顶上，只露出自己的面部。

明永乐十四年（1416年）阿丹国曾派使团来中国访问。所以，永乐十五年（1417年）郑和对阿丹的访问是一次回访。此后，在永乐十九年（1421年）郑和第六次下西洋时，又派出一支分踪（小型船队）访问了阿丹。第七次下西洋时，于1432年三访阿丹。而每次访问，均以此为中转站，访问红海沿岸和东非各地。

十一、天方

天方（今麦加）位于沙特阿拉伯西边，距离红海大约80公里。天方位处群山之间。天方的中心点是禁寺，此地比天方大部分区域都来得低。天方是穆斯林每天朝拜的方向，也是570年伊斯兰教先知穆罕默德的出生地。

据相关史料记载，这里田野肥沃，居民安居乐业。当地人高大健硕，男子卷发，用布包头，女子将头发编起来，头顶盖头巾，不露面目。这里的人们性格善良，好客，自然纯朴，让人感觉好像这里就是西方的极乐世界。

据史料记载，郑和远航的终点站是在非洲的东岸，这也是郑和西行所到达的最西端。郑和船队第七次下西洋抵达古里时，正值古里国（今属印度）派人去天方国（今属沙特阿拉伯）。马欢等七人受郑和派遣，带麝香、瓷器等物，与古里国使团一起前往伊斯兰圣地——麦加朝圣。这是中国历史上第一次具有官方身份的穆斯林朝觐行动。麦加的玄石是其禁寺里的重要历史遗迹之一。

天方玄石

马欢在《瀛涯胜览》一书里特别提到了克尔白天房中央一块据说是从天而降的大黑石,他描写的这块黑石无疑就是今天仍保存在天方大清真寺的玄石。

第四节　海上丝路商人

海上丝路形成以来,中外商人、使臣不畏风险与艰辛,往来相继,使中外官方及民间贸易不断发展,促进了中外各国间的经济文化交流。在此过程中,官方使臣维护海上丝路的畅通,而来自海内外的商人则促进了海上丝路的繁荣。

一、舶商

舶商又称海商。宋代海商见诸史载众多。海商不仅从事海外贸易赚取财富,而且带动了双边官方关系的发展。福建建溪人毛旭从事中国与阇婆国(印尼爪哇岛中部)间的贸易,成为著名大海商,当阇婆国前来宋朝朝贡时还特意请毛旭担任贡船的向导。另一大海商蒲卢歇曾为渤泥国来宋朝朝贡贸易的向导。到16世纪后,随着东西方贸易的开展,中国东南沿海商人不断冲破明朝海禁藩篱,前往东南亚、日本等地贸易。特别是由于合法的官方贸易受到严格限制,导致中日间走私贸易利润极其可观,这吸引了闽粤海商组成武装走私集团往来中日之间进行贸易,从而获取巨额财富,涌现了一批实力雄厚的大海商,如著名海商汪直、郑芝龙等。

汪直,徽州歙县柘林人,早年从事盐业贸易,后转入海外贸易。嘉靖十九年(1540年)汪直与叶宗满等人南下广东,建造巨型船舶,收购硝磺、丝绵等违禁之物运往日本、暹罗、西洋等国,获得巨额利润。然而,在明朝海禁政策下,汪直等人"往来互市"的海外贸易属于走私行为,受到明政府打击。为此,汪直等海商组成武装走私集团与明朝官军对抗,后在日本萨摩洲淞浦津(今平户)建贸易基地,长期从事大规模的中日间走私贸易。他们不仅将中国货物运往日本,还转口南洋各种商品,从而使平户成为日本极具影响力的国际贸易港,汪直亦以其卓越的营商才能成为左右中日贸易的核心人物,号称"五峰船主"。海禁政策下,汪直集团只能以走私方式从事海外贸易,势必与明王朝间各种冲突不断,贸易亦难以顺利开展,因而汪直不断以各种方式寻求明政府开放海禁。嘉靖三十三年(1554年),胡宗宪出任浙江巡按。他一面力主开放海禁,一面着手解决倭患问

文本

海上丝路上的官方使臣

郑芝龙画像

题。次年胡宗宪即派宁波生员蒋洲、陈可愿两人出使告谕日本政府,同时开始诱降汪直。嘉靖三十六年(1557年)汪直接受明廷招安,两年后被明王朝斩首于杭州。

郑芝龙,福建南安人,1621年(明熹宗天启元年)郑芝龙到澳门舅父黄程处学习经商,之后往来东南亚各地贸易,后到日本九州,追随日本平户岛的华侨大海盗商人李旦,逐渐成为李旦的得力助手,从事日本—中国大陆—中国台湾间的贸易。

1624年荷兰人占领台湾,驱逐了以台湾为基地的其他势力,郑芝龙遂转往福建发展。到1625年郑芝龙已成为福建沿海实力最强大的一支武装走私集团,从事闽、粤、台与日本及荷兰间的贸易。1628年,郑芝龙受到明廷招抚,官至都督同知。1633年郑芝龙于福建沿海金门海战中击溃荷兰东印度公司舰队,从此控制海路,收取各国商船舶靠费用,郑芝龙也由此富可敌国,成为一代海上霸主。其通商范围:大泥(在今泰国南部北大年府一带)、浡尼(今文莱达鲁萨兰国)、占城、吕宋、魍港(在中国台湾北部北港溪下游一带)、北港、大员(在今台南市安平区)、平户(在今日本长崎县西北部的城市)、长崎、孟买、万丹、旧港、巴达维亚、马六甲、柬埔寨、暹罗等东洋、南洋各地。郑芝龙兵力多达27万之众,大、小船舶3 000余艘。1644年(明思宗崇祯十七年,清世祖顺治元年),南明弘光皇帝册封郑芝龙为南安伯、福建总镇,负责福建全省的抗清军务。清军入关后,郑芝龙于1646年降清,清朝利用其多次招降其子郑成功不成,1661年被清廷所杀。

二、蕃商

蕃商又称蕃客、海獠、舶獠,就是通过海上丝路来华的外商,与陆路来华的外商统称贾胡。唐代来华蕃商很多,故而唐政府专门在广州设立供其侨居的蕃坊。两宋时期,大量蕃商见诸史载。如大食商人蒲罗辛"造船一只,般载乳香投泉州市舶,计抽解价钱三十万贯",由于贸易规模较大,宋廷认为其有功,故授予其承信郎的荣誉头衔,并"赐公服履笏",同时请其回国后进行广泛宣传,使更多外商来华贸易。再如《宋会要》记载:南宋高宗时,有阿拉伯外商蒲亚里来广州贸易，"有右武大夫曾纳，利其才以妹嫁之，亚里因留不归"。宋高宗获悉后，令人劝其归国，继续往来贸易。宋元时期最著名的蕃商则是蒲寿庚。

◉ 蒲寿庚

蒲寿庚，中国宋元时期著名穆斯林海商、政治家、军事家。其先辈系10世纪之前定居占城（越南）的西域（阿拉伯）海商，其先祖因进行海上贸易，寓居占城（今越南中南部），家中富有，人称占城贵人。宋代蒲寿庚祖父（有说法为蒲罗辛）来华经商，先在广州定居，也是一位富甲一方的大海商。到蒲寿庚的父亲蒲开宗时，因"家资益落"，在南宋绍熙年间（1190—1194年）由广州迁居泉州。蒲开宗到泉州后，还曾担任蕃长之职。蒲开宗去世后，蒲寿庚继承父业，从事以运贩大宗香料为主的海外贸易。南宋理宗绍定年间（1228—1233年）泉州海外贸易因经营不当出现停滞。南宋政府聘任蒲寿庚为泉州提举市舶司，经营管理泉州的海外贸易。蒲寿庚"擅蕃舶利者三十年"，使泉州海外贸易获得长足发展，阿拉伯商人大量涌向泉州，其家族也成为拥有海舶数千艘的巨商大贾。宋末，蒲寿庚降元。至元十四年（1277年），元朝在泉州设置市舶司，蒲寿庚被任命为昭勇大将军（后改镇国上将军）、闽广都督兵马招讨使兼提举福建（泉州）、广东市舶事等职，继续管理泉州的对外贸易，对泉州海外贸易的繁荣有着巨大影响。

第五节　海上丝路历史影响

自汉代海上丝路开通以来，在官方主导、民间参与下，中外产品、技术、文化等通过海上丝路，不断融入中外双方的社会经济文化之中，给中外各国、各地区都带来了深远的影响。特别是中国输出的商品及技术，对人类文明进步产生了更为重要的影响。中国丝绸、瓷器的输出，美化了人们的生活，改变了一些地区落后的生活习俗；中国手工业、农业生产技术的输出，促进了各地社会经济的发展；中国古代科技，尤其是四大发明的外传，对于欧洲冲破黑暗的中世纪起了巨大的推动作用；中国儒家文化的理性精神促进了欧洲资产阶级启蒙运动的发生，进而加速了欧洲社会的变革、资本主义文明的诞生与发展。

一、海上丝路贸易对中国经济文化的影响

唐宋以来,随着海路贸易的勃兴,中国从东南亚、南亚、阿拉伯半岛及非洲等地进口了大量的香料、手工艺品、奇禽异兽及各种奢侈品。16世纪以后,随着欧洲人的东来,中欧贸易的开展,美洲的物种、西方的自然科学通过多种渠道传入中国,对中国的社会经济产生了重要影响。

(一)促进了商品经济的发展

沿着海上丝路,一些域外植物品种传入中国。特别是16世纪以后,美洲的一些植物品种被欧洲人带到东南亚,又由此传入中国。

1. 蔬菜作物

在唐代,伊朗波斯枣和波罗蜜、苏门答腊的小茴香、印度的胡椒等被引进中国。宋代引进的最重要的海外经济作物是棉花,沿海路传入中国[①],在闽广一带广泛种植。随着中国棉纺织技术的提高,棉织品以其经济实用打破了中国长期丝麻一统天下的衣着格局。明代随着贸易区域的扩大,美洲植物传入东南亚,再传入中国。这些植物种类繁多,蔬菜类即有番瓜(南瓜)、番茄、苦瓜等。经济价值更高的烟草、花生均是明后期从东南亚传入中国的。

2. 粮食作物

水稻自宋代起已有境外优良品种的引进。如占城稻,宋代从越南中部广南地区引入,因其比中国水稻耐旱,因而不仅在福建、浙江、江淮一带种植,而且在北方也得到普遍推广。明代又将暹罗稻米引种江南,被称为"洋暹米"。原产美洲的高产作物——番薯和玉米,16世纪以后欧洲人将之引入东南亚,明后期由海商引进中国,迅速成为中国重要的农作物品种。

中国引进的境外粮食作物品种,无论占城稻还是番薯和玉米等均对自然条件要求不高,尤其是番薯和玉米在干旱的丘陵、山地及沿海沙丘均可种植,大大提高了土地的利用率,增加了中国人的粮食供给量。在技术进步缓慢的状况下,中国农靠这些新的高产作物得以维持日益增加的、庞大数量人口的食物需

---

① 在汉代,产于埃及的棉花已沿陆上丝绸之路传入中国西北,但未能普遍推广。

求。且其节约出的土地可用于经济作物的种植，对于农业的商品化起了促进作用，进而为畜牧业、手工业和商业的进一步发展奠定了基础。

（二）推动了中医药的发展

香料又称香药，种类繁多，是中国古代最大宗的进口商品，主要通过海上丝路从东南亚、南亚、阿拉伯半岛、东非等地输入。

中国进口香料主要基于三方面需求：一是上层社会奢侈生活及宗教活动需要。这些香料有龙涎香、奇楠香、檀香、蔷薇水等。二是用于饮食。如胡椒、小茴香等。三是用于医疗。有些香料可以入药，如木香和乳香可配制成治疗偏瘫和头痛的秘方，梅花片脑可治脱舌症，苏合香及乳香等可配制苏合香丸，起到"安气血，却外邪"的作用。随着香药的进口，阿拉伯、波斯及印度等地的医药学知识也传入中国。

香料的进口不但丰富了中国的饮食文化，更重要的是促进了域外医学知识的输入，对中国传统医药学起了有益的作用。

（三）推动了科学技术的进步

中国经由海上丝路吸收的境外科学知识主要是与农业关系密切的天文学、数学、地理学及机械工程学等。这些知识的传入，丰富了中国人的科学文化知识，推动了天文历法、水利工程学的进步，对农业生产发挥了实效。

（四）推动了文化的多元化

除了境外物质文明的引入，异域文化也随之东来。基督教（景教）在唐代已传入中国，元代来华欧洲人增多，在大都已设有天主教堂。16世纪后，耶稣会传教士来华，使天主教在华得到进一步传播。宋元时代大批阿拉伯商人来华及留居中国，使伊斯兰教在中国盛行并广泛传播。

🌀 始建于宋代的泉州阿拉伯清真寺

二、海上丝路贸易对境外国家经济文化的影响

沿着海上丝路,中国独特的手工业、农业生产技术、物种、古代科学及儒家文化等传播到世界各地。

(一)商品及制造技术

1. 瓷器及制造技术

中国瓷器大规模外销始于唐代。与此同时,瓷器生产技术也逐步输出。如新罗国仿唐三彩烧制出了新罗三彩,仿造中国青瓷烧制了新罗烧。9世纪末日本出现了仿唐三彩的奈良三彩、仿越窑的青瓷。伊朗人在唐、五代时期也吸收了中国陶瓷技术,生产出了波斯三彩及白瓷。

到宋元时代中国瓷器制造业发展到一个新的阶段,无论是生产规模还是制造技术均有大幅度提高,瓷器出口也进入了黄金时期。宋元瓷器不但进一步向亚非出口,而且进入欧洲。马来群岛各国由于进口中国瓷器增多,不再将之仅仅当作奢侈品收藏,而是逐渐用于日常生活。由此改变了一些地方"以手掬饭""饮食不用器皿,缄树叶以从事"的简陋生活习俗。技术输出随之增进,11世纪,中国制瓷技术已传入阿拉伯。

🏵 宋代出口瓷器(南海一号沉船出土)

到明代，随着瓷器制造业的进步，陶瓷产量和规模都有了显著提高，输往世界各地的瓷器数量大幅度增加。洪武十六年（1383年）明廷一次赠予占城、暹罗及真腊的瓷器即各达19 000件。郑和下西洋携带大量青花瓷器前往海外，明初中国瓷器已遍及亚非两大洲。

明朝中后期，瓷器出口规模进一步扩大。西班牙人控制的菲律宾、荷兰人控制的巴达维亚均是中国瓷器的重要出口市场。据估计，荷兰东印度公司每年运往巴达维亚的中国瓷器在15万件以上。这些瓷器除在东南亚各地销售外，大部分被转销欧洲。

明末，为满足出口贸易的需要，江西景德镇等地的民窑还出现了根据外商的要求而设计的外销瓷。

15世纪中国制瓷技术开始传入欧洲，但直到18世纪欧洲人才掌握这一技术，瓷器生产从德国、法国逐步发展到瑞典、英国、西班牙。

2. 丝织技术

随着海上丝路的发展，中国精美的丝绸进一步向外输出，丝绸生产技术的溢出范围不断扩大。魏晋南北朝时期中国养蚕、织绸等先进的生产技术随之传入日本。

郑和船队的工匠将中国的丝织技术教授给东南亚各国。如苏门答腊岛在明初时已经广植从中国引入的桑树了，但只懂得养蚕种棉，郑和下西洋后，苏门答腊人逐渐掌握了中国的剿丝织绸技术。

3. 农产品种植及加工技术

16世纪以后，随着中外贸易的深入开展，中国移居海外的商民增多，中国精耕细作的农业生产技术逐步传播到东南亚。如中国移民将中国水稻先播种幼苗，再插秧及除草、施肥等技术经验传入东南亚，大大提高了其单位面积产量。到17世纪初，中国甘蔗的种植及加工技术也被带入印度尼西亚等地。

4. 建筑技术

15世纪，在东南亚、南亚不少地区居民居住方式还较落后。如南亚的柯枝国居民多"穴居树巢"，也有住房子的，但房屋非常矮小，"房檐高不过三尺"。郑和船队到达后，教他们建造房屋。据史书记载，满剌加国居民房屋用瓦的技术即是郑和船队所教。郑和船队还将中国的高档建筑材料——琉璃瓦输入东南亚，在满剌加、暹罗等国被广泛应用于王室及佛教寺院建筑中。

5. 计量工具、货币

随着中国与东南亚贸易关系的发展，中国的度量衡及货币也随之输出。明王朝曾应暹罗大城王国的要求，于1403年和1404年两次向暹罗提供了中国的度量衡器具。明后期中国移民将大秤带入印度尼西亚，连当年荷兰殖民者亦普遍使用。

早在宋代，中国铜钱已传入东南亚。明代中国铜钱输出数量进一步扩大，并逐渐成为东南亚普遍流通的货币。与此同时，中国钱币铸造技术也传播到了东南亚。满剌加国即运用中国铸币技术以锡铸造了本国的货币——加矢。

🔹 海外贸易中的铜钱（南海一号沉船出土）

中国度量衡、货币及铸币技术的输出，有助于东南亚商品经济的发展。

（二）物种的外传

在唐代，随着中国茶叶的出口，茶种率先传入朝鲜、日本，两国均掀起了饮茶之风。元代使臣出访真腊，带去了原产于中国的荔枝种子。在明后期，中国的一些植物品种也沿着新航路传入美洲，其中主要有茶树、柑橘及樱桃等。

（三）科学技术的输出

随着中外贸易的开展，中国以四大发明为代表的科学技术也沿着陆海丝路渐次向外传播，从唐代开始，海上丝路逐渐成为主要的传播渠道。特别是印刷术、指南针、火药基本上是通过海上丝路外传。指南针的输出并广泛应用于航海不但推动了世界航海业的发展，而且为15世纪末16世纪初欧洲人地理大发现提供了技术基础。

（四）中国儒家文化传播

随着印刷术的发明，中国的儒家典籍大量出版，书籍也成为中国对朝鲜、日本及印支半岛各国出口的重要商品。自唐宋时代开始，中国的四书五经在上述地区开始流传，中国传统文化在这些地区逐步传播，其中日本、朝鲜及越南受中国儒学的影响尤为显著。16世纪以后，随着西学的东渐，中国文化也被介绍到西方。来华的欧洲耶稣会士将欧洲科学文化引进到中国的同时，他们也潜心研究中国的传统文化，并将中国的优秀典籍译为西文介绍到欧洲。

扩展阅读文献

1. 国家文物局.海上丝绸之路.北京：文物出版社，2014.
2. 梁二平.海上丝绸之路2000年.上海：上海交通大学出版社，2016.

第二篇 茶路

03
Theme III

第三章
茶马古道

视频
茶马古道
概览

在青藏高原和横断山脉的险山恶水之间，在藏、川、滇大三角地带的高山峡谷、原野丛林之中，绵延盘旋着一条神秘的古道，这就是世界上地势最高、最险峻也最遥远的文化传播古道之一的茶马古道。茶马古道是我国西南地区伴随茶马交易和马帮运输发展而形成的陆上商贸通道。

第一节　茶马古道历史沿革

茶马古道起源于唐代的茶马互市措施，即古代中原地区与西北、西南边疆少数民族地区间一种传统的以茶易马或以马换茶为中心内容的贸易往来。茶马互市兴于宋代，繁盛于明代，清后期逐渐衰落。茶马古道穿越世界上地形最复杂和最独特的高山峡谷地区，因此以马帮为主要交通工具。茶马古道主要有三条干线，即青（青海）藏线、川（四川）藏线、滇（云南）藏线，最终向外延伸至南亚、西亚、中亚和东南亚。

一、茶马古道的形成

汉代以来中央政权十分重视与西北少数民族地区的贸易往来，在茶马互市形成之前，中央政权主要用金银、绢帛及各种手工业品来交换周边少数民族的马匹及其他畜产品，历史上将这种互通有无的民族贸易称为绢马贸易。唐代后期，绢马贸易日益发展为茶马互市。

唐代中期以后，饮茶的习俗开始在中原形成并逐渐辐射西北、西南少数民族地区。641年，文成公主一行从长安出发，长途跋涉到吐蕃（618—842年，由古代藏族在青藏高原建立的政权）和亲，将茶叶和许多工艺品、谷物、菜籽、药材等带到藏区。由于唐朝中央政权对与西域少数民族地区互市的重视，加之对马匹的迫切需求和开始将茶税纳入财政体系，促成茶马互市在汉藏民族间形成。据《新唐书》记载，贞元年间（785—804年），"时回纥①入朝，始驱马入茶"②。由于当时茶叶还只是少数民族上层的奢侈品，社会需求量十分有限，因此汉藏之间的茶马贸易没有大规模发展。唐代的茶马贸易走的就是文成公主进藏的唐蕃古道。

布达拉宫珍藏壁画《文成公主进藏联姻图》

宋代茶马互市成为正式制度。茶叶传入藏区和西北少数民族地区以后，由于茶叶具有解油腻助消化功能，使得不仅上至贵族，即使普通牧民也已饮茶成风。西北各族纷纷卖马以购买茶叶，而宋朝为了获得战马，便决定在西北开展

---

① 中国的少数民族部落，维吾尔族的祖先，全盛时期为8世纪至9世纪。主要分布于新疆，另外在内蒙古、甘肃、蒙古国以及中亚的一些地区也有散居。
② [唐]欧阳修.新唐书·陆羽传.北京：中华书局，1975。

茶马贸易，通过出卖茶叶换取战马。宋代茶叶生产的发展，为开拓茶马互市贸易提供了物质基础。除重点茶叶产地巴蜀、云南以外，东南地区的淮南、江南、两浙、荆湖、福建等地种植茶叶也在唐代基础上有较大的发展，甚至在岭南地区也开辟了很多新茶园。

为了加强管理推动茶马互市贸易的发展，熙宁七年（1074年）宋在成都设置榷茶司（榷茶，茶叶的专营专卖），在秦州（甘肃天水）设买马司，分别对买卖茶叶和马匹进行管理，[①]并在不久后将上述两个机构合并为都大提举茶马司，统一管理茶马互市事宜。据估计，北宋时四川茶叶交换藏区的马匹每年2万匹以上，南宋时1万匹以上，而两宋时四川年产茶3000万斤，其中半数以上销往藏区。[②]北宋末期，榷茶制改为茶引制。茶引又称护票，类似现代的购货凭证和纳税凭证，同时也具有专卖凭证的性质，是茶商缴纳茶税后获得的茶叶专卖凭证。

宋代的汉藏茶马贸易依然主要走唐蕃古道，虽然宋时这条古道的政治、军事作用大为削弱，但却因为茶马贸易的日益兴盛而真正成为汉藏茶马贸易的重要通道。当时四川茶叶占据入藏茶叶的1/2以上，通过西山道，即由今四川都江堰市出发沿岷江河谷北上，纵贯岷山山脉，通往甘肃、青海藏区，或北上连接唐蕃古道，进入西藏。

二、茶马古道的繁盛

视频

茶马古道的繁盛

元朝虽然不再用茶叶换取马匹，但茶叶贸易带来的巨额税赋使朝廷依然重视茶叶向藏区的销售，重视道路的开拓，不断设置驿站，从而使茶马古道得以延伸拓展，推动茶马古道在明代和清前期达到繁盛。

明朝汉藏茶马贸易的繁盛首先表现在交易量上。"1490—1601年的112年中，仅陕西、四川等地行销甘、青、藏的茶叶，分别为30万斤至80万斤。"[③]明代文学家汤显祖在《茶马》一诗中描绘了茶马交易的繁盛情形。1661年，普洱茶年产干茶约8万担，达到了历史最高水平，销往藏区的普洱茶就达3万担之多。明朝茶马贸易的繁盛还表现在贸易通道的拓展完善和沿线城镇的兴盛上。为了

---

① ［元］马端临.文献通考·职官.//脱脱，阿鲁图.宋史·职官志.北京：中华书局，1986.
② 贾大全.川茶输藏的历史作用.//四川省社会科学院历史所.四川藏学论文集.北京：中国藏学出版社，1993.
③ 陈光国.青海藏族史.西宁：青海民族出版社，1997.

强化汉藏之间的联系，便利贸易，明朝开辟了碉门（四川天全县）—昂州（四川泸州岗安镇）—长河西（四川康定）的碉门路茶道，在昂州设立卫所加以保护。天顺二年（1458年）规定："今后乌斯藏（明代称西藏为乌斯藏）地方该赏食茶，于碉门茶马司支给。"①成化三年（1467年）"命进贡番僧乌斯藏来者皆由四川，不得迳赴洮、岷，着为例"②。成化七年（1471年）规定乌斯藏、朵甘思（西藏自治区昌都东部）各部朝贡必须由四川路进京。从此，川藏线贡道、官道合为一体，成为入藏驿道，是茶叶贸易的主要通道。

文本

汤显祖《茶马》诗全文

清代茶马古道的川藏线形成南、北两路，昌都是南、北两路的交汇点，也是滇藏交通的枢纽，成为茶马古道上最重要的贸易中心。南路，即川藏官道，雅安—康定—雅江—理塘—芒康—昌都；北路，即川藏商道，雅安—康定—炉霍—甘孜—昌都。茶马古道滇藏线从丽江到德钦也形成三条线路。输藏茶叶规模的扩大，促使茶马古道沿线城镇的兴起和繁荣，也使四川在茶马贸易中的地位更加重要。康熙三十五年（1696年）打箭炉（四川康定）获准成为汉藏贸易的市场，并于康熙四十一年（1702年）设立茶关，使边茶集散地由雅安碉门深入藏区。乾隆时，松潘也发展为川西北、甘青以至蒙古的边茶集散地。

茶马贸易的繁盛促使贸易制度发生了很大的变化。朝廷通过茶马贸易巩固和强化对藏区的统治，大量设置茶马司机构和派遣官员，管理茶马贸易。明朝初年即立法严禁私茶出境，"凡犯私茶者，与私盐同罪，私茶出境，与关隘不讥者，立论死"③，并在天全（四川雅安地区）等地设茶课司，征收茶税。清前期由于大规模战事的需要，继续积极推行茶马贸易政策。此后为了扭转官茶贸易的萎缩，朝廷对四川茶叶贸易进行了重大制度改革，变茶引制为引岸制，即商人经营茶叶均须纳税申请领取茶引，并按茶引定额在划定范围内采购茶叶，卖茶也要在指定的地点（口岸）销售和易货，不准任意销往其他地区。开展茶马贸易的地区，除了此前的四川、青海、甘肃等地外，云南也成为最主要的区域。清顺治十八年（1661年），五世达赖喇嘛请求在云南北胜州（云南省永胜县）开展茶马互市获准，从此云南茶大量销往藏区且地位不断提升。

---

① 明英宗实录卷291。
② 续文献通考卷29。
③ 张廷玉.明史卷80.北京：中华书局，1974.

三、茶马古道的衰落

视频
茶马古道的衰落

清代中期以后,边疆地区经济发展,对内地商品的需求日益增加,内地与边疆商人交易日益频繁,逐渐冲破了官办茶马贸易的垄断。同时,由于茶叶在中国出口贸易值的比重占一半以上以及出口数量不断增长,也促使清廷从重视茶马贸易转向重视出口贸易,茶马贸易开始衰落。茶马贸易的衰落直接表现在茶马贸易管理机构的裁撤上。康熙七年(1668年),清廷裁免茶马御史;乾隆二十五年至二十七年(1760—1762年),清廷分别裁撤各地茶马司。1908年,普洱茶由过去年产8万担的高峰跌落到5万担。雅安茶号由原来的100多家减少到30多家,年加工边茶由原来的1 000万斤以上减少到3.4万斤。从此,历经一千多年的茶马贸易逐渐退出历史舞台,茶马古道也因此而衰落。

第二节 茶马古道贸易

视频
茶马古道上的贸易

茶马古道上的茶马交易是在世界上地势最高、最险峻的古道上进行的买卖活动。因茶马交易的特殊性,历代政府长期执行榷茶政策,无论采取朝贡贸易、榷茶、榷茶易马,还是召商中茶,以及严禁私茶政策,均由政府管理机构确定和执行,使茶马交易在较长的历史时期中相对稳定延续,并体现了特定商品、特定交易、特定商路的古代商贸形式。

一、茶马古道贸易形式与管理

(一)朝贡贸易

唐宋时期,茶马贸易大量采用朝贡贸易形式。唐太宗贞观八年(634年)始至武宗会昌三年(843年),吐蕃王朝使臣入唐125次,朝贡贸易异常繁荣;北宋时期茶马朝贡贸易仍旧延续,据《宋史·董毡传》记载,1077年董毡以进贡形式给宋朝运去一批马、珍珠等物,宋朝以回赐形式给董毡一批茶、衣着和金银;明代川藏道正式延伸至西藏,同时成为官道,每年大部分川茶以雅安为起点输入藏区,但朝贡贸易在茶马贸易方面已不占主要地位。到了清代,朝贡贸易完全被其他贸易形式取代。

（二）互市贸易

1. 榷茶易马

榷茶（茶叶专卖税）是中国唐代以后各朝代所实行的一种茶叶专卖制度。榷茶起始于唐。《旧唐书·穆宗本纪》载，长庆元年（821年）"加茶榷，旧额百文，更加五十文"。唐文宗太和九年（835年）改茶税为榷茶，并设榷茶史，征购民间茶园，规定茶的种植、制造、贸易全由官府掌握。此政推行不久，民怨鼎沸，旋即夭折。榷茶作为一种比较固定的制度，始行于宋代初年。榷茶规定，园户生产茶叶，先向山场领取"本钱"，茶叶采制以后，除交纳租税和本钱的茶叶外，余额也全部交售给山场。商人买茶，先向榷货务（旧时收税的关卡）交付金帛，然后凭证到榷货务或指定的山场兑取茶叶。

以茶易马，是我国古代统治长期推行的一种政策。即在西南（四川、云南）茶叶产地和靠近边境少数民族聚居区的交通要道上设立关卡，设立机构制定茶马法，专司以茶易马的职能，即用茶叶换取边区少数民族的马匹和其他物品。宋神宗熙宁七年（1074年）在蜀置买马司，设官茶场（后二者合为茶马司），规定以四川的茶叶交换西番各族的马匹，从此将其确定为一种政策。茶马司设立后，每年在熙秦路①地区买马两万匹左右，在四川购进马匹5 000至1万匹。

宋代在绝大部分产茶区实行唐代始创而未实行的榷茶法。宋代榷茶的政策和制度，由于其政权长期处在动乱之中，所以变化很大。宋徽宗崇宁四年（1105年）改榷茶制为茶引制，即商人高价买茶引，凭引向园户购茶（自付茶价），严密的茶引制度由此开始。宋朝以后，除元朝因蒙古盛产马匹无此需要而未实行茶马互市以外，明代和清代前期虽有时也实行税茶或其他榷茶方法，但基本上都沿用北宋的茶引制。清代咸丰（1851—1861年）以后，因太平天国革命和鸦片战争后允许外商在内地设栈开厂，茶引法逐渐废止，榷茶才最后被征收厘金或其他捐税所代替，榷茶易马之制便改为民间自由经营。

2. 召商中茶

召商中茶即官府允许商人直接参与茶马互市，是官府默认民间茶马自由贸

---

① 熙秦路，古地名，辖境约当今岷山、秦岭以北，甘肃省平凉、崇信及陕西省麟游、扶风、周至等市县以西，甘肃省临夏、夏河、临潭等县以东，宁夏回族自治区同心县以南地区。

易的措施。明代成化（1465—1487年）时，民间茶马贸易日趋频繁，茶叶多私运出境，官府征收不到官茶而马至日少。于是弘治三年（1490年）被迫开放商营贸易，出榜招商。要求商人到指定茶场买茶，并将茶叶送到指定茶马司，收购来的茶叶官府留下2/5，其余3/5由商人自行销售。此法虽然迫于官茶数量不足，但实际上承认了民间贸易的合法性。此法一行，私茶贸易一发不可遏止，导致好马尽入民间商人之手；官员将吏为了牟取私利，有的故意压低马价，以次茶充好茶，有的用私马替代番马，造成官营茶马贸易加快衰落。

3. 民间贸易

虽然茶马互市兴起以来历代官府限制民间贸易，并实行了严格的榷茶制度，但是因为民间茶马贸易交易成本较低、回报率较高，所以民间茶马贸易、私茶贩卖始终存在。明代是茶马贸易的鼎盛时期，但民间茶马贸易的发展也很快，并且有了一定的社会基础。尤其明王朝无奈采取召商中茶措施后，默认了民间茶马贸易的合法性。清代以后，民间自由贸易逐渐成为茶马古道上贸易的主流，贸易形式更加灵活，贸易范围更加广泛，交易利润也更为可观。由于走私贩茶利润较高，不仅一般商人不顾冒犯严刑峻法之险，就连达官贵族以至驻军头目也参与其中，利用权力进行走私贩茶。

二、茶马古道贸易管理

（一）管理机构

唐时期朝贡贸易由鸿胪寺主管，绢马贸易、茶马互市由互市监管理。唐王朝为了满足财政收入的需要以及解决购置战马的军费之需，在文宗太和九年（835年）改茶税为榷茶，并设榷茶史，实行茶叶专营专卖的榷茶制度。

宋代时，茶马司取代互市监统一管理和经营茶马互市贸易实务。964年，宋王朝开始明确实行榷茶制度。起初这一制度仅限于江淮、东南一带，设置榷货务和山场，到太平兴国年间（976—984年）形成了相对稳定的六榷务十三场[①]，处理各地茶政。但随着王朝财政压力吃紧，熙宁七年（1074年）朝廷扩大榷茶

---

① 六榷务设在江陵府（今湖北江陵）、真州（江苏仪征）、海州（江苏连云港）、汉阳、无为和蕲口。十三场设在蕲州的王祺、石桥、洗马，黄州的麻城，庐州的王同，舒州的太湖、罗源，寿州的霍山、麻步、开顺和光州的商城、光山、子安等。

区域，在川陕地区增设提举司，对四川茶叶实行专卖制度。元丰四年（1081年），宋在成都设置都大提举茶马司，掌管以川茶与西北少数民族交换马匹事务，并在陕、甘、川多处设置卖场和买马场。①

🏵 清代雅安茶马司遗迹

明初于洮（治所在今甘肃临潭）、秦（治所在今甘肃天水）、河（治所在今甘肃临夏）、雅（四川雅安）等州，清代于陕西、甘肃皆置茶马司。康熙四年（1665年）在云南西部增设北胜州茶马市；清初又曾于陕、甘二省置御史专管其事，通称茶马御史。

（二）管理政策

茶马古道上贸易管理机构的设置，目的在于对贸易活动进行有效管理。为了确保贸易流通顺畅，茶马互市稳定繁盛，上述管理机构主要采取了以下政策措施。

1. 确定贸易形式

无论采取朝贡贸易、榷茶、榷茶易马，还是召商中茶，以至于严禁私茶政策，均由上述管理机构确定和执行。

2. 确定茶马比价

例如，洪武十六年（1383年），河州茶马司规定"上马给茶四十斤，中马

---

① 宋朝在四川地区设置买茶场41处，在陕西设置买茶场32处，在熙河路（治所在今甘肃临洮）设置买马场6处。后又增设熙和、岷州（治所在今甘肃西和）、通远军（甘肃环县）、永宁寨（甘肃甘谷）等处买马场。

三十斤，下马二十斤"。而洪武二十二年（1389年）前雅州茶马司定价"马一匹给茶一千八百斤"，价格可谓极高。①茶马比价显然与马匹供应和茶叶产量直接相关，但也和茶叶及马匹走私的贩运量有关，所以官方始终严防茶叶走私。

3. 规定贸易数量

为了统一控制和维持茶马贸易，除了茶马比价，茶马贸易的数量也是官府管理的重要内容。明初时，曾对西部少数民族实行金牌信符、差发马制度，西部少数民族地区不用交粮纳税，但需缴纳马匹作为税赋。金牌即明朝颁发的进行茶马交易的牌照，又称茶马金牌、金铜信符，遇有征罚调集时，各部落来边关缴纳马匹，需出示金牌信符，两半勘合，才能得到以食茶作马价补偿。差发，蒙元时指赋税徭役。金牌信符制度形式上是差发马，即象征性的实物赋税，实质就是官办茶马互市规定交易数量。②

4. 实行巡视监察制度

明代初期即启动巡察制度，每月初派遣"行人"一名赴陕西、河州、临洮、碉门、黎州、雅安等处巡察，禁止私茶出境。③洪武三十年（1397年）三月至九月，每月派遣4名"行人"前往上述地区巡察，半年之内共派了24人。此后巡察派员问题几经反复，永乐年间（1403—1424年）和明宪宗（1465—1487年在位）初年改由御史巡察，景泰年间（1450—1456年）仍由"行人"巡察，到成化十一年（1475年）又改为由督理马政都御史兼理巡察。清代则在多处专设巡视茶马御史司负责巡察以茶易马备边事宜。

5. 禁止私茶运销

对茶叶经营的垄断和严禁私茶，是唐代到明代茶业经营政策的两个方面，禁止私茶运销因此也就成为各时期茶政茶法的重要内容。茶马互市和茶政自唐代实行伊始，便对茶叶产销进行垄断管理，禁止私人经营，严禁私茶贸易，并

---

① 吴慧.中国商业通史（第三卷）.北京：中国财政经济出版社，2005：824-825。
② 据《明史·食货志·茶法》记载，洪武年间（1368—1398年）共制金牌信符41面，颁发洮州4面，规定纳马3 050匹；颁发河州21面，纳马7 505匹；颁发西宁16面，纳马3 050匹。
③ 明朝设行人司，设置司正及左右司副，下有"行人"职官若干，负责颁诏、册封、抚谕、征聘诸事宜。

强迫将私人茶树移植到官府茶园。宋代则制定了更加严厉的榷茶制,并对川茶进行全榷,严禁私行交易。元朝存在时间虽短,但沿袭宋代的茶叶禁榷垄断制度,视私贩茶叶与私盐同罪。明代为茶马贸易的极盛时期,初期严禁私茶出境,禁止私人贩茶进入少数民族地区,对雅安地区更强调不仅茶叶连茶种也不许带过二郎山,禁私茶可谓达到了周密和完善的地步。明后期对私茶的控制有所放宽,私茶贸易随之迅速发展。

三、茶马古道贸易商品

茶马古道上茶马贸易有自己的特点,它由四川、云南等内地的商人把茶叶和其他物品转运到特定地方转销给当地的坐商或者西藏的贩运商人,又从当地坐商那里购买马匹或者其他牲畜、土特产品、药材,运至四川的康定、雅安、成都或云南的丽江、大理和昆明等地销售。川藏线、滇藏线的藏商,大多换取以茶叶为主的日用品返回西藏。运输工具主要是骡马和牦牛等。

(一)茶叶

茶马古道的名称决定了这条古代贸易通道上流通的商品主角是茶叶和马匹。按照商品加工方法分类,茶叶有绿茶、红茶、乌龙茶、白茶、黄茶、黑茶等品种。茶马古道穿行于青藏高原和横断山脉之间,受高海拔、高寒以及山势险峻的自然条件限制,交通运输条件极其险恶。因此为了能够一次运送更多的茶叶,便将晒青毛茶压成茶饼、沱砖等,从茶马古道运往西藏等地的茶主要是黑茶的紧压茶,以及少量的绿茶。由于茶马古道流通的茶叶主要产自四川和云南两地,因此本书依据产地特点,主要介绍川茶和滇茶。

文本

茶叶

1. 川茶

茶马古道上的川茶又称边茶,是对四川销往藏区茶叶的统称。边茶的称呼起源于明代中期,那时一般将西藏地区视为边疆,称作"边",而将朝廷直接控制的内地称作"腹"。清代乾隆时期,朝廷正式将输藏的川茶称为边茶。

边茶分为南路边茶和西路边茶。南路边茶以雅安为制造中心,产地包括雅安、荥经、天全、名山、芦山、邛崃和洪雅等地,以雅安、荥经、天全、名山四地为主产地。茶叶主要销往西藏、青海和四川的甘孜、阿坝、凉山自治州,

◆ 四川灌县（今都江堰市）、崇庆、大邑等地生产的西路边茶

以及甘肃南部地区。南路边茶的原料粗老，是采割茶树枝叶经过加工而制成。原料可手采也可刀割，手采老叶或当年枝叶，刀割当季当年成熟新梢枝叶。南路边茶的成茶曾分为毛尖、芽细、康砖、金尖、金玉、金仓六个品种，后简化为康砖、金尖两个品种。南路边茶经熬耐泡，品质优良，占藏销边茶的60%以上。

西路边茶简称西边茶，以四川灌县、北川为制造中心，主要销往四川的松潘、理县、茂县、汶川和甘肃的部分地区。西路边茶的原料比南路边茶更老，采割当年或1~2年生茶树枝叶。一般采取粗细兼采方法，春天采摘一次细茶之后，再采摘边茶。加工工艺比较简单，一般杀青后晒干，蒸压后装入篾包即可。

2. 滇茶

文本
———
普洱茶

云南是茶叶的原生地之一，滇藏线茶马贸易的茶叶，以云南普洱茶为主。普洱茶泛指以云南普洱茶区所产大叶种晒青毛茶为原料，经过杀青、揉捻、晒干、蒸压而成的各种规格的紧压茶，按照发酵方法分为生茶和熟茶。

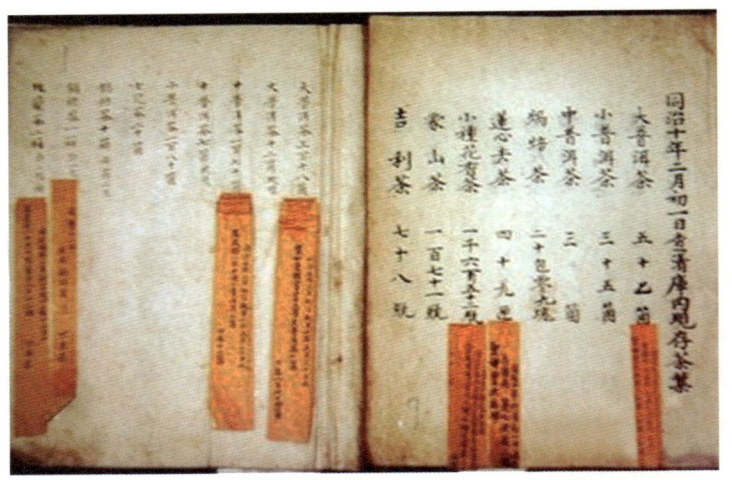

◆ 清朝《贡茶案册》对西双版纳六大古茶山缴纳普洱贡茶的登记

（二）马匹

马匹是古代农业生产、交通运输、军事活动的重要工具，在社会经济活动中具有重要的地位和作用。中国古代马的产地主要在今甘肃、青海、西藏、新疆、陕西、内蒙古、四川、云南等地。唐代茶马互市的马匹主要来自新疆和西藏地区，北宋时期主要来自甘肃藏区，南宋以后主要来自西藏、甘肃藏区。

马属食草动物，耐寒不耐热，广袤的草原和凉爽的气候条件适宜马匹健康成长。古代雄踞北方的游牧民族与中原王朝长年战事不断，作为北方游牧民族的代表蒙古族的主力部队就是骑兵。中原地区不产马匹，或者说缺少放牧成千上万马匹的牧场，蒙古草原、青藏高原都是适宜马匹生长的地区，因此中原王朝把目光集中到了广袤的青藏高原。唐代并不存在正式的茶马贸易，宋代之后的明清时期，茶马贸易成为正式的国家贸易。此时中原王朝茶马贸易政策的出发点，一是为了获得与北方游牧民族抗衡的战马，二是通过茶马贸易取得利益。

（三）其他商品

茶马古道上交易商品除茶叶、马匹之外，日用品和土特产品品类繁多。日本人山县初男于光绪三十四年（1908年）撰写的一部全面反映清代西藏本土概况的方志性著作——《西藏通览》中，详细记载了西藏的地理、风俗、政教以及经济、历史等，为西藏地理、历史、民俗的研究提供了参考。书中记述从四川、云南等地输藏的商品中，除茶叶以外，包括木棉类、毛织物类、毛棉杂织类、珊瑚、玉蜀黍、火柴、绢织物、烟草、毛皮、珍珠、砂糖等；从西藏输出的商品有羊毛、麝香、砂金、红花、橄榄实、鹿茸、紫草、黑白香、肉桂、氆氇、佛像、硼砂、盐等。

实际上，不同历史时期在茶马古道上交易的商品是有变化的，随着时代的推进，日用品和土特产品日益成为主角。唐代前期，丝绸、马匹和盐是交易的主要商品。唐宋时期，除茶叶、马匹和盐外，还有棉毛制品、名贵香料、珍贵药材、金银器、玉器等。明清时期则为茶叶、铜器、铁器、银饰、宝石、布匹、毛皮、毡毯、麝香、虫草、鹿茸、贝母等。

第三节　茶马古道沿线城镇

盘旋在藏、川、滇高山峡谷、原野丛林的茶马古道，沿线绵延环绕，城镇古老神秘，是古代中国西南地区连接区域间的商贸通道。沿线城镇因为商人在商路上停留和居住，先建立定居点，再发展成商品转运站，又形成商品集散地，随着时间的推移，发展成沿线城镇，揭示了"因路兴城"的特别历史现象。茶马古道的线路及其沿线城镇蕴含着厚重的历史文化。

一、青藏线路

视频
茶马古道线路

茶马古道青藏线即唐蕃古道，是1 300年前唐朝和吐蕃之间的交通要道，也是唐代以来中原内地去往青海、西藏乃至尼泊尔、印度等国的必经之路。著名的文成公主远嫁松赞干布走的就是这条路线。这是汉代以来中原进入河湟地区的传统路线。它的历史甚至可以上溯到6 000年前的新石器时代。起点是唐王朝的国都长安（今陕西西安），终点是吐蕃都城逻些（今西藏拉萨），跨越今陕西、甘肃、青海、四川和西藏5个省区，全长约3 000公里，其中一半以上路段在青海境内。

它的大致路线是：长安（西安）—秦州（今甘肃天水）—临州（甘肃临洮）—河州（甘肃临夏）—龙支城（青海民和县柴沟北古城）—鄯州（青海乐都）—西宁—共和—兴海—贵南—同德—玛沁—甘德—达日—色须（四川石渠）—玉树—囊谦—类乌齐—丁青—巴青—索县—柏海（西藏那曲）—当雄—逻些（拉萨）。

陕西、甘肃、青海地区不产茶，唐宋时期通过青藏线输往藏区的茶叶，主要产自四川，通过西山道，输往甘肃、青海藏区，或者北上连接唐蕃古道入藏。

二、川藏线及主要商埠

（一）主要线路

早在西汉时期，茶叶作为商品就在川藏地区交易。当时，蜀郡的商人常以布匹、茶叶等本地特产与大渡河外的牦牛夷、邛、莋等部落交换牦牛、马等物，这条商贸通道史称旄牛道。由于邛崃是当时茶、铜铁器的主产地，也就成为旄牛道的起点，其路线为：临邛（邛崃）—雅安—严道（荥经）—旄牛（汉源）—

沈村（莋都，为西汉沈黎郡治地）—磨西—木雅草原（今康定市新都桥、塔公一带）的牦牛王部中心。

唐宋时期，内地输往藏区的茶叶主要走青藏线。从明朝开始，川藏线正式形成并逐渐取代青藏线的地位，形成以今四川雅安一带产茶区为起点，由雅安至康定、康定至昌都、昌都至拉萨三个段落为主干道的茶马古道川藏线。

（1）由雅安至打箭炉（康定）段分为两路：一路为雅安—荥经—黎州—泸定沈村—磨西—打箭炉，因其是自秦汉以来就已存在的大道，故名为"大路"，路上运输的茶也被称为"大路茶"；另一路是雅安—天全—昂州河—岩州—烹坝—打箭炉，因其为山间小道，故又称为"小路"，路上运输的茶则被称为"小路茶"。

（2）自康定至昌都段，川藏线分成南、北两条支线：南线（即今川藏公路的南线）为康定—雅江—理塘—巴塘—芒康—左贡—昌都，由于这条路主要供驻藏官兵和输藏粮饷使用，又被称为"川藏官道"；北线（即今川藏公路的北线）为康定—道孚—炉霍—甘孜—德格—江达—昌都，此路为明代川藏茶马古道的大道，又被称为"川藏商道"。

（3）自昌都至拉萨段，分为草地路和硕达洛松大道两路：草地路为昌都—类乌齐—丁青—巴青—索县—拉萨，由于这条路所经大部分地区为草原，适合大群驮队行住，故称草地路，是川藏茶商驮队常走之路；硕达洛松大道为昌都—洛隆—边坝—工布江达—墨竹工卡—拉萨。

除以上干线外，茶马古道川藏线还包括了若干支线，如雅安—松潘—甘南的支线；由邓柯（今四川德格县境）—青海玉树—西宁—洮州（临潭）的支线；由昌都—类乌齐—丁青—藏北地区的支线；等等。

（二）主要城镇

1. 雅安

雅安位于四川省中部成都平原与青藏高原的过渡带，境内的蒙顶山早在唐代就以产蒙顶茶著称，宋代时蒙顶茶成为茶马贸易的专用商品。"扬子江中水，蒙山顶上茶。"[①]蒙顶茶享有千年的美誉，蒙顶山是世界茶文化的发祥地之

---

① 此联出自元代李德载小曲《蒙山顶上春光早》中"蒙山顶上春光早，扬子江心水味高"句。

一，被誉为"仙茶故乡"。雅安自古就是边茶的原产地和主要输出地，是茶马古道川藏线的起始点。宋神宗熙宁七年（1074年）在雅安（名山区新店镇长春村）设置茶马互市司。清道光二十七年（1847年）重修茶马司，至今保存完好。鼎盛时期，茶马司每年运出雅安茶达到2万驮（每驮50公斤），占官方统筹总数的一半以上，有时一日接待商人达2 000人。

雅安的上里和望鱼都是川藏线上必经的古镇，至今仍保留着许多明清风貌的吊脚楼式建筑和文物古迹。汉源县飞越岭至化林坪有8公里茶马古道遗迹。该处山势险峻，最宽处有4米，几乎全用红色花岗岩铺成，路面上至今留有拐架子的窝痕。天全县红星村的甘溪坡茶马古道遗迹长约2公里，当年背夫歇脚时用拐子杵下的窝痕清晰可见。

◆ 雅安茶马古道

2. 打箭炉（康定）

康定旧称"打箭炉"，藏语称康定为"打折多"，意为打曲（雅拉河）与折曲（折多河）两河交汇处，旧译"打煎炉"，后通译"打箭炉"，简称"炉城"。康定位于川西贡嘎山北端的跑马山麓，现为甘孜藏族自治州首府。

康定在元代时尚是一片荒凉原野，明代开碉门路茶道后，逐渐发展成为大渡河以西边茶贸易集散中心。清康熙三十二年（1693年）达赖喇嘛奏请在打箭炉互市，康熙三十五年（1696年）获准。雍正七年（1729年）置打箭炉厅，设兵戍守。从此"汉不入番，番不入汉"的壁垒被打破，大批陕商、川商和藏商聚集交易。在康定经商的商人中，以陕西籍商人较早和最多，在康定经商的陕西籍商人被称为"炉客"。清末民初,陕西户县在康定的"炉客"就达3 000多人,仅德泰和一家商号的店员就有120人。[1]民国时期,康定240多家坐商中,陕西籍商人占到半数以上。[2]

康定以其特有的锅庄文化闻名于世。大渡河上游康定、丹巴一带藏族家中多有一间客厅兼厨房的大屋子,由于屋里大火塘中有三根打制的支锅柱,为熬茶做饭放锅所用,故将这间屋子称为锅庄。随着茶马贸易的发展,康定的锅庄从支锅熬茶的"锅桩"脱胎成为专为茶马贸易提供中介及相关服务的机构和场所。

❀ 20世纪30年代的康定

❀ 康定的茶庄(庄学本 摄于1938年)

❀ 20世纪30年代康定东关茶马一条街

---

[1] 户县志编纂委员会.户县志,1987。
[2] 来作中.新中国成立前康区的商品交换.//中国人民政治协商会议甘孜藏族自治州委员会.甘孜州文史资料选辑(第十三辑),1993。

3. 昌都

昌都是藏语，其意为"水汇合处"。昌都位于西藏东部澜沧江上游的谷地之中，扎曲和昂曲在昌都相汇为澜沧江，因而得名。昌都处在西藏与四川、青海、云南交界的咽喉部位，平均海拔3 500米以上，是川藏线、滇藏线的交汇点。

吐蕃时期，昌都之间就有小道相通，并有桥连接。隋唐时期有驿道从昌都经彭州、成都、剑州（剑阁）、利州（广元），通往长安。元朝在昌都设朵甘思宣慰使司，管辖今昌都及四川甘孜、阿坝地区事务；建立驿站，促进了茶马古道的通畅。明朝在昌都设朵甘卫指挥使司，保障了茶马贸易的发展和繁荣。清代时茶马古道更加通畅，茶马互市虽然逐渐衰落，但边茶贸易却悄然兴起。昌都因茶马古道而形成，更因茶马贸易而兴旺。昌都由茶马古道的通道、中转、门户、枢纽，进而发展成为区域和民族的经济、政治、军事、文化中心。

昌都古城旧貌

4. 拉萨

拉萨位于西藏东南部，喜马拉雅山脉北侧，雅鲁藏布江支流拉萨河中游北岸，海拔3 650米。拉萨作为西藏自治区的首府，长期以来就是西藏的政治、经济、文化和宗教中心，也是藏传佛教圣地。公元7世纪，松赞干布统一全藏，迁都逻些（拉萨）。藏语中羊叫"惹"，土为"萨"，大昭寺建成后就叫作"惹萨"。由于大昭寺是最早的建筑，人们便以"惹萨"作为以大昭寺为中心的城市名，"拉萨"的名字就是这时出现并沿用至今。汉文史籍把"惹萨"一般译为"逻婆""逻些"。

旧拉萨街道

拉萨八廓街景

文成公主入藏后，随着吐蕃领土的扩张和对外交流的发展，商业活动渐渐频繁，形成了某些重要的商业聚集点，拉萨作为都城所在地，成为重要的商品集散地，在整个吐蕃贸易中占有重要地位。明朝还在西藏边界开设了一些茶马互市，内地的纸张、丝绸、茶叶等通过茶马互市进入西藏，西藏的牛、羊、马交换到内地，内地与西藏经济上的往来非常密切。尽管拉萨是汉藏贸易的主要目的地，但茶马古道的行程并未到此完结。从拉萨开始，经过江孜、亚东或者通过日喀则，马帮驮队又向着新的目的地喜马拉雅山背后的尼泊尔、不丹、印度远行，使拉萨成为国际贸易的重要商埠。雍正五年（1727年），清朝中央政府在西藏派驻驻藏大臣，衙署最早设在拉萨冲赛康。18世纪末在鲁布柳林西侧新建驻藏大臣衙门。拉萨修建了大量贵族府邸、活佛家庙、政府衙门，还有商店、作坊、茶楼、酒店、民宅等。当时西藏商人、内地商人及不丹、尼泊尔、印度诸国商人云集拉萨经商，八廓街、冲赛康、铁奔康、坚布康、旺堆辛嘎成为拉萨五大市场。

三、滇藏线路

（一）线路沿革

茶马古道滇藏线形成于唐代，它与吐蕃王朝向外扩张和对南诏的贸易活动密切相关。公元678年，吐蕃势力进入云南西洱海北部地区。680年建立神川督都府，吐蕃在南诏设置官员，向白蛮、黑蛮征收赋税，摊派差役。双方的贸易也获得长足的发展，茶马贸易就是重要内容之一。滇藏茶马古道在云南的起点就是唐朝时南诏政权的首府所在地大理。南诏与吐蕃的交通路线与今滇藏公路相近似，即大理—剑川—丽江—奔子栏—盐井—马儿敢（今西藏芒康）—左贡，在左贡分两道进入藏区：一道为左贡—八宿—邦达—察雅—昌都；一道为左贡—八宿—波密—林芝—拉萨。

北宋后期，长期生活在滇西北地区的麽些人（今纳西族），在丽江地区逐渐形成势力，不断向藏区边界扩展，并开拓了周边地区的贸易通道。宋宣和元年（1119年）前后，麽些人取代了大理国的贸易地位，与藏区直接建立了贸易往来。明代洪武十五年（1382年），麽些首领被赐以木姓，次年又被任命为丽江知府。此后，历代纳西木氏土司经过上百年的商贸交易，把早期用于战争的滇藏栈道发展成为一条以运输商品为主的通商渠道。清顺治十八年（1661年）朝廷批准汉藏在北胜（今永胜）互市，康熙二十一年（1682年）批准在中甸互市，1688年在中甸设立茶关。从此滇藏线茶马古道的贸易往来得到了迅速的发展。全盛时期，来往马帮的牲畜可达上万匹之多。

元明清时期，丽江发展成为滇西北政治、经济、文化中心，成为连接滇藏川地区和民族贸易的重要集镇，是茶马古道滇藏线的中转站，输藏的滇茶由各产地（思茅、西双版纳等地）经过丽江运至西藏。

由丽江入藏的主干线为：丽江—中甸—德钦—盐井—芒康—昌都，再从昌都去往拉萨等地以至尼泊尔、印度、缅甸。

在丽江至德钦之间形成三条支线：丽江—石鼓—巨甸—鲁甸—保和—德钦县城；丽江—石鼓—其宗—奔子栏—德钦县城；丽江—文海—龙蟠—虎跳峡镇—中甸—奔子栏—德钦县城。

（二）主要城镇

1. 丽江

丽江市位于云南省西北部云贵高原与青藏高原的衔接地段，是云、藏、川的交界地，地处滇、川、藏要冲，以及滇、川、藏的政治、经济、文化走廊，又是云南通往西藏的必经之路，处于茶马古道滇藏线的唯一通道线上。

丽江古城又名大研镇，坐落在丽江坝中部，始建于宋末元初，并在以后不同历史时期得到扩张。丽江古城的历史与纳西木氏土司的发展史密切相关。忽必烈赐名"丽江"时，丽江的所在地是"逻波城"（石鼓）。明朝时期，木氏土司把行政中心由白沙迁至大研，并开始了大规模的城建工程。大研处于丽江坝中心，有利于与周边区域商贸活动的开展。古城四周水草丰美，气候温润、物产丰富，有利于南来北往的马帮休养生息。军事上有利于居中防御，也便于通过茶马古道进入藏区。清雍正以后，与藏区的贸易进一步发展，丽江及外地商人纷纷在丽江古城、石鼓、巨甸等集镇设店经营。在清代，丽江的纳西人逐渐产生了专门从事进藏贸易的"藏客"，并成立了自己的马帮，成为茶马古道滇藏线上的客商。

云南茶马古道路线图

丽江古城成为商贸集散地的历史，也是茶马贸易不断兴旺、繁荣的历史。据《徐霞客游记》记载，明时的丽江古城已有"居积番货为业"者，仅清顺治十八年（1661年）销往西藏的滇藏茶就有3万担之多。明末清初丽江已形成初级市场，如大研市、白沙市、七河市等，到光绪年间又增加了石鼓街、九河街、巨甸街。随着马帮出入古城日益频繁，旅马店业也悄然兴起，出现了专为马帮提供多项服务的作坊和门店，如卖草场，缝制出售垫褥子、藏靴，加工出售炒面、酥油，打制和供应马镫、马掌等。丽江的银、铜矿开采历史悠久，银、铜器皿的制作久负盛名。丽江银、铜器又是藏胞喜欢的生活必需品，从而成为输藏的重要商品。藏商驮来的货物有皮子、细羊毛等，经纳西手工制作成产品后又销往藏区。藏商还驮来山货药材如麝香、熊胆、虫草、贝母等作为行市俏货，又将茶叶、红糖、粉丝、铜、铁、银器运往藏区。20世纪以后，丽江作为商贸物资中转站的功能，在抗日战争中后期发展到极致，使滇藏贸易古道向南亚、西亚扩展延伸，成为重要的国际大通道。

丽江古城

丽江古城石板街

2. 德钦

德钦位于云南省迪庆藏族自治州西北部。"德钦"系藏语，意为"极乐太平"，原名阿墩子。德钦地处青藏高原南缘，横断山脉中段，三江（金沙江、澜沧江、怒江）并流腹地。德钦平均海拔4 270米，境内雪峰林立，海拔在4 800米以上的就有13座，称"太子十三峰"。梅里雪山主峰卡瓦格博（汉译为太子雪山）海拔6 740米，为云南省第一高峰。

德钦是茶马互市的咽喉要道和主要集散地，升平镇是云南境内最北端、海拔最高和通往西藏的最后一座城镇，是云南通往西藏的必经之路，处于茶马古道滇藏线的唯一通道线上。2 000多年前，滇、川、藏结合部的各民族先民交往的古驿道已经在横断山脉的深山峡谷中形成，成为茶马古道的前身。唐代时，日益强大的吐蕃势力借助这条大道南下滇西北。以后随着茶文化向青藏高原的传播和茶马互市的兴起，这条古道便成了名副其实的茶马古道。宋代时，以茶叶、丝绸、盐、药材、毛皮、铜制品等为主的互市，使这条古道受到官方和民间的重视。到明清时期，茶马贸易达到鼎盛，古道的作用更加突出。至今古道仍在滇藏结合部的交通和经济活动中发挥重要作用。

● 德钦月亮湾（金沙江大转弯）

● 德钦奔子栏村

3. 大理

　　大理地处云南省中部偏西，横断山脉南端，海拔2 090米，是古代南诏国和大理国的都城，历史悠久，是云南最早的文化发祥地之一。大理还是通往印度的南方丝路中转站。大理是中原王朝最早在云南设县的地区，汉武帝元封二年（前109年）在大理地区置叶榆县。公元8世纪，六诏（唐初分布在洱海地区的六个少数民族部落）在唐朝支持下，建立南诏政权。937年，通海节度使段思平联合滇东三十七部进军大理，建立了大理国。元代时在云南建立行省，标志着中央王朝对云南统治迈进了一大步。

　　大理自古以来都是滇西的交通枢纽、商业中心，也是滇西、滇南的茶叶集散地。早在唐代的南诏国，西双版纳、思茅的茶叶就已运销大理。凤阳邑村在大理古城和下关新城之间，原名"砖窑"，曾以烧制砖瓦为主，茶马古道穿古村而过。凤阳邑的茶马古道是大理古驿道中的一段，也是滇藏茶马古道大理段的一部分，是南诏最早的城池太和城和阳苴咩城官道之一。凤阳邑现存茶马古道全长700余米，原貌保存较好，由于马帮往来频繁，石板路打磨得锃亮如镜。路宽2.6～3.2米，当中铺长1米、宽0.6米左右的条石，即引马石，两侧各铺宽约15厘米的卵石道。茶马古道旁为石凳和铺台子，沿着引马石的走向，两边都是古老的白族民居，墙体为不规则的石头所砌，独具大理"石头砌墙墙不倒"的建筑特色。古道两边至今还能看见保存完好的观音井、双子井，井水依旧甘甜清冽。

　　清末民初，大理下关一跃成为西南最大的茶叶交易集散地和生产加工地。云南主产茶区（西双版纳、思茅、临沧、保山等地）的茶叶源源不断地运往下关加工销售。下关沱茶属普洱紧压茶类，其加工方式源于明代的普洱团茶和清代的女儿茶，1902年由下关永昌祥商号成功定型。它对日后的云南沱茶蜚声海内外产生了深远的影响。

◆ 大理古城

◆ 大理凤阳邑茶马古道

马在茶马古道中意义重大，大理马在很早以前就名扬四海，南宋王朝的战马多来自大理。范成大的《桂海虞衡志》载："大理马，为西南蕃之最。"宋高宗则称赞大理马可以和西北马相媲美。最早记载的大理骡马交易是在南诏时期唐朝永徽年间（650—655年）的三月街进行，骡马市场是三月街的一大特色。明代李元阳《云南通志》中记载："三月十五日在点苍山下贸易各省之货。自唐永徽间至今，流行包包批发。朝代累更，此市不变。"《徐霞客游记》则记载了集市的盛况："具结棚为市，环错纷纭。其此为马市，千骑交集，男女杂沓，交臂不辨。十三省物无不至。"

◆ 思茅镇沅镇千家寨2 700年茶树王

4. 思茅（普洱）

思茅，现称普洱，2007年改称现名。普洱位于云南省南部，澜沧江中下游。普洱是云南茶文化的发源地，是中国最大的产茶区之一，是滇藏茶马古道的源头。大理国时期称为"思摩部"，元代称"思么"，明代叫"思毛"。清雍正十三年（1735年）设立思茅厅，隶属普洱府。民国二年（1913年）废厅，改思茅县。普洱因茶而兴，雍正年间就因普洱茶远销而闻名，道光、光绪时期这里更是商贾云集，市场繁荣。

普洱市北约40公里的茶庵塘茶马古道，约铺建于清嘉庆十七年至道光三年（1812—1823年）。当时是为了方便向京进贡普洱茶，由官方出资修建，现为官马大道中保存较完好的一段。清政府曾设兵丁5名驻守，设有接官厅、普济寺、和尚庙、尼姑庵、茶馆和马店。因茶庵坡陡山高，峰危路险，古木参天，传说只有鸟儿才能飞过，所以又被称为"茶庵鸟道"。茶庵鸟道蜿蜒于崇山峻岭之中，长约5公里，是用硕石和长方形条石沿着密林遮盖的山冈铺设，宽约1米，石上已踏出深约2厘米的马蹄印。

明清两代，以普洱为源头出滇的茶马古道有五条：一是经昆明中转各省、北京的官马大道；二是经滇西进西藏转至尼泊尔等国的关藏茶马大道；三是经江城至越南莱州再转至欧洲等地的江莱茶马大道；四是过孟连到缅甸的旱季茶马大道；五是过勐腊至老挝的勐腊茶马大道。

茶庵鸟道

云南宁洱县磨黑镇茶马古道

第四节　茶马古道商人组织

茶路上的茶商用双脚走出了茶马古道，印刻着商人不畏艰险、善为货殖的商业精神。马帮、脚夫、商号、锅庄等商人组织活跃在茶马古道上艰辛创业、创办商号、研发茶艺，把茶马交易推向了历史高峰，使茶马古道成为古代商路的经典。

一、马帮和脚夫

（一）马帮

马帮是中国西南地区特有的长途交通运输组织方式。对外贸易的发展，需要长途贩运货物，而在道路条件恶劣的条件下，单人匹马很难成行，更无力承担批量运输业务，由此马帮应运而生。马帮的形成与存在，与西南地区交通运输道路狭窄险峻的自然环境和历史悠久的古道贸易有直接的联系。马帮为西南地区对外交通和贸易提供了便利，茶马古道的繁荣则促进了马帮运输业的发展。

马帮可依据规模分为大马帮和小马帮。马帮的组织形式大致有三种：家族式、逗凑帮和临时帮，三种形式有时也会混合。少数大马帮在经营货物运输业务成功的基础上，将资金同时用于兼营工商业，形成自产、自运、自销的经营模式，建立起大商号。进藏的马帮一般多是家族大商号的马帮。大商号早期一般临时雇用独立经营的马帮为其运输货物，后期往往组织自营的马帮，拥有自己的"马锅头"（马帮首领）和骡马。

❁ 行走在滇藏线上的马帮

家族式马帮全由一家人经营，马匹为自家所有，马帮也以自家姓氏命名。逗凑帮一般由同村或邻村人结伴而成，每家出若干骡马，选经验丰富、德高望重者担任马锅头。因为马锅头要与众多赶马人同吃一锅饭，掌勺分饭，因而得名。马锅头是赶马人的雇主，是运输业务的直接经营者和决策者，并负责马帮的各种采买、开销和联络。临时帮无固定组织，往往是因为同路或接受同一宗业务而结帮。大马帮中往往还有一些专业人员，如伙头（负责伙食）、哨头（负责押运、帮内保镖）、歧头（兽医）等。进藏马帮一般要找藏族人做赶马人，减少语言和习俗的障碍。

为了生存和贸易利益，马帮们几乎在用自己的生命冒险。这种冒险体现在三个方面：一是生意上的冒险。马帮大多活动在现代商业社会远未成熟的时期，马帮要做的每一笔生意，都有着极大的风险，加上政治局势的极不稳定，更增加了这种风险。二是面对严峻的大自然的冒险。茶马古道各条线路自然环境都异常恶劣，风霜雨雪、毒草毒水、野兽毒虫、瘟疫疾病，随时随地都能置马帮于死地。三是土匪、强盗的威胁。当时的西南地区，土匪、强盗十分猖獗，尽管马帮都是全副武装，但仍不时遭到土匪、强盗的袭击，死人损货的事时有发生。这种特殊的生存境况，决定并造就了马帮的冒险精神。

（二）脚夫

川藏线崎岖难行，由雅安至康定一段骡马难行，少部分靠骡马驮运，大部分靠人力脚夫肩背搬运。脚夫长年累月艰难攀行，遇到陡险地势只有手脚并用，当地人将运茶脚夫称为"背二哥"或"背背子"。脚夫每日行程按轻重而定，轻者日行40里，重者日行20～30里。途中暂息，脚夫不卸肩，用丁字形杵拐支撑歇气。杵头为铁制，每杵必放在硬石块上，天长日久，石上留下窝痕，至今犹清晰可见。脚夫们一般与亲戚朋友结伴而行，一二十人为"一朋"，选年高有德、经验丰富者为"掌拐师"，或称"拐子师""大背师"。

二、商号

茶马古道上的商号，主要可分为藏商和汉商两大类。按照商品类别，可分为茶叶类、毛皮类、香料类、药材类、织物类、杂货类等；按照商户籍贯来源，可分为藏商、川商、滇商、陕商等。藏商可细分为喇嘛商（来自寺院）、土司商（来自土司）和平民商；汉商则可细分到市镇籍贯。如清代的康定是四川重要商品集散地，清代末年仅陕西户县在康定的"炉客"就达3 000多人，可谓商贾云集。

商户按经营商品分类，可分为：茶帮，占比例最大，可按边茶产地细分为雅安、荥经、天全、明山、邛崃五帮；金香帮，主要经营赤金、麝香，以陕西、山西商人为主；药材帮，以药材为主，兼营羊毛、茶叶，以川、陕商人为主；府货帮（绸缎、皮张）；杂货帮；干菜帮（油盐、菜食）。康定商户按籍贯分，可分为成都帮、川北帮、云南帮、邛布帮（来自邛崃、大邑等，专营土布）、重庆帮、康商帮（康指康区或康巴地区）。

● 清代康定茶马古道上的背夫

● 茶马古道上的商号牌匾

● 康定茶庄的店员在打包（庄学本 摄于1938年）

● 康定茶庄茶工在分包（庄学本 摄于1938年）

云南丽江纳西族商人赖耀彩祖籍福建汀州府，祖先于清乾隆初年经商至丽江，后来子孙繁衍，至赖耀彩时已是第七代。赖耀彩10岁弃学跟随父亲到中甸做少量的山货药材生意，13岁时已经掌握了山货药材的辨伪，开始主持业务。他兢兢业业，从小生意发展成大生意。后来开始经营边茶生意，过草地走茶马古道。光绪末年在德钦创建仁和昌商号，之后又与人合作在丽江成立长兴昌商号，到民国建立时他已具有相当资本实力，分号设至四川木里、康定，业务蒸蒸日上。后来赖耀彩和其子赖敬庵共同经营，赖家的仁和昌分号扩展至大理、昆明、拉萨，直至印度的加尔各答，成为"拥有巨万，富甲一县"的大资本家。其商号仅流动资金就有滇银币60万元，骡马近200匹，成为滇西著名富商之一，西藏人更称之为"赖家昌"。

再如云南大理的庆沣祥商号，早期以赶马帮和经营马店起家，为白族杨氏所建。清代因普洱茶贸易蜚声鹊起，开始自设茶庄，转为以经营茶叶为主，并在易武、佛海（今勐海）、云龙等地设分号，收购鲜茶叶加工制作成庆沣祥普洱茶，产品经丽江、永胜运销到藏区，经昆明、曲靖运销中原。

三、锅庄

锅庄是明清时期打箭炉（康定）茶马贸易中特有的组织和经营方式，具有特殊的经济文化价值。其集交易场所、货场、客栈、旅店、中介人、担保人等功能于一体，颇有些类似今天的农产品交易市场，但其功能主要是贸易中介。锅庄的主要业务是代理藏族商人买卖货物，佣金来自两处：一是在帮助藏商销售货物时按照藏商卖出货物总额的4%计算，由收购货物的汉商支付佣金；二是在介绍藏商购买汉商的茶叶和其他商品时，由茶商或其他商户支付定额佣金和酬金。康定锅庄由早期形成的4家，发展到清中期鼎盛时的48家，并延续到了民国时期，最多时达六七十家。

位于折多河和雅拉河交汇处的包家锅庄，是清中期康定48家锅庄之首。包家锅庄占地4 000平方米，房屋建筑面积达2 000多平方米，有三个院子，客房多达数十间，商人的骡子、马都在特定的院子圈养。每年最低成交额在30万大洋以上，最兴盛时期曾达80万大洋。包家锅庄的女主人叫包玉环。她美丽、聪慧，通晓藏、汉语言，熟悉贸易行情，是个精明能干的女子，还有很好的口碑。包家祖上都是历代明正土司的辅政大臣，是专门代表明正土司同清朝廷打交道的。正是由于这段特殊的渊源,明正土司家族便与包家世代通婚。借助明正土司的权势,包家锅庄迅速壮大,成为康定最大、最有实力的锅庄。

● 20世纪30年代的康定锅庄

第五节　茶马古道历史影响

视频
——
茶马古道
总览

茶马古道起源于唐代以来藏区与内地之间的"茶马互市",历史上,伴随朝代更替及茶马交易的发展,南来北往的茶马帮,用血汗和生命在中国西南边陲踏出了这条沟通藏区的商路,对区域经济与社会的发展、民族与地域文化的交流、边疆与内陆政治的融合等产生了重要的影响,是影响亚欧的商业文明之路。

一、推动区域经济与社会发展的通道

茶马古道穿越一千多年,连接川、滇、藏三地,最终向外延伸至南亚、西亚、中亚和东南亚,绵延数千公里。这条古道虽然穿行青藏高原、横断山脉的雪域云端,但沿着这条古道,伴随茶马贸易,不仅把茶文化传播到广袤的青藏高原,输入藏区的大量内地工农业产品丰富了藏区的物质生活,而且内地的先进工艺、技术和能工巧匠也由此进入藏区,推动了藏区经济社会的发展,因而

也推动了内地工商业特别是制茶业的发展，成为推动区域经济与社会发展的通道。例如，内地的制革技术传入藏区，使藏区的皮革加工业发展起来；内地的淘金、种菜、建筑、金银加工等技术和技工经由此道进入藏区，推动了藏区农作技术、采金技术和手工业的发展；由于交易物品的扩展，藏区的虫草、贝母、大黄、秦艽等药材被开发出来，卡垫、毡子和民族手工艺品生产等也被带动起来。同样，藏区马匹的输入保障了中原政权的稳定和统一，大量土特产品和日用品的输入丰富了内陆居民的物质生活和消费。尤其是茶马古道还连接着西藏、云南周边的国家和地区，是古代中国与南亚地区一条重要的贸易通道，是中国历史上对外交流的第五条通道，其在中外经济发展、文化交流和世界文明发展史上的作用，与西北地区的丝绸之路有着异曲同工之妙。

茶马古道上的许多交易市场和驮队、商旅的集散地、食宿点，在长期的商贸活动中，逐渐形成为居民集聚的市镇，促进了西南地区的城镇化发展。像雅安、康定、昌都、丽江、德钦等市镇，都是依托茶马贸易而发展成为商业集散中心的。

在茶马贸易的带动下，位于大陆腹地世界屋脊的藏区商业活动迅速兴起，出现了一批著名的藏商，如康定的"邦达仓""三多仓""日升仓"等（仓，藏语意为家，这里用作商号名）。茶马古道从康巴地区（包括四川的甘孜藏族自治州，阿坝藏族羌族自治州一部分，木里藏族自治县，西藏的昌都市，云南的迪庆藏族自治州，青海的玉树藏族自治州等地）的中心穿过，在这种环境的熏陶下，使处于游牧部落的康巴人养成了经商的习惯，改变了重农轻商的观念。康巴商人的精明能干，也由此远近闻名。

二、促进民族与地域文化交流的天路

几千年来，汉、藏、彝、纳西、傈僳、哈尼、基诺、羌、普米、白、怒、景颇、阿昌等民族，在青藏高原、川西高原和云贵高原地区休养生息，许多原生形态的古文化因素至今仍积淀和保留在当地的文化、语言、宗教和习俗中，同时也有许多历史之谜和解开这些历史之谜的线索蕴藏其中，显示了我国西南地区民族文化的多姿多彩和原始形态。茶马古道穿行于青藏高原、川西高原、横断山脉的雪域云端，将原本因山川屏障的各民族和地方文化在茶马贸易活动中连接、冲突、碰撞、互动、团结、融合，犹如一条七彩的天路将不同民族、不同语言和不同习俗的地区有机地串联起来，使他们既保持自己的特点，又彼此沟通联系并协同发展。特别是茶马古道的贸易活动，成为汉、藏两大文明交流与融合的重要渠道，促成汉、藏民族的沟通并在行为、心理、情感上亲近、团结和融合。比如，佛教在汉、藏之间双向的传播。大约5世纪左右佛教开始从汉地和印度这两条途径传入西藏，并在与藏区原始宗教——苯教的长期斗争中进一步与之融合，形成了独具特色的藏传佛教后又向中原地区广泛传播。佛教在汉、藏间双向的传播交流渠道，正是借助了茶马贸易的通道。

三、联结边疆与内陆政治融合的纽带

茶马古道穿行地区位于中国西南边疆与中原内地的交接之处，茶马古道的拓展和茶马贸易的兴盛，促进了中国西南边疆的安定和巩固，茶马古道成为促进西藏与祖国统一的政治、经济纽带。中国古代王朝实行茶马贸易的目的除去获得战马之外，就是实现对西南边疆和少数民族"羁縻"（笼络控制之意）的目的。历史上宋朝、明朝尽管未在藏区驻扎一兵一卒，但却始终与藏区保持不可分割的关系。藏区各部归服，心向统一，茶马古道在其中发挥了至关重要的作用。

四、锻造不畏艰险勇闯商路的商业精神

茶马古道崎岖险峻和通行之艰难世所罕见。正如任乃强先生在《康藏史地大纲》中描述："峻坂之外，复以邃流绝峡窜乱其间，随处皆成断崖促壁，鸟道湍流。"茶马古道沿线高寒地冻，氧气稀薄，气候变幻莫测。当地民谚形容古道行路之难："正二三，雪封山；四五六，淋得哭；七八九，稍好走；十冬腊，学狗爬。"然而，茶马古道的商路之难绝非只是地理之难。广袤的西南边疆地广人稀，自然条件恶劣，农牧业基础薄弱，20世纪中叶以前始终处于游牧社会，茶马古道通行之前几乎没有工商业基础。

正是在这种恶劣的自然和社会条件下，历代在茶马古道上经营茶马贸易和其他贸易的各族商户、马帮脚夫以及锅庄们，凭着他们的双脚、双手、双肩，凭着他们为了生存和生意不畏山高水险、不畏官府打压、不畏匪截盗抢、不畏商路迷茫的冒险精神，凭着他们逢山开路、遇水架桥的开拓勇气和经营智慧，凭着他们宽容亲和、互助共生的合作精神，凭着他们不辞辛劳、勤勉经营的坚

韧毅力，凭着他们执着守信的职业操守，走出了举世无双的茶马商路，创造了独特的商业文明。这种不畏艰险、勇闯商路的商业精神和实践，发生在长期重农抑商的古代中国，出现在经济社会发展最为落后的中国西南边疆地区，与古丝绸之路上的商人既并驾齐驱又一脉相承；这种不畏艰险、勇闯商路的商业精神和实践，是中华民族难能可贵的历史文化财富，值得正在开拓建设现代化事业的中国人继承和弘扬；这种不畏艰险、勇闯商路的商业精神和实践，是人类文明历程的宝贵财富，值得所有人类借鉴。

扩展阅读文献

1. 茶马古道［M］.合肥：时代出版传媒股份有限公司，黄山书社，2012.
2. KBS亚洲印象·茶马古道栏目组，尹荣洙.茶马古道［M］.孔渊，译.北京：中央广播电视大学出版社，2015.
3. 况腊生.古代茶马贸易制度［J］.理论界，2008（4）：126-129.

04
Theme IV

第四章
万里茶道

万里茶道指从1689年中国与俄罗斯签订《尼布楚条约》开始，以茶叶贸易为主连接欧亚大陆的国际商贸古道。它南起中国福建武夷山，途经江西、安徽、湖南、湖北、河南、山西、河北、内蒙古等地，穿越蒙古人民共和国，最终抵达俄罗斯圣彼得堡，全长13 000余公里，又传入中亚和欧洲其他国家，成为18、19世纪东西方贸易的主要通道。20世纪初，由于运茶线路改走江海水路和铁路通信事业的发展，加上苏联政府对中国茶叶进口采取关税壁垒政策，以及印度茶、锡兰茶的竞争等原因，长达两个世纪的中俄茶叶之路终于退出历史舞台。

万里茶道从形成到繁盛时期的历史沿革，反映了清代政府主动开放北方陆地市场、发展国际贸易的重要国策。万里茶道的开通，使中俄间的商品贸易不断增长、友好往来日益频繁，不仅促进了中国茶叶生产和流通的发展，而且带动了俄国经济的发展。由于晚清政治、经济、战争、交通等因素的影响，万里茶道逐渐地衰落。

第一节　万里茶道历史沿革

一、万里茶道的形成

蒙古草原和西伯利亚一带的游牧民族，长期生活在纬度较高的寒冷地带。其饮食以肉食为主，缺少蔬菜等维生素的摄入。由于茶能解腻、提神、补充体内维生素，所以，自唐以来，游牧民族"均赖茶以活"，以至于"宁可一日无食，不可一日无茶"，茶成了游牧民族的生活必需品。

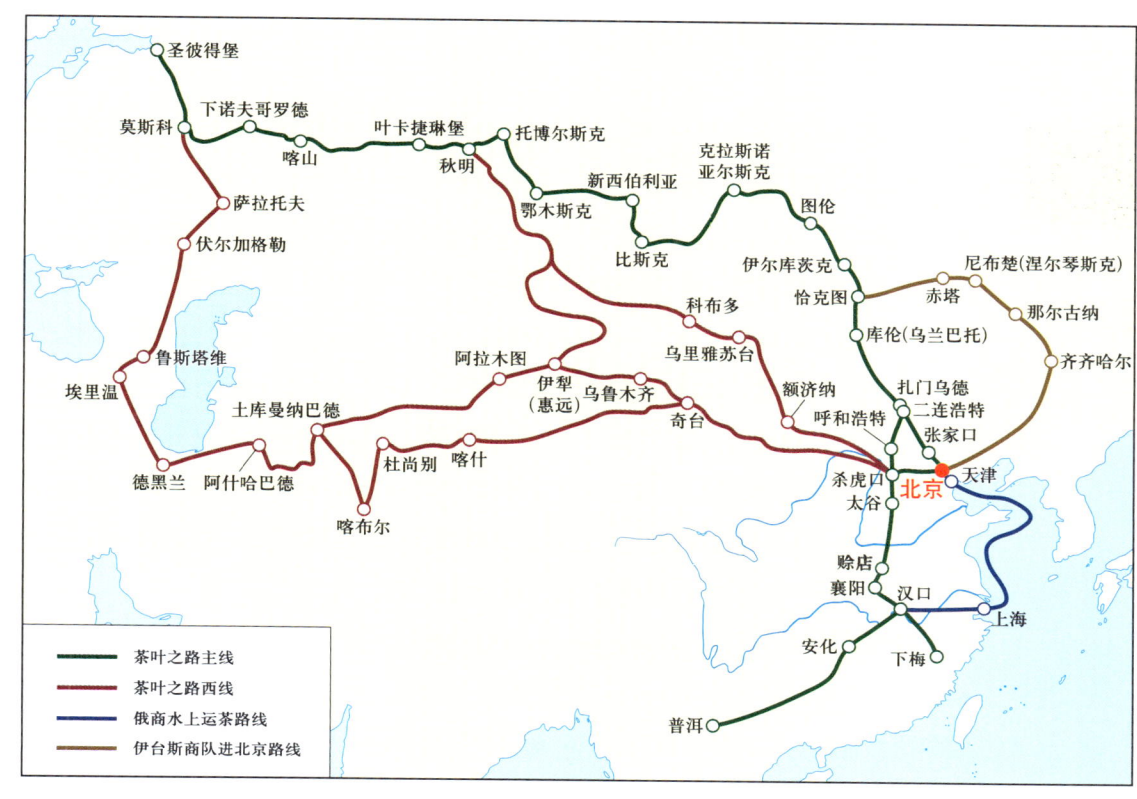

◆ 万里茶道

唐宋以来，中原统治者开辟了"茶马互市"。这种交易不仅对经济与生活有着重要影响，而且也从政治、军事等方面成为相互制约的主要手段。明政府开创了"东有马市，西有茶马"的茶马贸易全盛期。明隆庆五年（1571年）起，张家口、大同、宣府（河北宣化）等成为北方"茶马互市"重镇。1571年，三镇年交易马匹7 000余匹，到1582年年交易马匹数量上升到5万匹以上。

清代时东口（河北张家口）、西口（山西雁北外长城最重要的关隘之一——杀虎口）茶叶贸易更趋繁荣。张家口和归化城（呼和浩特旧城）不但成为北方茶叶集散中心，而且发展成为茶叶国际商路上对俄贸易的重要商埠。清代中俄边贸关系渐趋活跃，俄多次派遣商队来华贸易。1689年中俄签订了《尼布楚条约》，为双边贸易开展提供了制度保障，万里茶路就此开通。1727年，中俄再次签订《恰克图条约》，确立了双方各自在划定的边界建立商贸城市进行交易的原则。1728年俄方建成了恰克图贸易市场。1730年，中国在恰克图对岸的边界内建立了买卖城，开始了与俄商的固定交易。此后中俄贸易日渐繁荣。

二、万里茶道的繁盛

视频
———
万里茶道的
繁荣

从18世纪初起,俄国进口的中国货物一直以中国棉布和丝绸为主,对中国茶叶的需求仅局限于外贝加尔湖一带的西伯利亚人。西伯利亚人喜欢将中国砖茶混以肉末、奶油和盐饮用,中国砖茶逐渐成为深受当地居民喜爱的商品,一度时间砖茶曾经充当一般等价物,"西伯利亚的布里雅特人等土著民,在出卖货物时,宁愿要砖茶不要银,因为他们确信,在任何地点都能以砖茶代替银用。"① 这个时期,与西欧(尤其是英国与荷兰)在18世纪20年代以后开始大量消费中国茶叶不同,中国茶叶输俄数量增加缓慢,直到18世纪末,茶叶开始成为俄国全国广泛消费的饮料,中国输俄的茶叶数量才开始激增。从1798年的约1.3万担到19世纪30年代的约4万担,增长2倍以上。到1839年,更达5.4万担,增长率超过整个西方世界对中国茶叶的需求增长。②

19世纪20—50年代为中俄茶叶贸易的繁荣期,俄国人对中国茶叶的喜好达到前所未有的程度"茶叶是上帝,在它面前,其他东西都可以牺牲"。中俄两国在税收和贸易制度上的保护性政策、茶叶贸易的巨大利润,以及中俄两国茶商(中方主要为晋商)的稳健经营都促成了这个"彼以皮来,我以茶往"③繁荣时期的到来。

清代恰克图海关大院茶叶交易市场场景

---

① 刘选民.中俄早期贸易考[J].燕京学报,1939(25).
② 庄国土.从闽北到莫斯科的陆上茶叶之路——19世纪中叶前中俄茶叶贸易研究[J].厦门大学学报(哲学社会科学版),2001(2).
③ "彼以皮来,我以茶往",即俄国用本国丰富的毛皮与中国的茶叶进行的物物交换的国际贸易活动。

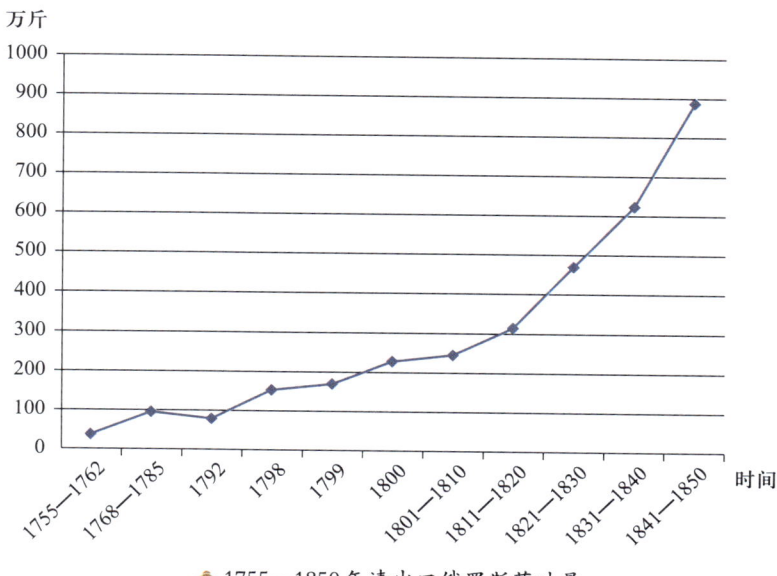

1755—1850年清出口俄罗斯茶叶量

资料来源：吉田金一.关于清俄贸易.见《东洋学报》卷45。

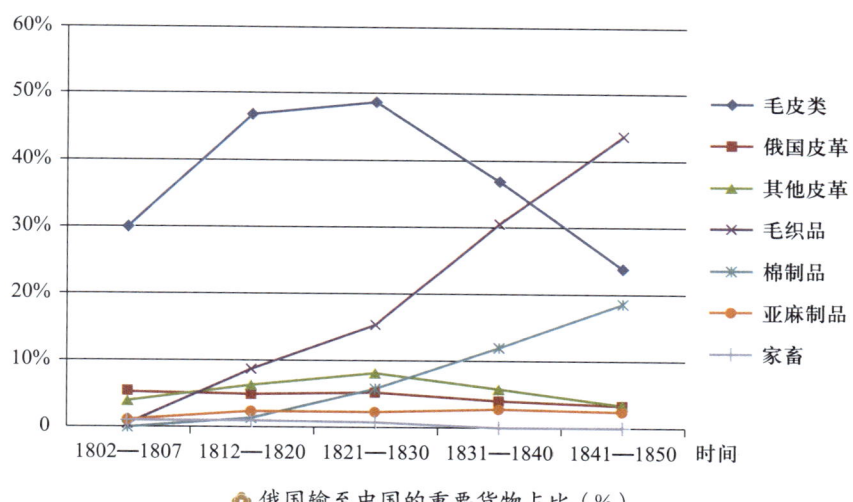

俄国输至中国的重要货物占比（%）

资料来源：吉田金一.关于清俄贸易.见《东洋学报》卷45。

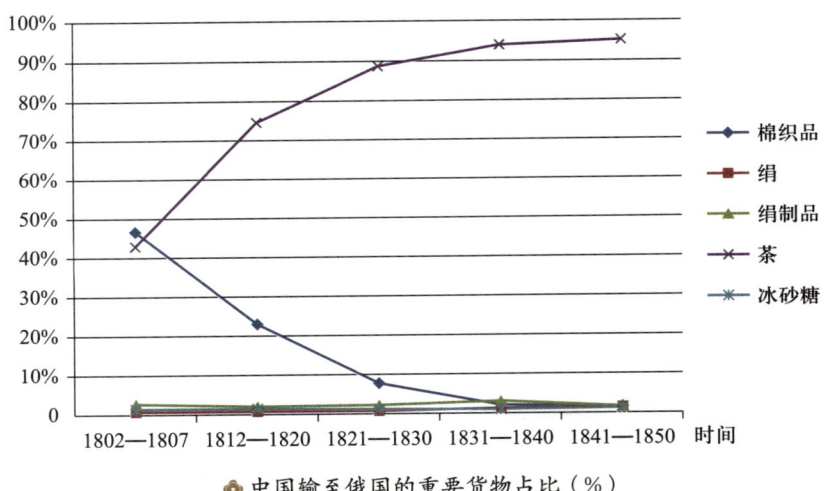

中国输至俄国的重要货物占比（%）

资料来源：吉田金一.关于清俄贸易.见《东洋学报》卷45。

三、万里茶道的衰落

鸦片战争以后万里茶道迅速衰落，主要原因有以下几个方面。

第一，国运衰弱，国力不济。咸丰八年至十年（1858—1860年），俄罗斯先后与清政府签订了《中俄瑷珲条约》《中俄天津条约》和《中俄北京条约》，迫使清廷割去东北疆域的大片国土，向俄国开放上海、福州等七处口岸，俄国在库伦等地设领事馆。同治元年（1862年），两国签订《中俄陆路通商章程》之后，俄国取得了在天津通商比其他国家低1/3税率等特权。自此，俄商受特权庇佑，垄断了蒙古和新疆地区的通商贸易，深入中国内地攫取和推销其产品。

第二，条件不平等，华商竞争乏力。主要表现在：税赋不均等，俄商免税，华商税重；成本相差大，俄商采用蒸汽机制茶，华商仍以手工制茶为主，成本相差较大；运输条件不同，晋商以运费较贵的木船、马车和骆驼为运输工具，而俄商享有海路运输之便，凭借特权以运费较低的水陆两路来贩茶。

第三，战争影响，商家受损。太平天国起义后，清廷军费猛增，加大了对各省的摊派，各省商民的"捐输"负担越来越重，山西商民捐银占到全国的37%。1900年八国联军侵略、1904年日俄战争、第一次世界大战、俄国十月革命等使晋商遭受到一系列严重打击，损失严重。20世纪20年代买卖城毁于战火。

第四，外茶崛起，华茶受限。印度在19世纪后期和20世纪初期超越中国而成为茶叶生产和销售第一大国,销售市场逐渐从欧洲进入俄罗斯。1909—1924年的16年间,印度茶叶出口占亚洲国家出口总量的1/3以上,而中国仅占不到1/5,已退居印度、锡兰和印度尼西亚之后的第四位。

◆ 草原运茶驼队老照片　　　　　　　　　　◆ 1885年中俄边境重镇买卖城

资料来源:http://www.milestea.gov.cn　　　资料来源:http://www.bbs.voc.com.cn

第五,交通发展,通信加快。1905年西伯利亚铁路竣工,汉口到海参崴海上茶路开通。1924年海参崴至上海铺设海底通信电缆,电报电话开通,信息传播速度大大加快。1925年道奇汽车穿越戈壁,以汽车为工具的公路运输逐渐取代了单靠骆驼商队运输茶叶的方式。1929年中蒙之间最大的茶叶贸易公司大盛魁商号关闭,标志着万里茶路终结。

第二节　万里茶道贸易

万里茶道的商品贸易除茶叶外,还有丝绸、布匹、铁器等,进口的商品有牲畜、毛皮、药材等。茶叶贸易的基本形式是以货易货,茶叶充当一般等价物。按贸易是否合法,分为官管商卖和走私贸易。

一、万里茶道的贸易形式

(一)官管商卖

所谓官管商卖,是指由于政府对茶叶实行专卖制度,商人合法纳税取得专卖权后进行交易的方式。

清咸丰以后，茶叶引制逐渐废除，为增加税收，官府向茶商发行茶票，以票代引，按票纳税。①茶票管理制度结合税收、户籍（粘单上有详细的商人名字、住址等信息）、商品专卖等制度，有助于政府保证税收收入、维护贸易管理的控制权，也对商人行为形成了有效的管理。

❧ 张家口茶马互市交易场景图

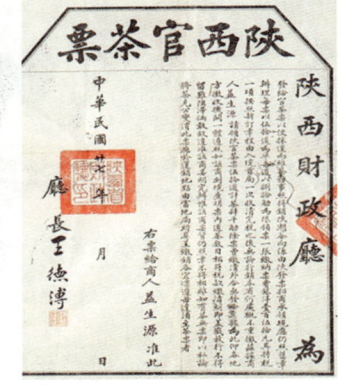
❧ 茶票

（二）走私贸易

由于存在大量的市场需求和较大的利润空间，加之政府控制严格，一些商人铤而走险，进行走私贸易。这种贸易在政府管理严格的情况下，往往要受到相应的处罚。但是不论怎样处罚，各个朝代的茶叶走私贸易都屡禁不绝。

由于俄国限制牲畜等出口、来恰克图俄商不多，与晋商大量携货赴恰克图贸易形成矛盾，晋商为了脱货出手，被迫在边疆与俄商走私。雍正十二年（1734年）三月，山西汾阳县商人朱成龙带去的二十车货，在边界与俄商走私，共换得骆驼12头，马120匹，牛16头，因违例受到处罚，货物全部被没收。②

---

① 参见何秋涛撰《朔方备乘》卷37记载，清政府规定："凡各商至库伦、恰克图者，皆给以理藩院票。由直隶出口者，在察哈尔都统或多伦诺尔同知衙门领票。由山西出口者，在绥远城将军衙门领票。以该商姓名、货物及所住之地起程日期，书单粘合院票，给与其已至所住之处。又欲他往者，许呈明该处将军大臣扎萨克改给执照。其各商领票后，至库伦者，由库伦办事大臣理藩院司官稽查。至恰克图者，出卡伦时，由卡伦上会哨之扎萨克稽查，至商集，由恰克图理藩院司官稽查。"
② 故宫博物院明清档案部.清代中俄关系档案史料选编［M］.北京：中华书局，1981：326。

二、万里茶道贸易的主要商品

（一）茶叶

据《俄中商贸关系史述》记载，在恰克图市场销售的茶叶来自中国的福建、安徽、江西、湖南、湖北、四川、云南等地，主要分红茶、绿茶两类，并按品级优劣分最高等级的商号茶（即有专属商号名称的）、中级的山西茶（山西商人经销的）、普通茶（级别最低的）三个类别。红茶中有包装精致的散茶，经过花熏的花茶，还有加工成普洱茶形状的团茶（俄人称此类茶为全部来自于福建武夷山的普洱茶）；绿茶有最高级别的莲心茶，还有黄茶和砖茶。其中砖茶主要销往西伯利亚后贝加尔湖地区的普通居民，以及欧俄部分的鞑靼人和卡尔梅克人。除砖茶外的其他茶叶为俄中高阶层人士享用。

在内蒙古和蒙古市场，砖茶最为畅销。有湖南安化的黑砖茶；湖南临湘的青砖茶、米砖茶；湖北蒲圻、咸宁的帽盒茶、青砖茶、米砖茶等。其中，晋商大盛魁商号的大玉川、三玉川、长盛川，祁县茶商的长源川、长裕川、三晋川、宏源川等茶庄，经营的产自湖北蒲圻羊楼洞的"川"字牌砖茶为名牌商品，至今仍十分畅销。

在山西等地销售的茶叶主要是来自湖南安化的百两茶、千两茶。除大众消费的茶叶品类外，一些针对中高层消费群体的高档茶叶也在万里茶道沿线销售。

川字牌砖茶

湖南安化千两茶

（二）牲畜、毛皮等其他商品

除茶叶，还有丝绸、布匹、铁器等日常生活用品运往蒙古草原和俄国销售。

进口商品则以牲畜、毛皮、药材、金沙、呢绒、毛毯、工艺品等为主，行销中国内地。

第三节　万里茶道沿线城镇

受欧洲人的影响，俄罗斯人逐渐养成了饮用茶的习惯。由于从陆路进口的中国红茶比从欧洲获得红茶价格要便宜4/5，风味更纯正，所以俄国对中国红茶产生巨大需求。清康熙初年，垄断中俄茶叶贸易的晋商，首先选择贩卖武夷山一带的茶叶，从陆路运往俄国，形成以闽赣地区为茶源的茶叶贸易线路。太平天国运动爆发后，闽赣茶路受阻，晋商遂转向采购湖南安化地区的茶叶，并以此地茶叶为原料加工成红茶销往俄罗斯。很快，两湖接壤的湖南聂市镇、羊楼司，湖北蒲圻羊楼洞、咸宁一带迅速发展为最大的茶叶生产和制作基地，因此，以两湖茶源为起点的茶叶贸易线路在太平天国运动后形成。除了这两条不同时期的主要线路，还有销往国内各地的纵横交错的茶路支线，以及清末民初通过上海、天津、亚欧铁路线运输的陆路、海陆、铁路等相结合的茶叶贸易线路。

一、万里茶道茶叶贩运的主要线路

（一）闽赣茶产区的贩运线路

清康熙至太平天国运动前夕，晋茶商以贩运福建武夷山茶为主，水陆兼程长途运输。即由福建崇安县过分水关，入江西铅山县，在此装船顺信江下鄱阳湖，穿湖而过出九江口入长江，溯江抵武昌，转汉水至樊城（襄樊），入唐河，抵河南赊店镇，经洛阳，过黄河，经济源进太行山，入山西泽州府（山西晋城），经潞安府（长治），出太行、太岳两山，到达祁县鲁村整理分装，然后北上。经太原府、忻县、雁门关、大同、阳高、天镇，到张家口。由张家口进入蒙古草原，走军台三十站，北行十四站至库伦（乌兰巴托），再行十一站到达中俄边境的通商口岸买卖城与恰克图。茶路在俄罗斯境内继续延伸，从恰克图经乌兰乌德、伊尔库茨克、新西伯利亚、秋明、下诺夫哥罗德、莫斯科、圣彼得堡等几十个城市，又传入欧洲其他国家，使茶叶之路延长到13 000余公里（其中福建省武夷山市下梅村至俄罗斯恰克图5 200余公里；俄罗斯境内8 100余公里），成为名副其实的万里茶道。另一条线路从大同至杀虎口、归化、乌里雅苏台、科布多抵俄或往中亚。这两条路为万里茶道的主线。

（二）两湖茶产区的贩运路线

两湖茶产区主要是指湖南、湖北接壤地区生产的茶叶。从咸丰朝（1851—1861年）始，由于太平军在长江下游军事活动加强，福建、江西茶路受阻，晋商首先将采购地改为湖南安化，后又转移到湖南临湘羊楼司、聂市镇，湖北蒲圻羊楼洞一带。其运输路线有两条：一条是以安化为集散地，经常德、沙市、襄樊、赊店镇、洛阳、济源，入山西北上抵张家口转恰克图，或穿洞庭湖由岳阳入长江，至汉口。转汉水抵樊城，沿河南、山西抵张家口转恰克图。另一条是以湖北羊楼洞及湖南聂市镇、羊楼司为集散地，经赵李桥，至新店镇，穿黄盖湖，入长江，至汉口，再入河南北上达张家口。也有经山西杀虎口抵归化，转恰克图。这两条北上路线到湖北襄樊基本上和主线相吻合，只是有一部分茶从湖北襄樊去往西北地区经老河口，入河南西峡县、三门峡，过黄河，经山西、陕西，走丝绸之路古道，销往西北、中亚及俄罗斯。也有部分茶叶到达河南赊店镇以后北上郑州、开封，进山东入运河，抵天津、北京、张家口。早期也有从北京到多伦，经呼伦贝尔草原向东北方向销往辽宁、吉林以及俄罗斯。也有茶船从汉口顺长江而下经上海海运至天津，再转陆路经恰克图转输西伯利亚的。

（三）其他茶产区的贩运线路

除上述线路之外，还有短暂的西线贩运线路、万里茶道后期晋商深入俄国境内售茶线路、万里茶道后期俄商深入中国内地购茶线路和俄中铁路贸易线路。

1. 西线贩运线路

《中俄伊犁塔尔巴哈台通商章程》签订后又辟西线茶路，即贩安徽建德产朱兰茶，运至河南赊店镇，再运至山西祁县、忻州，至归化走西疆运至乌兰巴托、塔尔巴哈台，再由俄商转贩第三国。不过此线贸易不足十年，交易额也远不如恰克图。

2. 万里茶道后期晋商深入俄国境内售茶线路

从同治（1862—1874年）始，经清政府批准华商入俄境进行贸易，这样就出现了在俄境赤塔、伊尔库茨克、莫斯科、圣彼得堡等地经销茶叶的华商。

3. 万里茶道后期俄商深入中国境内购茶线路

（1）俄罗斯与中国的海路贸易。1885年后，俄罗斯远东志愿者舰队开始了在敖德萨（黑海西北岸港湾）—中国广州港—上海港—符拉迪沃斯托克（海参崴）之间的定期航行，并从这些港口采购茶叶和其他货物运回欧俄。

（2）沿阿穆尔河（黑龙江）和乌苏里江沿岸的俄中边境贸易。沿阿穆尔河运输茶叶从1880年开始，1887年由此途径运输的茶叶达20万普特①以上。

4. 俄中铁路贸易路线

1901年中东铁路已在西部（外贝加尔湖）和东部（乌苏里江地区南部）同西伯利亚大铁路接轨，开始临时通车，并在铁路全线运送货物。1895—1914年，俄国大部分货物是经过外贝加尔湖和阿穆尔河边境地区，沿铁路或河道（阿穆尔河、乌苏里江）以及经由符拉迪沃斯托克（海参崴）海路输往中国。

这一时期，在俄中贸易中仍占首位的中国茶叶，开始主要经由海路符拉迪沃斯托克（海参崴）运往俄国，恰克图的旧茶路已彻底失去作用，经由新疆边界的茶叶进口也完全停止了。此外，俄国开始向新疆和满洲边境地区返销出口中国茶叶，因为由华中地区经俄国铁路向这些地区运送茶叶，要比沿传统路线运输便宜得多。②

二、万里茶道上的城镇

随着万里茶道的形成与发展，沿线逐渐形成了一些重要的商埠，对于当地经济、文化以及社会生活产生了一定的推动作用。

（一）福建省崇安县（今武夷山市）

清乾隆二十二年至道光二十三年（1757—1843年）的87年间，中国只有广州港一处通商，且对茶叶、丝绸等出口数量加以限制，由南至北的陆路贸易则没有限制。海路不畅，刺激了陆路贸易的繁荣。蒙古地区茶马互市、恰克图中俄贸易的厚利促使以晋商为主的各地商人，不远万里来闽北茶叶集散地——崇安县的下梅、赤石，设栈收

福建武夷山下梅茶市——万里茶道的起点

---

① 1普特≈16.38千克。
② 米·约·斯拉德科夫斯基.俄国各民族与中国贸易经济关系史（1917年以前）.宿丰林，译.北京：社会科学文献出版社，2008：311、364、369、373。

购、建庄制茶。"清初茶市本在下梅，道光咸丰年间，下梅废而赤石兴。盛时每日竹筏300张，转运不绝。红茶、青茶向由山西茶客到县来采办，运往关外（恰克图）销售，一水可通，运费节省，故武夷（茶）之利，较从前不啻仅徙"[1]。西帮商人运载茶叶、布匹等物到库伦和恰克图参加互市，一条自崇安县赤石至恰克图的陆地茶叶之路兴起，促进了交通运输的发展，加强了国际商品流通。五口通商后，闽茶多走海路销往世界各地，又有一段兴盛时期。清末民初，在外茶的竞争下，闽茶市场渐趋衰落。

（二）江西省铅山县河口镇

河口镇古称沙湾市，因地处信江与铅（yan）山河的合流之处，故名河口。河口有街巷数十条，有"九弄十三街"之称。河口有得天独厚条件的航运港口，它联结闽、浙、赣、皖、湘、鄂、苏、粤八省，是江南诸省的水运中心之一，故明清时期又有"八省码头"之称。繁盛时江面上每日停泊货船两千多艘，货物日吞吐量达数十万斤之多。

❀ 河口码头

❀ 河口古街

茶叶是河口集散的最主要商品，鼎盛时有茶庄三百多家。各地茶商云集于此，到处都是大客栈、茶行和仓库。这些茶行又大多临江而建，以便装船发运。载茶的帆船在河口镇进入常年通航的信江水路，顺流出黄沙港，西经弋阳、贵

---

[1] ［清］崇安县志·物产篇。

溪，至鹰潭折向西北，过黄金埠，从余干县瑞洪镇驶入烟波浩渺的鄱阳湖，北驶120公里，出湖口，进入长江。

第一次鸦片战争后，海禁开通，五口通商。太平天国运动加剧了这条商路的衰败，货物商运，即由海道，不从铅山，从此商路衰落。

（三）江西九江

九江，将赣、闽、皖三省的茶区连接到一起，是长江中下游重要的茶叶集散地，与汉口、福州并称为海内三大茶市。茶商在这里收购质量上乘的安徽和江西产的红茶、绿茶、砖茶和茶末，并办理"茶引"（经销许可证），接受批验，缴纳茶税。光绪八年（1882年），九江的茶商增至344家。19世纪中叶俄罗斯商人到此设厂制茶。

从九江开始，每船由数十名苦力牵引，溯江而上。不论是酷热涨水的夏季，还是三九封冻的严冬，纤夫们搏激流、踏冰雪，肩背纤绳弯腰爬行，"拉纤江边走，血泪跟着流"。茶船向西北逆行180公里，行程6日，到达汉口。

江西九江

（四）湖南安化

安化县位于湖南中部资江中游，境内峰峦叠嶂，温暖湿润，自唐代就产茶。明代"安化黑茶"曾被列为贡品，宋明时期作为边销茶，供应西北、西南少数民族，成为茶马互市的主要商品。据湖南史料记载，山西曲沃茶商乾隆年间（1736—1795年）就曾到安化买茶，陕商于道光元年（1821年）在安化订购"百两茶"。

咸丰（1851—1861年）以前，恰克图主要销售福建红茶，后由于战争影响，茶源阻断。据同治《安化县志》记，茶商将安化黑茶打包封箱，掺入武夷红茶或冒称武夷红茶出售，结果这种茶更适合俄商的口味。后因安化茶清香味厚，不亚于武夷茶，于是公开以"安化"字号进入国际市场，有"无安化字号不买"的声誉。清末，安化红茶在俄国颇受欢迎，最盛时期的光绪六年至十二年（1880—1886年）向恰克图出口红茶6万余箱。①

安化县洞市村附近至今仍能见到百年前石板铺砌的茶马古道，江南、唐家观等村镇现在还有一些清代晋商加工茶叶的作坊和存放毛茶的木楼。

资江是安化茶叶水运的主航道。清末安化县境内主要有7处港口，全县脚夫多达千余人。安化西部山区的茶叶进入资江后，运茶的船筏向东行驶，入湘江，穿越八百里洞庭湖，进入浩浩荡荡的长江，而后顺流驶往汉口。

✿ 资江

（五）湖北蒲圻（今赤壁市）羊楼洞

羊楼洞位于蒲圻区西南26公里处，地处湘鄂交界之要冲，境内芙蓉山亦称松峰山，为松峰茶原产地。清康熙初年，山陕商人就在此地采办砖茶，销往西北游牧地区。

太平军攻占南京后，作为恰克图市场主要茶源的闽北迭遭战火，造成茶叶产量锐减，收购价格大幅上涨，再加清政府为镇压太平军实行"厘金"制度，由武夷山远距离运输的成本也显著增加。晋商审时度势，决定在以前虽已开发

---

① 雷南等《湖南安化茶叶调查》（转引自江西师范大学陈赛赛硕士学位论文《线性文化遗产背景下的万里茶道空间结点分析》）一文称："安化原为黑茶市场，至清咸丰初年，始有红茶之制造。当时年产红茶约十万箱……红茶销于俄国者约占70%，英美仅占30%。"

但并未高度重视的两湖地带开辟新的茶叶基地。这一举措，是近代茶叶史上一次有深远影响的大变迁。这就使得两湖地带有了大规模的茶园栽培，也迅速地推广了红、绿茶和砖茶的加工工艺。

羊楼洞茶叶产销的高峰出现在19世纪七八十年代。当时，全国制茶厂约有三四百家，而羊楼洞一带就有七八十家，占全国的1/4。羊楼洞名噪亚欧，砖茶、红茶每年出口欧、亚各国达3万多吨，价值白银1 500多万两。羊楼洞被誉为国际大茶市，各国商人往来穿梭，镇上钱庄、客栈、酒吧、店铺等一应俱全。光绪初年，羊楼洞人口曾近4万，有5条主要街道，200余家商号、票号和商旅店铺，被誉为"小汉口"。用"茶去如流水，银来如堆山"来形容当年羊楼洞的富裕是不为过的。羊楼洞曾与汉口齐名，并称湖北当年最有名的两个地方。在其繁盛期，羊楼洞上交的税收占湖北省的一半，并在湖北最早开通电报业务，建有自己的发电站，全县的教育经费由茶商捐助，实行区域自治。

羊楼洞镇现在的庙前街、观音街仍保存明清石板街的古风貌，尚有清代及民国时期的老商铺和古宅院。

🏵 羊楼洞明清石板街

羊楼洞明清古镇(19世纪晚期茶叶加工成品工人包装运往俄国)

（六）汉口

武汉号称"九省通衢"，是中国东西南北的要冲。武汉三镇之一的汉口，康熙年间开始繁华，至乾隆年间已发展为"四方之孔道，九州之腹心"，为当时"天下四大名镇"之一。

汉口的茶叶主要来自湘、鄂、赣、皖四省，其中湘茶占1/3，而闽茶（武夷茶）随赣茶运入，流向以国外为主。闽、赣、皖、湘、鄂、川各省的茶叶运到汉口后，由汉口码头分发各地。清代汉水入长江处至少有8座大的码头，当时有人曾作过粗略的估计，认为汉水口岸停泊的船只经常在25 000艘左右。汉水口岸的码头区作业十分繁忙，有时甚至24小时作业，故而当时的诗人咏唱汉口，称其为"十里帆樯依市立，万家灯火彻霄明"的不夜之港。

汉口开埠之后，因其位于中国产茶区的中心，迅速取代了广州，跃居中国最大茶港。

晚清，汉口茶叶主要通过水路和陆路输往俄国。水路，从汉口顺长江而下经上海海运至天津，再转陆路经恰克图转输西伯利亚；陆运，由汉口溯汉水而上，在樊城起岸驮运至山西归化厅（今呼和浩特市），然后分销于蒙古、新疆等地。京汉铁路通车后，汉口茶叶大量顺京汉路运至华北，然后由骆驼输往蒙古、西伯利亚。清末时，汉口港年出口茶叶约80万担。

汉水北岸的汉口码头

担茶人邮票

1917年，俄国发生十月革命，中俄交通一度中断，汉口正常的茶叶出口陷入混乱。十月革命后，苏联对华茶进口采取关税壁垒政策，汉口茶市迅速萧条。

（七）湖北襄樊（今襄阳市）

素有"南船北马、七省通衢"之称的湖北襄阳是万里茶道上的重要水陆联运节点。明清时期的襄阳"商贾连樯，列肆股盛，客至如林"，建有20多个商业会馆、30多个码头，商业辐射到黄河上下、大江南北。茶叶作为当时交易的大宗商品，晋商的茶船都需要在襄阳的码头卸货再通过陆路转运至山西、内蒙古……茶叶贸易促进了襄阳上百年的经济繁荣。

据有关史料考证，历史上的"万里茶道"从汉口到襄阳段以水路为主，到达襄阳后又分两条线路北上或西进。一是大批晋商茶船在汉口入汉江到达襄阳后，一般逆唐白河而上到达河南赊店镇（旧称赊旗店，现为社旗县），或直接从樊城上岸走陆路北上。二是部分茶商途经襄阳港到达上游老河口后上岸至洛阳。无论哪条路线，襄阳都是万里茶道的转运中心，发挥着重要商路节点作用。

襄樊河口的渡船

（八）河南赊店镇（今社旗县）

赊店镇，也称赊旗店，1965年更名社旗县，周恩来总理亲自命名"社旗"，取"社会主义旗帜"之意。赊旗店是四通八达的水陆接运过载码头。北来的驼车、牛车、马车、骡车等陆路运输工具装载的货物，要在此卸货，再装船经唐河入汉水、长江，到达南方诸省；南来的货物到此地码头，同样要卸货后靠陆运方式继续北上。所以，赊旗店是南船北马、百货云集的水旱码头，为两湖、江西、福建、安徽、河南、河北、山西、陕西九省通衢，是"地濒赭水，北走汴洛，南船北马，总集百货，尤多秦晋盐茶大贾"，"客妓利屣，笙歌盈衢"，"咸丰年兴榷关，其市岁税常巨万"的繁华巨镇，有"拉不完的赊旗店，填不满的北舞渡"之说。

社旗山陕会馆

到乾隆时期，赊旗店已经十分繁盛。全国十六省的商人纷纷来此建房设店，开展商业经营。为了维护商业市场的良好秩序，加强同乡情谊，各省商人纷纷集资在此兴建会馆。赊旗店现存山陕会馆、湖北会馆、江西会馆、福建会馆、广东会馆、直隶会馆、湖南会馆、安徽会馆等十余座。其中，尤以最早寓居此地的山、陕商贾集资兴建的山陕会馆最为雄伟壮观。

光绪末年，京汉铁路通车，交通要道东移，水运渐次萧条，赊旗店失去贸易中心地位。

（九）山西泽州

泽州县隶属山西晋城，位于山西省东南部的太行山尽头，系山西东南屏翰，扼太行险关，战时为兵家要冲，平时为行商孔道，由来已久。万里茶道上，从赊旗店驼载车拉的货物，穿越黄河，来到太行山脚下。"群峰壁立太行头"，陡峭南行的太行山径，迫使运茶队伍停下来，将货物重新组合，由善走山道的太行驴、骡队伍，驼过狭窄崎岖的太行山脉，进入晋中谷地。至今，这条古道上仍保留成百上千米用石头铺就的坡道，坡道上还留存着许多当年被牲口踩踏出的蹄印、脚窝，古道沿途的许多村庄都保留着当年的车马大店和文化遗存，无言述说着当年茶路贸易的艰辛。

泽州"晋南屏翰"关口

（十）祁县

山西是万里茶路的中心枢纽段，不仅因为它的地理位置居武夷山至恰克图的南北之中，更是因为这里是经营国际商贸的晋商老家，掌管着茶路繁忙物流及相关产业，因此这里是茶路贸易的物流中心、金融中心、信息中心、人才中心、决策中心。

在山西这个中心枢纽段，平遥、祁县、太谷又是中枢中的中枢，祁县尤其占尽了上述五个中心之最，留下了最为丰富的物质文化遗产。自祁县南来的背驼茶叶、翻越太行的骡马、骆驼以及辛苦的赶驼人，进入祁县这片平坦的谷地，需要好好地休整一下。茶商们也要回自己的老家歇几天，或汇报工作，或办妥融资、贸易筹划等事宜。货物在祁县县城外的鲁村经过分装后，大部分要换到大马车上继续北上。

祁县是国家历史文化名城。古城保持和延续了明清时期商业步行老街的风貌，老街上密布着70余家店铺，是清代商业鼎盛时期的茶庄、票号、钱行、当铺、油业、粮行、木器行、货栈、旅店、麻布行、颜料行、肉行、烟业、鞋帽业、漆行、花店业、糕点铺、绸缎庄、杂货店等多种行业的铺面。这些铺面多为前店后坊式的四合院或多进院，屋顶多为双坡硬山顶或卷棚顶，院门多为挑角门楼，雕饰精美，保留了明清时期的传统风貌。祁县茶路沿线的几处货栈、驿道、民居、寺庙等，也用自己的方式记录和讲述着当年茶路兴衰的历史。

● 祁县明清古街

● 祁县乔家大院

（十一）杀虎口

杀虎口，相对于"东口"张家口，称为"西口"[①]，是清代山西唯一的常税关口，"为内地边城总汇，自南出口自北进口，一切货物俱有应征税课"[②]，又是连

---

① 因归化城在清代后期的繁荣，政府税收机构迁移至此，亦有"西口"之称。
② 台北故宫博物院.宫中档案乾隆朝奏折.台北：台北故宫博物院，1982：704-705。

接草原游牧民族和中原农耕民族的边塞贸易之地，是蒙、汉互通有无的重要市场。清代旅蒙商在此请领照票。自清代前期开始一直延续到民国时期近三个世纪，杀虎口作为"直北之要冲"，吸收了晋西北大量移民。军事关隘、驿站、商道、移民文化等多元素文化的激荡、交融、吸收，让杀虎口成了万里茶道上独特的节点。曾叱咤草原的旅蒙商大盛魁，就是由最初设在杀虎口的小号"吉盛堂"发展而来。

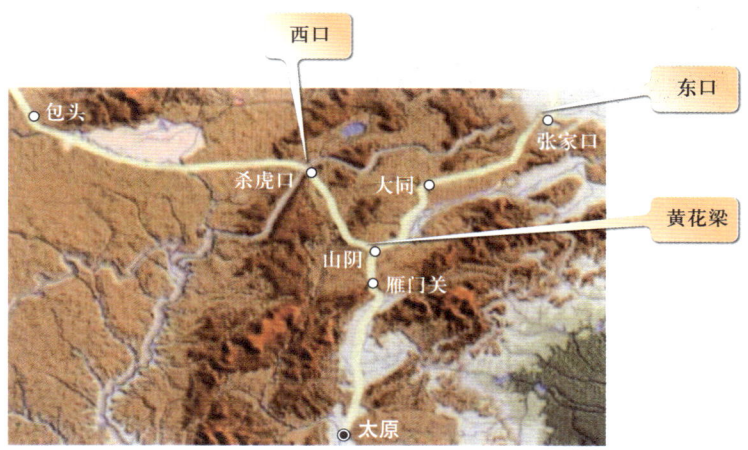

东口、西口及通往东、西二口的黄花梁歧道地图

杀虎口古迹

（十二）张家口

张家口位于华北平原和塞外草原的衔接处，是蒙汉贸易的东路要口，故称"东口"。在中俄商路上，它是著名的张库（张家口—库伦）商道起点，此商路一直延伸至恰克图。张家口也是最大的茶叶出口基地和皮毛集散地，被誉为"陆路商埠""皮都"。

◆ 张家口

早在明代，张家口就有"旱码头""塞上商埠"之称。清初朝廷即招赐晋商"八大家"为皇商，从事随军贸易。随着蒙俄贸易的兴盛，张家口迅速崛起，吸引着来自四面八方的富商巨贾、官僚政客、工艺匠师，使这座古老的要塞异常繁荣。康熙二十二年（1683年），清廷"令喀尔喀（清代漠北蒙古族诸部名称）于张家口、古北口贸易"。

张家口通往蒙古草原和俄罗斯的商道主要有：

（1）张家口—赛尔乌苏（蒙古境内一个枢纽驿站）—库伦—恰克图。

（2）张家口—多伦诺尔（今内蒙古锡林郭勒盟多伦县，山西会馆尚存）—乌珠穆沁（今内蒙古锡林郭勒盟东北部）—海拉尔（今内蒙古呼伦贝尔市海拉尔区）。

（3）张家口—归化城—漠西蒙古（今新疆境内的巴音郭楞蒙古自治州和博尔塔拉蒙古自治州）—乌里雅苏台（今蒙古国西部城市）。

（4）归化城（今呼和浩特）—大同—张家口—北京。

（5）大同—张家口—多伦诺尔。

张家口大境门外，是张库大道的起点。茶叶在张家口分类装载，茶庄雇用驼队和牛车运输。《晋中地区志》记载："康熙三十八年（1699年），太谷、祁县、榆次的旅蒙及旅俄商人中以骆驼和车辆作运输工具的'驼帮'和'车帮'开始出现。"赴蒙、俄的商队，最多时有数万峰骆驼和牛、马。驼队经常数房[①]相随，

---

① 每15峰骆驼编为1队，每队有两名驼倌，每10队结为"一顶房子"。

累百上千,长达几里,首尾难以相望,行于大漠,驼铃叮咚之声飘荡在沙漠旷野,数里外都能听到。长城脚下的大境门内外店铺林立,牛、马、驼成群,货物堆积如山。张家口19世纪末依然繁华,贸易额曾达1.5亿两白银。

(十三)归化城(呼和浩特旧城)

归化城即呼和浩特市旧城,是一座有400多年历史的塞外名城。万里茶路由山西右玉县明长城杀虎口出关,经包头进入内蒙古归化城(今呼和浩特)。

◉ 归化城老照片

以归化城为中心有三条商道:

(1)归化—库伦商道。北出归化城,经古白道翻越大青山后一路北上,途经可以力更镇(今内蒙古武川县)、忽雷板、那林泉、哈必尔嘎井进入蒙古人民共和国后直达库伦。

(2)归化—乌里雅苏台商道。北出归化城,翻越大青山后折向西北,由乌喇忒旗北境进入蒙古人民共和国,向西北方向达乌里雅苏台。

(3)归化—新疆商道。此商道有北、中、南三条路线,其中北、中两线经武川、百灵庙后西行;南路则经包头、宁夏、兰州、凉州后进入新疆,经古城到达乌鲁木齐,南路适于车马行走。[①]

---

① 邢野、王新民.内蒙古十通旅蒙商通览(上册).呼和浩特:内蒙古人民出版社,2008:296。

早在明末清初，归化城的大南街、大北街、大东街、大西街、大召前、小召前、北门、南茶坊等地就已形成商业街区。清代中后期的商贸发展，更让这座城市成为草原国际商业中心。归化城行商坐贾相辅而行。行商不论南来还是北往，都要在这里把自己远途换来的货物交由当地坐商分销，然后再带着新换的货物去往下一个方向。坐商则选择在当地销售，或再包装、加工、制作后分销到全国各地的商号。所以，坐商有时候也是行商。当地著名的商号大盛魁，一方面是各行商的总经销商，另一方面在各地设立货物来源或者分销渠道的小号，同时，它还拥有围绕它的各级各类分销商，所以，当货物在这座草原城市云集后，就会迅速通过分销网络流转到最终的消费者手里。

砖茶、牛羊、票号、喇嘛庙、那达慕大会、骆驼商队、草原驿站等，构成了这座商城独特的风景。

（十四）库伦

库伦是漠北重要的商业重镇，即现在蒙古国的首都乌兰巴托，原属于中国领土。

库伦本意寺庙，1900年蒙古约有1 260座寺庙。在蒙古草原上，寺庙既是信仰中心，同时也是商贸中心，金融、土地等财富中心。贸易围绕着寺庙进行，租用寺庙的土地，获得寺庙的融资，接受寺庙的庇护，也为寺庙人员及朝拜众生提供多种物品和服务；寺庙靠贸易获得更多的财富和权力，同时也扩大着自己在信众中的影响。康熙五年（1666年），围绕蒙古北部最大寺庙集中地的贸易越来越繁荣，为了给贸易提供更好的环境，就在这里建立了城市库伦，后成为蒙古的首都。城中最大的寺庙叫作甘丹寺。晋商在库伦经营着茶叶、金融、皮毛等多种行业的商号。他们与蒙古人交易，会按习俗把手伸进买主的袍子中，在那里比划价钱。交易可能用银锭，但更被蒙古人普遍接受的是砖茶，这是当地最通行的实物货币。

库伦距离中俄边境贸易城市恰克图大约300公里。当年做中俄贸易的商人，将茶叶等货物先行存放在库伦，视中俄需要才将大批货物运往买卖城，以免影响中国商品的市场行情和中国商人的谈判能力。

蒙古甘丹寺

商人在去蒙古途中

（十五）买卖城与恰克图

1727年中俄双方签订的《恰克图界约》，确定了双方的土地边界，同时确定了恰克图为双方贸易市场。俄境内市圈称"北恰克图"；中国境内市圈称"南恰克图"，晋商称其为"买卖城"。两市圈均取材于周边丰茂的林木，是以木制材料建成的两个木城。二者毗连，仅以一木栅栏相隔，交易时"万货云屯，俨然一都会也"①。

视频

万里茶道上的恰克图

买卖城（南恰克图）由山西商人所建，气势雄浑，有城墙、城门和塔楼，城内为中式商铺，建有中街牌坊、关帝庙，如平遥古城市楼。城内有长度不足0.5公里的南北向街道3条（分别称东巷子、中巷子、西巷子），另有东西向横街1条。繁盛时约有140余家字号，均来自张家口或归化城的山西商号。

俄方恰克图为俄式建筑，围绕几座大教堂构建商铺。恰克图的中俄贸易，基本上是易货贸易。即由双方商人在考察各自需求与对方供给的商品的基础上，确定每一件商品的采购数量和价格，最后汇总，进行等价物物交换。在这种交易方式下，各方都希望能用自己的商品换来更多对方的商品，所以，哪一方更团结，哪方便有利。中国商人在分享商品信息、统一对外口径、友好对待商业对手、以集体利益为重方面，达到更高水平，有严格的制度、执行和惩罚手段。

恰克图贸易的增长，让恰克图成为"处处是金"的"沙漠威尼斯"；如同富有的晋商一样，这里也出现了"百万富翁一条街"，商人的财富和城市建设，就像加了酵母一样生长繁盛。

---

① 张穆.蒙古游牧记卷7.太原：山西人民出版社，1991。

作为中俄贸易孔道的恰克图，在18世纪—20世纪为俄国甚至整个北欧带来了巨大财富，甚至成为俄国经济增长的发动机，拉动了很多行业，万里茶道作为经济动脉的作用显露无遗。

清末民初，更多商贸路线出现，俄国十月革命后恰克图贸易几近凋零。如今，买卖城仅存遗址，恰克图变身安静的茶文化小镇。

蒙古边境买卖城遗址

注：原关帝庙一块残存的旗杆底座仍在，远处恰克图老的东正教教堂清晰可见。

第四节　万里茶道商人

万里茶道沿途城镇有许多著名的商人，无论是外茶商还是内茶商，都积累了国际贸易中的丰富经验，坚守以商富国的信念，勤劳起家，创建商号，其中晋商最为著名。

一、外茶商与内茶商

山西茶商在其发展的中后期，因经营地域不同已经区分为两类茶商。一类是由产茶区到东西两口（张家口、归化城）的内茶商，另一类是由东西两口贩茶至边疆各城镇以及俄国等诸国的外茶商。

内茶商做的生意是茶叶加工和国内贸易，外茶商做的生意是边疆贸易和国际贸易。内茶商也可称为纯茶商，只经营茶叶一种商品，主要特征是经营茶叶的收购、加工制作和运销，销售对象以外茶商为主，一般不与其他客户或蒙古族、俄商进行以货换货贸易。

祁县乔家堡乔氏开设的大德兴茶庄（后改名为大德通票号）就是这一类茶商。该茶庄所订章程说明了其特征。章程有："一议：茶山人位，以及屡路发货者。"光绪十四年（1888年）号规中说"屡路发货者"为"市洞两山、东西两口、兴化、营口、周村，以及清源、徐沟、通州、长治等路货人位。""一议，两山采办砖茶，务宜拣好买到，押工齐楚，押砖总要瓷实，洒面均匀，以期到两口不受买主之挑拨。虽云如此，还要四处尽心检点，节省缴费，生意之间，南北相关，总是取利为佳。倘不尽心治理，货色低次，工不精细，必致有碍门市，那时置货者难辞其咎，为望慎勿忽是幸。"① 这说明，第一，张家口、归化城和多伦诺尔、兴化镇是它贩茶往北最远的庄号，再往北就没有它的字号了，所以希望茶货符合质量要求，"以期到两口不受买主之挑拨"。第二，两山是采办茶叶的地方，由两山至两口中间是"屡路发货者"，并不销售茶叶。"两山"又称"市洞两山"，一般指两湖羊楼洞一带茶区。第三，两山是设厂采办加工砖茶的地方，规定有质量指标，不是单纯贩茶的商人。

外茶商也可称为不纯粹茶商，长途贩运以茶叶为主的各种商品，去蒙古、新疆以及恰克图与少数民族和俄商贸易。他们卖出茶叶等商品，买回牲畜、皮张等商品运回内地销售，再收购茶叶，如此反复循环。外茶商一般以张家口、归化城为大本营，采用分号制，将庄号分设在库伦、恰克图、乌里雅苏台、科布多、古城、巴里坤、伊犁、塔尔巴哈台等边境城镇。他们贩运茶叶，均要具呈理藩院请领部票，凭票贩茶。

当然，有的茶商既是内茶商，又是外茶商，直接掌控茶叶生产到销售的全程，获取全产业链利益。如榆次车辋村常氏就是这一类的茶商。常氏大升玉、大泉玉、独慎玉是三大著名茶商，均设在张家口，除分驻恰克图外，独慎玉还去莫斯科贸易。经办茶叶外销的同时，他们在福建、两湖、河南等重要贸易重镇经营茶叶生产、加工和销售业务。大盛魁作为蒙古地区最大的经销商，也在内地遍设分支机构，实现全产业链营销。

---

① 中国人民银行山西省分行，山西财经学院山西票号史料编写组.山西票号史料（增补本）.太原：山西经济出版社，2002：595-597。

二、为茶叶贸易服务的各类商人

除了上面提到的内茶商和外茶商，茶叶贸易的发展离不开其他商人的支持，可以说，茶叶贸易是"纲"，其他产业是"目"，"纲举目张"的产业带动效应，也催生了其他商人。

比如，在茶产区，砖茶要用纸做包装，装箱离不开木箱或竹箱，这就必然带动造纸、竹器等手工业的发展。蒲圻县南山之东有一地方名曰"纸棚，左有洞，右有泉，其居人曰郑氏。凡四十余户，除数耕者外，悉以造纸为业。""治棚下者，百余人，每岁值可获五六千金。凡此数十户，一切食用皆取给于此"。崇阳县也因为茶叶生产发展，带动了木工、锡工、竹工、漆工等行业的发展。

茶叶贸易需要巨额资本投入，同时还需要异地汇兑，所以钱庄、票号等金融业也必须伴随着发展，票号就是茶商们首创的金融机构。除此之外，茶路沿途的舟船业、荷担业、车马驼等运输业、旅店业等，也跟着繁荣起来，各行各业的商人都因为茶叶贸易服务而富甲一方，无数的劳动力也因此有了谋生之途。

三、重点商家

（一）大盛魁商号

大盛魁被称为"中国第一旅蒙商"。康熙年间，来自山西的王相卿、张杰、史大学三个小伙子，因生活所迫，先是在北征的费扬古将军部队中做厨夫、杂役，也兼采购部队的日用品，慢慢熟悉了蒙古人的礼仪习俗和交易方法。康熙亲自统兵出击噶尔丹时，他们又和许多山西商人一样，肩挑车推着许多货物随军行进，部队驻扎时便做随营贸易。战争结束后，三人合伙创立"吉盛堂"。贸易初具规模后，遂成立大盛魁堂号，历经雍正、乾隆、嘉庆、道光、咸丰、同治、光绪、宣统各朝以及中华民国时期，直到1938年歇业，前后维持了240年左右，成为垄断漠南漠北的最大商号。

随着业务的扩大，大盛魁将总号迁往归化城，在乌里雅苏台和科布多设立分号，在全国各地设立小号。归化城是大盛魁各项经营活动的指挥中心。它把从全国各地采购的日用百货集中于归化城，缴纳税款，领取票照后，以自养的骆驼队为运输工具，运到乌里雅苏台和科布多，再向蒙古各部销售。从这两个地方换回的牲畜、皮毛、药材等再集中于归化城，转贩到全国各地销售。

大盛魁极盛时期有员工六七千人，流动资本在1 000万两白银以上，大小分号、联号20多个。设有茶庄、绸缎庄、钱庄、票号、车马店等各类型小号，以实现多业互助共赢的目的。运输商队拥有1 600余峰骆驼，用于看守羊群、马群、帐篷并传送情报的狗多达1 200余条。其经营范围上至百货，下至葱、蒜，无所不包。大盛魁有专营茶叶的三玉川和长盛川两大茶庄，每年经归化城运往乌里雅苏台和科布多的砖茶就有4 000箱以上。大盛魁在蒙古市场上可谓一呼百应，围绕其开展业务的"卫星"小商号不计其数，能和大盛魁做业务，成为其分销商，是这些商人最高的荣耀。因为大盛魁的巨大影响力，归化城市场上的一些重要商品，必须由大盛魁做开盘行市，如果大盛魁的货没运到，就必须推迟开盘。

（二）祁县渠家

祁县渠氏家族十四世渠同海于乾隆时期在包头走西口致富，创"长源厚"商号，经营菜园、粮食、食油、茶叶、钱庄等业。十五世渠映潢继承父业，于乾隆、嘉庆年间增设了长源川、长顺川两个大茶庄，经销于西北各地及蒙古、俄国，直至欧洲，获利极丰，资本金有400万两。太平军攻占南京后，渠家迅速转往两湖经营茶叶，当时仅长源川茶庄每年从两湖运出的茶叶即达百万余斤。光绪年间，渠源潮改办长裕川茶庄，总号设在祁县城内，在汉口、长沙、南昌、扬州、归化、张家口、天津等地共有分号十余处，遍及半个中国。渠家在张家口开设的茶叶店，最为著名的商号是长裕川，也是开店时间最长的一个老字号。渠家在祁县城内有规模宏大的建筑群，曾号称"渠半城"，现存部分院落以"渠家大院"和"茶庄博物馆"向社会开放。

（三）祁县乔家

乔氏祖先于乾隆初年到包头靠卖豆腐谋生，1757年创"广盛公"字号，1801年左右获厚利，遂创"复盛公"等经营粮油至钱庄的系列"复"字号。慢慢称雄包头地面，民间有"先有复盛公，后有包头城"的说法。1810年左右，创大德诚、大德兴两大茶庄，深入两湖茶区，成为中俄茶叶贸易中的劲旅。乔家与其他晋商一样，除经营茶叶贸易外，还经营粮油百货、钱庄，尤其是后期进入票号市场后，靠诚实守信的经商作风、严格的号规约束、精准的选人用人，金融与贸易双轮驱动，让乔家迅速崛起为晋商中屈指可数的家族。在乔致庸手里，乔家大德恒、大德通等票号在全国各大商埠遍设机构，闻名遐迩。乔家曾给西逃的慈禧太后以殊胜的礼遇，借给逃难的皇室钱款，深得清廷信赖，遂获得汇兑官款的官府业务。乔氏字号是晋商中延续最久的，其恪守中国传统文化的家风、商风令人钦佩。乔家堡乔氏"在中堂"旧居建筑精美，现以祁县民俗博物馆（即乔家大院）闻名遐迩。

❀ 山西渠家大院

❀ 山西乔家大院

(四)榆次常家

榆次车辋村北常始祖常万达[①],从青年时代起就在张家口经营大德玉商号,于乾隆年间率子孙到买卖城从事对俄贸易。大德玉以张家口为基地,通过恰克图向俄国出口茶叶,兼营绸缎等商品。常氏"事业兴隆,肇基于此"。常万达于嘉庆初年病逝,此后三个儿子(人称"三怀")和十个孙子(人称"十秉")大都承袭祖业,长年在外经商,从而使北常家族的商贸事业飞速发展,在恰克图的贸易规模不断扩大,有资本100余万两。道光六年(1826年)新设大升玉商号。道光十二年(1832年)增设大泉玉商号。咸丰三年(1853年),太平军攻占南京后,常家转移到两湖交界的羊楼洞、羊楼司一带扩大茶叶种植,大量收购加工。同治五年(1866年),常家再设大美玉商号。光绪五年(1879年),又开设独慎玉商号,并以独慎玉名义在莫斯科设立分店,构成了以大德玉为总号,四大商号在恰克图联袂经营的对俄贸易格局。按《山西外贸志》记载,在恰克图从事对俄贸易的众多商家中,经营历史最长、规模最大者,首推榆次常家,尤其到晚清,在恰克图十几个较大商号中,常氏一门独占其四,堪称清代的"外贸世家"。车辋村常氏是晋商中典型的儒商家族,极端重视子弟的教育,文化底蕴相当深厚,出过常麟书、常赞春、常旭春和常燕生等近现代著名文人。现在经过修复后的常家庄园规模宏大,已开发为旅游景点。

山西常家庄园

---

① 常氏家族发迹后,氏族分居,分为北常、南常。北常以常万达为代表,南常以常万己为代表。

（五）茶商程化鹏

程化鹏，山西忻州人，自幼聪颖过人，从小于归化习商，经商颇具魄力，且善分析商情，捕捉战机。咸丰初年，中俄贸易前景看好，他就由内地加工贩运茶叶及棉布、绸缎、器皿等抵西伯利亚转售俄国商人，大获其利。随着中俄贸易的快速发展，理藩院对华商严格的"信票"管理，越来越束缚了贸易的发展，许多无法取得信票的商人不得不辗转走私获利，却遭到清廷的严厉处罚。程化鹏深感这一规定的弊端，毅然赴京上书理藩院，详陈华茶出口之利，然后着重列举领取信票制度"病商业、损国课"的种种弊端，恳请朝廷放宽贸易规定，允许更多茶商赴恰克图与俄国人直接贸易；同时要求明确规定税则。清廷认为，程化鹏所奏，利国利商，于是咸丰皇帝批曰"准行"。从此，归化、多伦衙门都可承办发放信票，且允许茶商在归化设肆，将茶叶运至恰克图、塔尔巴哈台等处，与俄国人直接交易，于是山西茶商蜂拥而至。清廷为嘉奖程化鹏上奏之功，还特准其代发信票。由此，恰克图的山西商号迅速翻倍，增至120多家。茶叶销售额亦逐年增加，由年输出额600万卢布增加到1 000万卢布以上。程化鹏之举不同凡响，并为山西商人开辟了一大利源，大受山西商界赞赏，被誉为"商家领袖"。

第二次鸦片战争至同治初年，沙俄与清廷签订了《中俄瑷珲条约》《中俄北京条约》《中俄陆路通商章程》等许多不平等条约，取得了上海、宁波、福州、厦门、广州、台湾、琼州、天津诸海口通商特权及减免关税待遇。此后，俄国商人长驱直入，侵入我国内地进行商业活动。他们学会了制造砖茶，在湖北产茶区建立了茶厂，直接收购加工茶叶，通过货轮运输回国，不再与买卖城的山西茶商交易。其时，山西茶商茶叶加工技术和运输工具均落后于俄商，而运输又须经过数十道关卡，所付关税还大大高于俄商，故根本无法与俄商竞争。山西茶商纷纷破产，勉强维持者也赔累不堪。同治七年（1868年），买卖城的山西商行只剩4家苦苦支撑。在此关键时刻，程化鹏和余鹏云、孔广仇等山西茶商挺身而起，请绥远城将军裕端转呈朝廷，要求"由恰克图假道俄边行商"，并奏请减轻山西茶商关税。若以这一奏请行事，不但晋商能起死回生，且对维持清廷经济基础大有裨益。清廷出于维护政权的需要，批准了程化鹏等人的请求，关税由每票（约12 000斤）50两减至25两，并下令取消一切浮费。程化鹏等为山西茶商争得了重整旗鼓的机会，晋商迅速重返恰克图。程化鹏还和不少茶商深入俄国境内，建立分号，开展贸易，与俄商争夺利源，一比高下。同治八年（公元1869年），晋商从恰克图出口茶叶11万担，与俄商从中国内地贩出量持平。此后逐渐超过俄商。如同治十一年（公元1872年），山西茶商从恰克图输出茶叶增至20余万担，高出俄商从中国内地输出量近一倍。程化鹏等为晋商争气，为中华民族争气，敢于率众与俄商抗争的精神值得铭记。

（六）下梅邹氏

福建省武夷市下梅村邹氏也是茶叶贸易中的一支劲旅。邹氏原籍江西南丰，1694年邹元老带着他的儿子们入闽，来到下梅村择居创业。经历了几代人的艰苦创业，邹氏才发展为闽北有名的商贾。地方史料载，下梅邹氏与晋商合作进行茶叶的生产与销售，每年获利百余万两银子，取得成功后，建豪宅七十余座，修当溪建码头，立家祠设文昌阁，大兴土木，传教化，重教育。邹氏家祠是下梅村标志性古建筑，也是武夷山境内保存得最完善的一座祠堂建筑。祠堂门楼气势宏阔，砖雕图案丰富多彩。门两侧的"木本""水源"，是两幅篆刻横批。意思是说一个家族的繁荣昌盛，如树木一样，有赖于深深遍布在乡土中的根；又如江河之水，有赖于源头的涓涓细流，揭示了邹氏追思祖先，不能忘本的理念。

● 邹氏家祠

（七）其他商人

除以上介绍的几大茶商外，山西绛州商帮、陕西商帮也是万里茶道上的劲旅，他们的茶叶主要销往西北市场以及中亚和俄罗斯。陕商和绛州商人在明代中期就远赴西北和北部边关，为明朝驻扎的百万军马服务，同时也是明代茶马互市的劲旅。他们在西北市场的势力一直延续到民国时期。

回帮、京帮、冀帮、津商以及俄商在万里茶道上也都发挥了重要作用。内地商人前往边疆贸易，离不开当地商人在语言和业务上的合作，有的甚至以朋合营利的方式入股经商。京商、冀商得"北京—张家口—恰克图"交通之利，也成为茶叶贸易中的重要力量。天津商人在清末民初远赴西北经商谋生，有"杨柳青人赶大营"一说。天津口岸开放后，成为茶叶海上贸易的重要据点，繁荣程度一度与上海齐名。

光绪九年（1883年），在湖北汉口这个中国最大的茶叶贸易港，汉口六帮茶商因洋商在价格与磅秤上的多方刁难，齐聚茶叶公所，发起联合抵制行动，停止将茶叶卖给洋商，最终赢得胜利。这六帮茶商是广东、山西、湖南、湖北、江西、江南六省茶商，洋商有俄商、英商等外国商人。① 实际上，几乎全国各省的商人都参与到了茶叶贸易中，他们活跃在茶叶贸易的港口、商埠，共同推动了贸易发展。俄商、英商等外国商人的活动，不仅延续了茶叶在陆路和海路的贸易路线，还促进了本国产业的增长，成就了本国的茶饮文化。

第五节　万里茶道历史影响

视频
万里茶道的艰辛

贯通中蒙俄的万里茶道在历史上具有重要的影响力。对中国茶叶相关产业的发展、沿线城市的繁荣、国际贸易市场的开拓和各国各民族间文化的交流起到了推动作用。万里茶道上的茶商精神更是宝贵的精神财富。

一、推动中国茶叶及相关产业的发展

为满足世界大市场需求的茶叶市场，对当年中国在地貌、产业、品牌、技术等方面的影响非常大。福建作为产茶大省，为了生产更多的茶叶，曾经出现"苍岩铲为赤壤，清溪汛为黄流"的景象；两湖地区以前从不制作红茶，也因为贸易的需求，在那个时期遍设红茶庄。茶叶用精致的锡纸包裹，铁罐存储；耐运的茶叶制作成砖茶、团茶、千两茶等。茶叶的类别、等级、形制、包装、运输，无不相互顺应调整，很多技术被开发出来，川字牌砖茶、武夷红茶、安化黑茶和红茶、羊楼洞青砖茶和花茶等品牌涌现，其中川字牌砖茶跨越两个多世

---

① 彭泽益.中国工商行会史料集（上册）北京：中华书局，1995：661。

纪，至今仍为人们喜爱。

繁荣的茶叶贸易带动了许多产业的繁荣。为了换到更多的茶叶，茶叶贸易成了俄罗斯手工工业的推动力；茶叶贸易开发了许多全新的工业部门，并盘活了更多的资本。为了生产更多的茶叶，茶产地商贾聚集，市集、饭店、渡口常人多拥挤。靠茶过活者，有开山者，有摘茶者，有开庄及采装者，有做茶贩者、筛茶拣茶者。除了茶产业，与茶叶包装、运输相关的产业也得到了迅速发展。仅茶叶的包装就为茶叶初级集市带来编织竹篓、制作麻袋、修补麻袋、制木箱、铅片包装等众多手工行业的繁荣。而茶叶运输所引发的苦力荷担业、舟楫业、车马业、驮运业，甚至运输途中歇脚的客店业、兑换银钱的钱庄业、异地汇兑的票号业、抵押周转的典当业、押运保送的镖局业，也得到了空前的发展。

二、促进沿线城镇的发展和繁荣

茶叶贸易促进了商路沿线设施的完备、配套产业的完善、政府和行业管理的规范。南来盐、酒、糖、布、茶，北往骆驼、牛、羊、马，沿同样的路线汇集、运输、四散销售，或与之对流的布匹、丝绸、纸张、粮油、药材、铁器、陶瓷、日杂用品、皮毛、牲畜等，不仅让这条贸易之路更加繁荣，还催生了一批如大盛魁、常氏、邹氏等纵横商海的大商号、大商人；茶路沿线的商镇也因建筑业、服务业、运输业等的繁荣，如雨后春笋般迅速成长。海内外一批城镇的萌芽、发育、成长、发展与繁荣，都不同程度地受到茶路贸易的影响和推动。

三、开创中国茶叶国际贸易市场

万里茶路贸易的繁荣，是清代中国主动开放北方陆路市场，以和平共赢的方式发展国际贸易的大格局、大胸怀的结果。主动拥抱全球市场，实现内外贸结合，不仅让中国经济得以增长和繁荣，同样带动了俄国经济的增长和繁荣，实现了和谐共赢。但是，第二次鸦片战争后，中俄不平等条约的签订，让中国茶商处于不平等贸易的下风：俄商享受水路运输和减免税的便利，中国茶商不仅只能通过艰苦的陆路运输，还需要交付比俄商多10倍的税金；俄商直接深入茶产地，用效率更高的蒸汽机压制砖茶，试图从源头控制茶叶市场。在强敌面前，中国茶商没有悲观示弱，他们一方面引进水压机、气压机，改进加工方法，还从英国进口烘干机，制成质量更好的砖茶，同时利用与茶农的诚信关系，保持茶叶收购市场的优势；另一方面，积极向政府申请降低不平等的茶税，争取到了天津港的水路运输权，还以其人之道还治其人之身，深入俄国腹地开辟市场。

很快，退守归化的华商纷纷返回已然冷清的恰克图，在归化通司商会的统一调动下，数以万计的驼队踏上了赴俄之旅。在很短的时间里，中国商人开设的商号就出现在俄罗斯的东部以及西伯利亚各地。这样的速度超过了对手的想象。不到三年，中国茶商每年向俄输出茶叶已经达到了20万担，数字达到了俄商贩茶的一倍。中国茶商这种自强不息、勇于开拓国际市场的精神，着实令人敬佩。

四、推动民族文化的交流融合

茶产区的人们喜欢小杯品饮，品茶、赏茶、斗茶之风盛行；中原及山、陕、京、津、冀等地的人们喜欢大杯喝茶；游牧民族的人们则喜欢把捣碎的茶砖与奶一起滚煮三次后喝浓郁的奶茶；俄罗斯人将制作精美的大茶壶放在桌子中央，主人与客人围桌饮茶、品甜点。茶叶在各处被愉快地接受，有人享受它带来的清雅、健康生活，有人把它当成生活必需品，还有人仅仅把它看作众多饮料中的一种。茶叶流转之处，都能充分融入当地生活，演绎出不同的茶文化。同时，南北东西的商贸交流融汇，也带来了建筑、服饰、饮食、医药、戏曲、文学、绘画等的融汇。俄罗斯人饭店有山西人爱吃的饺子、包子，且发音完全相同，蒙古地区的很多街道以山西的地名命名，晋商宅院中有江南水乡的风韵，也有俄罗斯坚固建筑的影子……

总之，茶叶贸易使岭南文化、湘楚文化、中原文化、秦晋文化、农耕文化、游牧文化相互交融，在扩大贸易的同时，增进了相互间的友谊。

五、留给后人"万里茶道"的精神财富

茶叶贸易的利益可以吸引各地域、各民族、各国商人们短暂合作，却难以

保证这种合作的持续和扩大。是什么让无数的商人们有效合作，把茶路贸易的蛋糕做得这么大、这么持久、这么有滋有味呢？茶路贸易有形的信息网、交通网、物流网、资金网、人力网背后，一张无形的、闪耀着"诚信义利"商道光辉的商业信任大网是关键：激发掌柜们士为知己者死的东掌两权分离制度；让员工视企业为己出的人力股制度；一言以诺绝不苟且，终身不移的商业伙伴间的相与制度；信义相孚，通力合作，维护正常商业秩序，保护商人共同利益的行会制度；守法爱国，勇于担当社会责任的大商人气魄；"宁叫赔折腰，不让客吃亏"的良商本色……这些信任的关键环节，使大家连为一体，形成合力。商道之魂既能像温热的茶水一样，涤荡商人的灵魂，还能让商业利益生根发芽，硕果累累。当年采茶人说"茶是草，客是宝，茶客不来不得了"，使得200年后的饮茶人还对当年的"川字牌"砖茶念念不忘；恰克图、晋商故里、下梅村，茶路沿线处处有百万富豪，却处处又传颂着美好商德；杀虎口有茶商赞美税官的石碑，中俄茶路贸易在平等合约下进行，是无毒品（鸦片）的绿色贸易。成百成千万的贸易在进行，商人内部却鲜见纷争，外部少见干戈。

扩展阅读文献

1. ［俄］科尔萨克.俄中商贸关系史述［M］.米镇波，译.北京：社会科学文献出版社，2010.
2. ［美］艾梅霞.茶叶之路［M］.范蓓蕾，郭玮，张恕，张行军，译.北京：中信出版社，2007.
3. 茗香万里. http://zonghe.17xie.com/book/10160330/140574.html.
4. 万里茶道网站. http://www.wlchd.roboo.com.
5. 万里茶道申遗网站. http://tearoad.org.cn/index.php/Index-show-tid-2.html.

第三篇 盐路

05
Theme V

第五章
海盐商路

文本
海盐

　　海盐商路是指依托盐业政策的变迁而逐渐形成，以运输海盐为主，同时对于推动沿线城市发展与商贸繁荣具有重要作用的贩运贸易路线。古代政府对营运海盐的线路有严格规定，进行严密的管理。线路主要分三段：一是从盐场到盐仓，二是从盐仓到集散中心，三是从集散中心到行销地。国家设专门管理机构，严查不按规定盐路走的官盐和进入官方盐路的私盐，即使在官河里的官船官盐，也时时抽查，防止有私盐在半路夹进。严格规定和控制盐路，是为了杜绝私盐，让老百姓都吃官盐。其根本目的，在于确保国家税收，也为了居民用盐安全。海盐乃丰厚的自然资源，晒制成本极低，政府将其牢牢掌控，就成为国家财政收入的重要来源。海盐商路不仅在古代食盐贸易中发挥着重要作用，而且是古代粮食、棉花、铜等其他商品贸易的主要线路，对于推动沿海省份与内陆地区的交流以及商路沿线城市的发展与繁荣，起着十分重要的作用。

第一节　海盐商路历史沿革

　　古今各代，海盐均产于现今辽宁、河北、天津、山东、江苏、上海、浙江、福建、台湾、广东、海南等沿海省份。海盐商路从产地出发经盐仓和集散中心到行销地，分水运、陆运两种，以水运为主；水运又有河运、海运之分，以河运为多。最有名的运输河流包括海河、淮河、京杭大运河、长江、闽江、珠江及其支流等。河运主要使用帆船。清末民初，海上商路逐渐发展，运输工具也由过去帆船向海轮运输过渡。近代，随着铁路及公路运输的发展，海盐运输又逐渐向陆路运输过渡。海盐商路也因此进一步拓展。因古代政府对盐的行销区域严格管理,历史上相对稳定并具有历史影响力的海盐商路有淮盐商路、芦盐商路、粤盐商路、鲁盐商路四条。用其四条海盐商路的发展变化勾画全国海盐商路历史沿革的全貌。

一、淮盐路线

古代行盐,原无界分。江淮一带沿海所产盐一般称为淮盐。淮盐生产较早,考古证明已至少有5 000多年历史。春秋末年,吴王夫差为称霸中原,开挖邗沟,沟通长江淮河,向北达至山东北部。开邗沟的主要目的是战争,到汉代大一统帝国建立,邗沟的功能就发生转换,由战争功能转化为物资运输功能,成为淮盐南北向运输的主盐路。东西向运输则主要靠长江、淮河。

2015年全国十大考古发现之一:在江苏泰州(海陵盐仓)与东台(黄海盐场)之间的运盐河畔发现的距今5 600年前的制盐、盛盐器具。(由发现者孙建中提供)

如果说汉代开国皇帝刘邦定鼎江山,惠帝作为过渡,第三代文帝和第四代景帝时则经济大发展。农业税一减再减,以致取消,而国家财政主要靠盐利。其时,封在江淮一带的诸侯大国吴国领有五十多县。吴王刘濞开海煮盐,使江淮一带最早走向繁荣。他在黄海沿岸开辟多处盐场。各盐场之间开河道相通,称之为串场河。在距吴国国都广陵(今扬州)向东100余里处的山陵建仓,命名为海陵仓。各盐场之盐屯储于此。为便于把盐运到广陵,刘濞又从广陵之湾头开辟邗沟支道通于海陵。再从海陵继续向东北、东南延伸,分别达到今东台、如皋一带，仍称邗沟支道，又称运盐河。其中向东北的运盐河到21世纪初改称泰东河。海盐到达广陵后，再通过邗沟主道以及长江、淮河运至吴国各县和各诸侯国。于是，淮盐的三级盐路基本形成：

第一级，从黄海滨各盐场间的串场河和运盐河运盐至海陵盐仓。

第二级，从海陵仓经邗沟支道运盐至集散地广陵。

第三级，从广陵经邗沟主道及长江等路线运至行销地。以后实行盐引制度，则称销盐地为"引岸"。

三级盐路的开辟，为吴国积累了丰厚的财富。刘濞后来领导"吴楚七国之乱"被镇压下去了，但盐路保留下来了。汉代第五代皇帝汉武帝在位半个世纪，南征北讨，张扬国威，建成世界第一强国，主要是靠海盐之利。大汉帝国与西方的世界第二强国罗马帝国，双雄东西并峙，又经丝路相连接，形成地球上一个巨型哑铃。直至近代，三级盐路的基本框架未有大变，各朝代依据实际情况都会进行一些调整。尤其销盐的引岸和盐路，往往随国家财政的需求而设置。

唐武德元年至建中元年（618—780年），淮南通州、泰州地区所煮海盐运销口岸不受限制，沿长江、淮水自由运销，唐贞元元年（785年）淮盐行销到川陕和西部关中大部，影响了北方池盐销售。贞元十六年（800年），榷盐使史牟奏准禁止海盐流入，划分了池盐和海盐各自的行销区域。宋天圣七年（1029年）和元代，两淮盐主要销往江浙、江西、河南、湖广等省所辖各路。[①]明清时期，淮盐主要销往江苏、安徽、湖南、湖北、江西、河南的部分府县。其中湖南、湖北、江西的距离最长。其运输路线大致有3条：一是湖北线。即盐商自泰坝买盐至仪征批验所，自仪征出发，溯江而上，经湖口县入境，经黄梅、武昌，途径1 660里至汉口，又过江7里抵府。[②]可见汉口是淮盐运抵湖广的一个枢纽站。淮盐到达汉口后，再以汉口为据点，通过水路用小船按内河航线分运湖北各府、州、县。[③]二是湖南线。淮盐运至汉口后，分两路进入湖南：一路由汉江上簰洲，绕洞庭湖抵岳州，进湘阴，经长河，过洞庭，进沅江，抵常德、辰州、靖州，由长沙河进衡阳、永州，由益阳河抵宝庆府。一路由洞庭湖过辰州历王村，抵保靖，由王村陆路至永顺、桑植、龙山、永绥。[④]三是江西线。商

---

① 江苏省地方志编纂委员会.江苏省志·盐业志.南京：江苏科学技术出版社，1997。
② 周庆云.盐法通志卷8。
③ 嘉庆两淮盐法志卷8。
④ 周庆云.盐法通志卷8。

贩自泰坝买盐至仪征批验所，自仪征出发，溯江而上至九江，进湖口，行至大姑塘[①]，"停泊青山处纳税"[②]，"除饶州一府另行起驳，吉安一府自行盘运不由省发外，余商之盐，皆运至省城蓼洲（今南昌）"[③]。水商再以蓼洲为据点，用小船将官盐按内河航线分运各县。

清咸丰年间，经太平天国和第二次鸦片战争，盐业衰弱。同时，瓜州等屯盐场所坍陷。长江仪征段江心若干洲渚与北岸相连，形成"十二圩"。同治年间，曾国藩在十二圩新建盐仓，储盐10亿斤，沿长江等线路，运销苏、皖、赣、湘等省。河南等地则由淮安运出。直至1937年日本人占领，十二圩盐仓取消，盐路亦闭。近世江苏则以产运矿盐为主。

二、芦盐路线

古代，长芦盐主要产自今河北省及天津市的沿海各岸。其运输以河道为主，陆道为辅。汉、魏有柳河、无棣河。唐代于永徽元年（650年），疏浚无棣河以通盐运。宋代运盐河有柳河、漳河等。元、明两代有南河、淀河、白河、潮河、海河运盐。清代，随着盐业管理中心逐步向天津转移，长芦盐无论在生产还是运销方面均发生了较大改变。生产方面，地处天津的芦台、兴国、富国、丰财四场成为长芦盐的主要产区；运销方面，除归化、石碑、济民、超支四场外，余者大部分食盐运往天津、沧州商坨，然后再通过南运河、北运河、子牙河、大清河、蓟运河（潮河）运往直隶的全部及河南的部分府县进行销售。销往直隶的食盐，长则数百公里，短则数公里路程；河南的运输路线相对较远，短则数百公里，长则上千公里。为了便于转运及销售，清政府在河道沿岸交通便利的村镇设立盐仓，盐船靠岸卸盐于仓或就地销售，或转运他处销售。

就具体运输路线而言，芦盐通过北运河可运往武清区、香河县、通州等地销售；通过南运河可运往东光县、吴桥县、故城县、清河县、元城县、大名县以及河南省的汤阴县、内黄县、安阳县、滑县、汲县、卫辉府、新乡县等地销售；通过大清河可运往霸州、文安县、固安县、雄县、任丘市、新安县、容城县、定兴县、清苑区、涿州市、蠡县、房山区、祁州等地销售；通过子牙河可

---

① 光绪江西通志卷86。
② 民国江西通志卷22。
③ 张琳，等.南昌史话.南昌：江西人民出版社，1980。

运往河间县、献县、饶阳县、武强县、武邑县、安平县、衡水县、冀州、新和县、宁晋县、隆平县、任县、平乡县、曲周县、永年区等地销售；通过蓟运河可运往玉田区、三河市、平谷区、宁河区、宝坻区等地销售。河道运输一直到1958年才基本宣告结束。

陆道运输，古代长芦盐东部产区皆靠骡马车载运盐。北部诸场多拉至沧州、瀛洲转运。明代至民国初年，北部诸场由场坨沿陆道直运销区；南部诸场由场坨运往沧州、盐山转运。其运输路线有三：今黄骅市范家堡至盐山、岐口至盐山、羊二庄至沧州。①

三、粤盐路线

粤盐行销的范围达两广、赣、湘、闽、黔、滇七省，埠地188个，都以中、北、西、南、平、东六柜和潮桥共七个地区作配运。粤地盐产集中在沿海的盐场，主要靠沿岸海运和珠江河道的水运网作自南向北的输送。政府为了统一控制食盐的行销，防止私盐，把广州和潮桥作为总的食盐配运中心，各地盐产先发至这两个中心，再溯西江、北江、东江、韩江转输到各埠，但也有的盐场离埠地近，直接在场中进行调配运埠。

食盐的运输主要分为珠江水系、韩江水系、高雷地区和海南岛四个系统。粤盐商路的形成，主要依托珠江水系而成。珠江水系以广州为盐运中心，沿海盐场的盐产沿海岸运输，入珠江口，至广州东汇关，然后分别从西江、北江、东江转运。西江水道的盐运是溯西江上达于梧州，再分途入贺江、浔江、桂江，转输于广西全境。粤盐运往贵州则溯西江到梧州过秤，经浔州、柳州抵达贵州的古州埠。运往云南则从梧州转输南宁，入右江经百色入云南境内。北江水道的盐运有三途：溯北江上入武水，经乐昌平石壳运销至湖南境内；溯浈水到南雄过大庾岭的梅关入江西大庾、南安可下达赣江，也可从乌迳新田村入江西转输各埠；从连江口入连江，过连县，经星子到达湖南临武，再转输湖南埠地。②

除水运通道外，粤盐运输还有众多陆路通道。据史料记载，明末至民国数百年来，粤东客家地区盐丰粮缺，江西多粮少盐，粤、赣两地商人纷纷前往产

---

① 河北省地方志编纂委员会.河北省志.北京：中国书籍出版社，1996。
② 周琍.清代广东盐业与地方社会.北京：中国社会科学出版社，2008。

地贩运盐、粮。由于彼时粤、赣两地交通不便,大山横亘,水路不通,两省通商多走山路,货物由人力肩挑肩负,陆路挑盐通道因此形成。

四、鲁盐路线

人类文明史上记载的第一个盐工的名字夙沙即产生在山东沿海。春秋齐国管仲首次将盐利收归国有,并开辟盐路,行销各诸侯国。《国语》称其"通齐国鱼盐于东莱"。他还修筑商路,路旁建有旅社,采取优惠措施,吸引各国商人前来购买盐和其他物品。春秋时期,齐国所产之鲁盐,顺济水往西南运输,分销宋(今河南商丘附近)、卫(今河南滑县附近)、濮阳之地,更于河南武陟广武之间入黄河,上溯以达山西、陕西南部之梁、赵,远销至数千里之外,从而齐国强盛,成为五霸之首。唐宋以后,鲁盐主要销往山东全部及河南、江苏、安徽部分府县。鲁盐有引盐、票盐之分。因此,不仅各盐区的行盐有疆界,鲁盐行销的引盐、票盐之地也各有界限。引盐除行销本省外,还行销河南、江苏、安徽三省,即引盐共行销四省府州州县—卫,皆属商运。票地则包括民运票地和商运票地。商运票地行销济南府、泰安府等六府州县,而行民运票盐之地,则集中在登州、莱州、青州三府州县滨海之地,相当于今天的山东半岛。[①]可见,鲁盐商路的大致路线为:从产盐地青岛、烟台等地出发,通过水路或陆路,运往河南、江苏、安徽等省。

随着江苏海盐逐步被矿盐所取代,如今山东已成为全球最大的海盐产区,产能有所过剩,新的盐路正在探索。

第二节 食盐专卖制度

专卖制度一般是指国家对某种特定产品的产运销全过程或部分环节实行垄断经营的制度。中国的食盐专卖制度历史悠久,据史书记载是 2 600 多年前春秋时期齐国丞相管仲创建了这一制度,管仲依据齐国海盐资源丰富的优势,创制了食盐民产、官收、官运、官销的官营制度。此后,食盐专卖管理制度自秦而

---

① 纪丽真.明清山东盐业研究.济南:齐鲁书社,2009.

汉，自汉而唐，下至宋、元、明、清，日趋完善，在中国历史上影响深远。

一、食盐专卖制的形式

食盐专卖制度在不同时代背景下，对产、运、销环节采取了不同管理方式，分为五种形式。

一是部分官专卖，即狭义专卖。以民制为主、官制为辅，凡民制之盐，须由政府尽数收买，由官运销，如春秋时管子盐法。

二是全部官卖制，即广义专卖。凡产制运销，皆收归政府，完全为国有营业，如西汉武帝时期之盐法。

三是就场官专卖，亦可称为间接专卖。产制归民，由政府收买，转卖于商，归其运销。如唐代刘晏推动实行的盐法、宋中叶及金、元与明代万历以前之盐法。

四是官商并卖，亦可称为混合专卖。将行盐地方划分为二，一由官运官销，一归商运商销，各有经界，互不侵越。如五代、宋初及辽元金之盐法。

五是商专卖，亦可称为两重专卖。即政府将收买运销之权，授之专商，而居间课其税。如明末及清代之盐法。中华民国时期主要实行专商引岸制，仍为商专卖制。

表5-1为我国盐税制度概览表。

表5-1　我国盐税制度概览表

朝代	税制	说明
春秋、战国	专卖制确立	公元前685年，管仲相齐，创食盐官营制度，实行专卖政策
秦、汉	① 征税制 ② 专卖制	1. 秦帝国建立后，食盐官营，实行征税制。 2. 西汉武帝中期后实行专卖制度
三国两晋 南北朝时期	① 专卖制 ② 征税制	1. 三国时期，魏、蜀、吴的盐制皆趋重于专卖制。 2. 西晋承袭曹魏之制，实行食盐专卖制。 3. 东晋，实行食盐官营政策。 4. 南朝，采用征税制。 5. 北朝，专卖制与征税制并行
隋、唐	① 无税制 ② 专卖制	1. 隋朝至唐中叶属于"无税期"。 2. 安史之乱后，国家财政出现困难，遂复专卖制
五代十国	专卖制	改过去的商运商销为官运官销

续表

朝代	税制	说明
两宋	专卖制	官运专卖与商运商销并举
元朝	专卖制	实行引岸专商制,由商人购买盐引以换取引票
明朝	专卖制	实行"开中法",即由政府控制盐的专卖权,根据边防需要出榜招商,然后凭引到指定的盐场支盐,并在指定的地区销售
清朝	专卖制	实行"引岸专商制",以"官督商销"为主要特征。政府控制食盐专卖权,招商认引,并设立相关的盐政衙门
民国	① 征税制 ② 专卖制	1. 抗战初期,实行官制、官收、官运、商销;后期,又改行专卖制,停征盐税,寓税于价,开征食盐战时附加税。 2. 1945年停止专卖,恢复征税

二、食盐专卖运营方式

中国传统社会的食盐专卖制度使盐路上商品运营方位明确,对保障军队和百姓生活用盐发挥了重要作用,还成为国库充盈的主要来源。随着时代的变迁,市场愈来愈开放,商人愈来愈活跃,到了明清时期,商帮群体的崛起促进了商品流通的发展,食盐专卖运营方式随之不断变革,历史上出现了具有一定影响力的专卖运营方式。

(一)盐钞法

盐钞,亦称为钞引。宋代官府发给商人领盐运销的凭证。宋仁宗庆历八年,范祥创行钞盐法,钞盐制成为宋代食盐运销的基本体制。按钞盐法,商人请盐不再入纳粮草等实物,一律改用现钱,计钱给券,谓之盐钞。

宋徽宗时,宰相蔡京于政和三年(1113年)改盐钞法为行引法。其分盐引为长引和短引,长引销外路,短引销本路;确定批、缴手续和缴销期限(长引一年,短引一季);限定装运重量和盐价;编立引母号簿;每引一号,前后两券,后券称引纸,商人缴纳包括税款在内的盐价领引,凭引支盐运销。明万历以前行官专卖引法,即民制、官收、商运、商销,其时引是盐商纳钱(或粮)领盐运销的凭证。万历四十五年(1617年),改行专商卖引法,即民制、商收、商运、商销,当时称纲法,引又成为引商或纲商的根窝或窝本,为专商垄断权的依据。

（二）开中制

开中制始于明代洪武三年，商人输粟边仓，供给军需，政府以盐偿之，名曰开中。初仅限于大同、太原二仓，输粟一石三斗，给盐一小引。明正统二年（1438年），有纳铁中盐，成化九年（1473年）又有纳马中盐，均为开中法之变例。明洪武三年（1370年）募商纳米中盐。盐米折合比例，按盐的质量等因素而定，贵州普安纳米6斗，给淮、浙盐200斤；纳米2石5斗，给川盐200斤。乌撒纳米2斗者给淮、浙盐200斤；川盐亦如普安之例。明代战争频繁，马匹短缺。贵州马小而健，适应性强，朝廷乃在罗甸设市马司，以盐换马，谓之盐马贸易。万历年间废除开中法，以纲法代之。凡向朝廷交纳盐税者，即列入纲册，有运销食盐专利权，核定运量，制定四川产地购盐，运入境内销售，初步形成购盐有定场，运盐有定量，销盐有定岸。康熙二十五年（1686年）复准仍食云南盐，但川盐贱而滇盐贵，康熙三十四年（1695年）复准普安等处改食四川盐。

（三）引岸制

引岸制度是根据食盐产地的所在和运输路途的远近，将全国划分为若干个食盐消费区域，实行区域化供销的一套严密的食盐运销制度。其目的是保证国家的盐课收入，使商人将产地产量极不均衡的食盐均匀地分布于国内各地，可使不产盐的偏远之地的百姓不乏盐淡食，从而稳定社会秩序，国家又能从中获取巨大的盐利。清政府为了推行引岸制度，建立了一套较为完备的法制，包括划分引岸、按纲行引、按盐法规定的方式运销以及在运销中商人和盐官的法律规制等。食盐销区的划分实行销界制，政府在制定销界时，一方面固然要考虑到供给军民就近食盐的需要，但更重要的是达到稳定各地食盐供求状况的目的。

三、交易往来的商品

海盐商路运销之商品，运出的主要以食盐为主，运入的商品因路线之不同而有所差异。如淮盐从扬州溯江而上运往湖广、江西，待食盐销售完毕后，回空盐船通常又会将湖广、江西所产粮食、竹木、棉花、棉布、茶叶、药材、烟草、陶瓷等商品以及铜、铁、锡、石膏等矿产品运往沿江各口岸销售。粤盐运往云南，两省向来以盐、铜互换以互通有无，两省派员轮流办货，逢粤省输办之年，粤派人运盐赴云南，将云南应支付的铜运回广东，第二年则由云南派员运铜至广东，再将应交的铜价买盐运回云南。嘉庆年间，云南每年从广东买盐万余斤，因为两省的盐铜互易，广东把盐运至百色，云南把铜运至剥隘，再由本省委托人接收转运。粤赣商路上，由于粤东客家地区盐丰粮缺，江西多粮少盐，因此，运往江西的是食盐，运回来的则是粮食。从明末至民国数百年间，向来如此。鲁盐通过商路运往河南、安徽、江苏各省，运出的是山东青岛、烟台等地所产海盐，运回的则是上述各省所产的粮食、茶叶、高粱等物产。

第三节　海盐商路沿线城镇

海盐产销与运输的发展，推动了海盐商路沿线城市繁荣。这些城市，有的是盐业生产的重要产地，有的是盐运中转集散地，有的是盐业管理机构所在地，有的是盐商云集之地，有的城市兼具以上功能。这些城市因盐而兴，不仅商业繁荣，而且文教并举，成为我国乃至世界范围内的历史名城。

一、扬州

我国历史上诸多城市的发展与繁荣均与盐密切相关，如四川的自贡、山西的运城和江苏的扬州等。将扬州称为"盐城"一点也不为过。但与自贡、运城不同的是，自贡、运城是因为食盐生产而闻名天下，并因此成就了历史上自贡、运城的发展与繁荣。而扬州则是因为盐业贸易与管理的发达造就了其自身历史上的兴旺发达。自从汉代的刘濞在广陵煮海为盐之后，盐业就一直是扬州最重要的经济支柱。

首先，从盐业管理角度看，古代中国有四大盐业总管机构，分别驻守于直隶的天津、浙江的杭州、广东的广州和江苏的扬州。其实早在明代甚至更早，朝廷就已把四大盐业总管机构之一——两淮盐运使司（或称之为盐院）设在了扬州，扬州也因此成为全国最大的食盐集散地。大量的盐商聚集于扬州，不仅造就了扬州盐业贸易的繁荣，更推动了扬州城市建设的发展。

再就盐业贸易看，扬州盐业贸易的兴衰与扬州的繁荣与衰败可谓休戚相关。有这样一些数据可以说明扬州这个城市在鼎盛时期的地位。例如，乾隆三十七年（1772年）扬州盐引销售量1 529 600引。1引等于200～400斤，1引盐在海滨价值0.64两白银,运到扬州后加上运费、盐税,达到1.82两左右,从扬州运到东南六省(江苏、安徽、河南、江西、湖北、湖南),零售价10两左右。扬州盐商每年赚银1 500万两以上,上交盐税600万两以上,占全国盐课的60%左右。就经济规模而言,这一年中国的经济总量是全世界的32%,扬州盐商提供的盐税占了全世界8%的经济总量。就人口规模而言,扬州人口50万,居世界第六。就文化地位而言,扬州排名世界第一,第二是北京,第三是罗马,第四是巴黎。

盐业贸易的发达,使扬州很快就成为当时著名的商业城市。澳大利亚社会学家安东尼亚芬安妮曾经这样描述历史上的扬州:"有时候商人云集,有时候士兵云集,有时候混而有之……战略地位的重要性使得扬州在发生政治冲突的时候成为军事堡垒,在统一时期又转变为繁荣的商业中心和文化中心。"扬州成为这样一个舞台:商人和军人交替演出,你方唱罢我登场。明清时期的扬州无疑是后者,政府把盐业垄断管理机构两淮盐运史和两淮盐运御史设在扬州,使扬州成为全国最大的食盐集散地。

● 古代扬州盐业贸易图

扬州也是明清时期著名的消费城市。当时的社会上有种说法,叫作"扬气"。所谓"扬气",就是扬州味儿。在那个年代的中国,扬州是领风气之先的时尚之都。

这个城市的盐商在疯狂消费的过程中逐渐形成了自己特有的市民文化和高度专业化的消费市场。盐商喜欢优美的居住环境,于是形成了成熟的园林建筑市场,养活了大批的花匠、瓦工、木工;盐商喜欢灯红酒绿,于是扬州出现了发达的戏曲艺术和戏院；盐商喜欢山珍海味，于是出现了淮扬菜系和名厨；盐商喜欢悠闲，于是出现了大量的茶馆和澡堂。足见，盐商的消费导致了整个城市的繁荣。

二、仪征十二圩

仪征作为扬州盐商转运淮盐的商贸中心，是另一座因盐而盛的城市。曾经作为淮盐中转的重要港口，仪征的繁荣和发展与淮盐的运销管理有着千丝万缕的联系。历史上淮盐运输的繁盛，成就了仪征"风物淮南第一州"的美誉。早在唐宋时期，仪征就凭借扼江、淮、运（河）之襟要的地理优势，成为全国漕运、盐运和货运的中转枢纽；到了清代，仪征发展成为全国最大的盐运中转集散地，也因此成为我国历史上唯一靠盐储存中转而迅速崛起的盐都。在仪征的十二圩，更是保存了许多盐业遗迹，如专门供两淮巡盐御史暂住的仪征使院、总管淮盐的两淮盐务总栈、存放食盐的堆栈、装卸食盐的盐运码头、各地盐商聚集的盐商会馆等。

十二圩地处长江边，西与仪征市区相连，东距扬州55里，江面水流平缓，水域宽阔，而且这段江堤地势较高，地理环境优越，是仪扬运河入江处的江湾码头。另外，仪扬河与运河相通，河道宽深，驳运方便。所以运盐船喜欢停泊江边，锚地有20多里长。康熙初年，江淮间发了一场大水，后来老百姓筑圩17道，现今的十二圩当年就处在第12圩坝地段，故称十二圩。

清代长江盐港

历史上的十二圩是盐业运输的中转港站，曾经因盐而繁荣昌盛。清道光年间清政府设淮盐总栈，初设于泰州，后迁至瓜洲，由于江流冲刷，瓜洲江岸不断坍塌，威胁盐栈。为了淮南几十万引盐的行销大计，在当时盐政李宗羲、盐运使方浚颐的主持下，决议迁栈。经过实地勘查和综合分析，决定将盐栈由瓜洲迁往十二圩。同治十二年（1873年）十月十五日，清政府在十二圩建仓立衙，命名为"扬子淮盐总栈"，规定凡运销扬子四岸（皖、鄂、湘、赣四省）的淮盐，必先运至十二圩，再用帆船运往四岸及本省外江各地。十二圩也因此成为扬州港转运淮盐的中心。自此，十二圩成为两淮盐务汇集转运重镇。盛时有整齐街市5里，注册商铺400家，人口20万，人称"小上海"。

盐栈每天进出场之盐一般在六七万包，盐务活动十分繁忙。每天黎明之际，总栈一声炮响，三十多米高的旗杆上立即升起蓝底白字"卤"字大旗（卤即盐），十里路外即可望见。于是，七镇八乡以盐务为生者以及仪征、龙河、朴席一带以扛盐为副业的农民便纷纷起来。如果只听炮响不见升旗，就不必徒劳往返。盐场上的工种很多，场内外有过浦、上河、大杠、小杠、拥工、施秤、添减、捆工、堆工、过锹、扦工、站场、清场、绞包、计筹、跳行、盘堆、封堆、看堆等名目，但主要出劳力的工种是扛盐（进场）、抬盐（出场）、堆盐（作铁轨车推盐）三种。

正常情况下，停泊在十二圩江面上的盐船多达2 000余艘，专门运销湖南、湖北、江西、安徽四大岸盐16 000包（1 200吨），小的也可装盐960包。大船主要运往湖南、湖北、江西各口岸，小船主要运往安徽各口岸及江苏沿江内河各县。由于盐船众多，船工水手的人数约三四万人。他们来自上江各口岸，为了维护自身的利益，各自分帮建立了同乡会。除建立苏、皖、鄂、湘、赣各大帮会馆，还建立了若干小帮会馆，开始称为十八帮，经过后来的发展变化，已大大超过十八帮的数字。

十二圩十八帮，每到五月头，帮会间就会展开竞舟赛，热闹非凡。苏、皖、鲁、鄂各帮人士，正月里都要请家乡剧种来十二圩搭台唱戏，仿佛又是一出竞赛。

这样的兴盛场景只持续了六十多年。先是受海运及铁路运输的影响，接着又因国民党政府颁布"新盐法"而遭到挫折，后又遭日寇侵华炮火的轰击受沦陷之苦，十二圩逐渐消失在人们的视野之中。

今日十二圩扬子中学校门，便是清朝淮盐总栈——扬子淮盐总栈的门楼。

由其南行约2公里就是十二圩的老街。老街位于十二圩镇中，系东西走向，从头帮到尾帮总长5里。街上铺着麻黄石，沿街两旁建有数百间店铺，同时还有众多因商业而建立的会馆，如湖南会馆、江西会馆、安徽会馆等。沿街两旁还建有许多存放食盐的堆栈，如今这些堆栈大多数都已改成了居民住宅，失去了往日之繁华。

三、泰州

千百年来，泰州与盐结下不解之缘。泰州产盐历史悠久。据史料记载，古泰州淮南地区煮盐史有2 300多年。翻开泰州的历史，就是一部盐业演进与城市变迁相互交融、相互发展的历史。历史上的泰州既是产盐之区，又是运盐之道；从汉代开始直至民国，食盐产销与运输一直伴随泰州的发展。

古代泰州食盐的生产与加工

历史上的泰州，是全国重要的海盐产区。春秋时期，吴楚"东煮海水为盐"，即在泰州一带。汉代设海陵县，泰州海盐生产规模开始快速发展，其产盐量曾经占全国之首位，是我国淮盐发源地。据诸史料记载，我国古代海盐主体部分是淮盐，淮盐主体部分是古泰州淮南大盐场。在清代两淮23盐场中，泰州分司辖区的盐场就有11处，煮盐灶丁人数占两淮盐场总人数的73.66%；卤池17 036口，占总卤池数的54.2%；亭场17 932处，占总亭场数的76.6%。西汉初年，为了医治秦末战争创伤，朝廷推行了一系列与民生息的政策，其中一项就是弛山泽之禁，放松了对山海资源的控制，取消了食盐的官营政策。一些权贵、豪强和富商大贾们乘机垄断盐业，役使成百上千的奴僮和逃亡的农民从事煎煮以获盐利。就在此时，吴王刘濞在地处江淮沿海之间的古海陵地区，利用其得天独厚的煮盐之利，开始了大规模的煮海为盐，泰州产盐规模因此开始快速发展。西汉以后，古海陵县作为我国海盐生产的主要地区之一，一度成为魏、吴争夺的主战场。

唐代中央政府对盐业开发高度重视，海陵盐业再次显耀在中国盐政舞台，其年产盐量高达60万石，成为全国盐产区四场十监中产量最高的地区。唐玄宗开元元年（713年），唐王朝在泰州置盐税官，管理沿海各盐场。当时全国共有六大盐区，两淮盐区为全国六大盐区之首，泰州又是两淮盐区之首。由于海陵设立了盐官，更加促进了海陵盐业的生产。

北宋宋徽宗时给予盐商优惠待遇，使越来越多的商贾富豪把目光转向盐的专卖，千万艘船舶涌向淮东盐仓场。南宋时，泰州曾创下中国盐业专卖史上的惊人纪录：泰州盐仓场一年内支发40万袋，创一仓支盐1.2亿斤的全国最高纪录。

明朝初年后，朱元璋首先看到了淮南盐场中泰州盐场对国家赋税的重要地位，于洪武元年（1368年）将两淮都转运盐使司设立在泰州，下辖泰州、通州、淮安三个分司。泰州分司下有富安、安丰、东台、草堰等十监课司。永乐二年（1404年），泰州通往东台联结盐场的泰东河开挖而成，给淮盐运输增加了一条新的水上便捷通道。运盐的路程缩短，效益提高。盐船到达泰州后，不能穿城而过，需在泰州过坝。无数的盐船到泰州后，要人工挑抬盐包过坝，盐多、船多，人力与道路所限，不能随到随运，总得等待，于是各种商铺不断开办起来，居民逐渐在这里聚集，人流量猛增，泰州城北从此喧闹起来。泰东河的开通，作为又一大动力，推动着泰州的发展。

顺治年间，清政府为杜绝从盐场夹带到泰州的私盐，在泰州设置泰坝监掣署，对泰州及通州所属各盐场的盐船进行检查。泰州所属十一场盐船规定在赵公桥停顿，从板桥将盐包抬过坝检验后，抬到坝南边的护城河的船上；通州所属各场盐船在泰州南门检验后，换船续行。

泰坝监掣署初设时，官员船上办公，并无衙署。雍正十二年（1734年）高凤翰接任泰坝监掣官。这位后来成为扬州八怪重要人物的高凤翰，在泰州北门外西仓大街（今大浦小学对面）建造了泰州监掣署衙门，规模宏大，有房屋51间。乾隆年间两江总督正式请给泰坝监掣署"淮南监掣泰坝官"关防大印，泰坝监掣署成为泰坝衙门,"泰坝"后来就成了泰州的代名词。

丰盛的海盐资源、发达的海盐运销,使泰州繁华一时,这种情形一直延续到清朝末期。清宣统三年(1911年),腐败的清王朝灭亡,中华民国诞生。民国元年,南京临时政府决定裁府废州,泰州改称泰县,县衙仍设在原地。南京临时政府成立后,张謇出任实业总长,兼两淮盐政总理,他力主淮南盐区的结构调整,自此盐场由淮南逐渐转移至淮北,泰州盐业一落千丈。

四、淮安

淮安这座历史文化名城与盐有着长达2000多年的不解之缘。说起淮安与盐的关系,不得不提淮安的河下镇。河下,有南北两处,南河下在扬州,是为扬州河下;北河下在淮安,是为淮安河下。淮安河下地处淮安城关厢,淮安西北古运河畔,是当年大批徽州盐商聚居之地,至今仍然保持着明清时期的小镇风韵。

❀ 古代淮安城市样貌

与扬州河下一样,淮安河下兴衰的决定性因素也是盐业。可以说,明清时期盐政制度的因革,淮北盐运线路、掣验场所和集散地的变迁,都与河下的繁华、寂寞息息相关。

明初,在扬州设两淮盐运使司,下辖通州、泰州、淮北三分司,淮北分司署驻涟水城,淮北掣验所则在涟水城南淮河岸边的支家河口,故涟水一时"百万盐策辐辏"。由于明中叶以后黄河全流夺淮入海,苏北水患日趋频繁,涟水等地日益频繁地受到洪水的威胁,曾多次因河岸崩塌而使掣验所圮毁。在此形势下，淮北盐运分司不得不由安东（今涟水）城迁移至淮安河下，而淮北批验盐引所改驻河下大绳巷，负责护盐的淮北巡检则移驻乌沙河。淮北"产盐地在海州，掣盐场在山阳"，河下这一小镇遂成为运河之上淮北盐运的必经之地。随着盐务机构的迁移，更多的淮北运商卜居淮安河下，"淮北商人环居萃处，天下盐利淮为上"，遂使河下达于极盛。现今河下湖南会馆、新安会馆等遗址，便见证了当年盐商云集、繁荣兴旺的景象。据《淮雨丛谈·考证类》记载："郡城著姓，自山西、河南、新安来业鹾者，有杜、阎、何、李、程、周若而姓……"与此同时，还有从扬州迁居淮安河下的盐商，如程量越一支。程氏由歙迁淮者凡数支，清初在淮安业鹾者有13家，皆极豪富，当时有"诸程争以盐策富"的说法。此外，汪氏自汪尧仙（清道光皇帝老师、大学士汪廷珍的曾祖父）由徽迁淮，也成为著名鹾商。徽商曹氏在当地也有相当大的实力，河下曹家山就是该家族的住地和部分产业。

这些侨民宿贾的聚居，使河下迅速成为闹市名区，形成"东襟新城，西控板闸，南带运河，北倚河北，舟车杂还，凤称要冲，沟渠外环，波流中贯，纵横衢路，东西广五六里，南北袤约二里"的格局。以反映极盛时期的《淮安河下志》来看，河下有22条街，91条巷，共达11坊，街衢巷陌十分繁密。

因盐商的麇集骈至，河下聚落的面貌大为改观。"高堂曲榭，第宅连云，墙壁垒石为基，煮米屑磁为汁，以为子孙百世业也。城外水木清华，故多寺观，诸商筑石路数百丈，遍凿莲花。"①罗家桥街一带，东自花巷头，西抵古菜桥，里巷相望，居民最为稠密。徽商程氏"以满浦一铺街（即湖嘴街）为商贾辐辏之地，地崎岖，不便往来，捐白金八百两购石板铺砌，由是继成善举者指不胜屈。郡城之外，悉成坦途"。石板街迄今犹存估衣街、琵琶刘街、中街、花巷街、菜巷街、西湖嘴街、罗家桥街、大成巷、粉章巷、干鱼巷，还有程公桥、苹果桥、来凤桥等。这些石板是由回空盐船从各地运来的。

商务的兴盛，使得河下一带市廛相连，商店鳞次栉比，市场繁多，如西湖嘴市、姜桥市、相家湾市、罗家桥市、古菜桥市、米市、柴市、西义桥市、兰市等。其商务鼎盛，还可以从河下会馆的兴盛中窥其一斑。淮安会馆之设，大致始于乾、嘉以后。先是从业质库的徽州人，借灵王庙厅事同善堂为新安会馆。此后，侨寓淮安的各地商贾纷纷效仿，"每当春日聚饮其中，以联乡谊"，如

---

① 黄钧宰.金壶浪墨卷1。

福建会馆、润州会馆、浙绍会馆、定阳会馆、四明会馆、江宁会馆、江西会馆、湖北公所等。①

河下的繁荣，明弘治年间邱浚写的一首诗《过山阳县》也有所反映："十里朱旗两岸舟，夜深歌舞几时休；扬州千载繁华景，移在西湖嘴上头。"西湖嘴在运河东岸，即指河下，河下的繁华豪奢于此可见一斑。

此时的河下，不仅商业繁荣，而且"人文蔚起，科名相望"，仅明清两朝就出了55名进士，其中状元、榜眼、探花都有，"河下三鼎甲"一时名闻遐迩。还有110多名举人，140多名贡士。更有十余人在《明史》《清史稿》有传。这一数量，有"江南三大镇"之称的周庄、同里、甪直都望尘莫及。

与人文蔚起相对应，修建园林别业也成为盐商世家的一种时尚。经过二三百年的不断经营，河下园林有近70座，主要是盐商所筑，其中曲江楼、菰蒲曲和荻庄尤负盛名。当时，曲江楼、菰蒲曲和荻庄与扬州马氏的小玲珑山馆、郑氏休园和程氏筱园等南北呼应，成为江淮间著名的园林名胜，吸引着来自全国各地的文人学士。他们与当地的盐商一起览胜访古、文酒聚会、质疑访学、收藏古籍、刊刻著述等，成为一种时尚。

但好景不长，随着盐业机构的改迁、淮河入口的改道和铁路的兴起，河下逐渐走向衰落。清道光十二年（1832年）至民国二十年（1931年），淮北盐运分司转移到淮阴的西坝。西坝这个集散地，在清末民初有盐栈18家，当年也是盛极一时。清道光二十九年（1849年），淮河南迁入江；咸丰五年（1855年），黄河北徙，海运兴起，漕、盐集散不再在淮安（西坝）进行；再加上后来津浦铁路和陇海铁路又相继建成，绝大部分产盐改由铁路和海运直接从淮北盐场输出。淮安因此先失漕运总督之威，继失纲盐榷关之利，由此日趋衰败。②

五、天津

天津盐业自古有之，盐业的生产、运销也促进了天津经济的繁荣。③天津的制盐工业不仅在国内，在全世界也占据重要地位。早在天津城市形成之前，沿海滩涂的制盐作坊就开始聚集着许多居民，这些星散的制盐社区逐渐形成史前

---

① 荀德麟.历史文化名镇淮安河下.江苏地方志，2002（6）。
② 董菁，吴敏.淮安盐缘与盐文化资源的开发设想.张家口职业技术学院学报，2014（2）。
③ 任云兰.天津盐商与慈善事业.盐业史研究，2012（3）。

期的天津城市。

天津地区有记载的盐业生产史可以追溯到五代后唐的芦台场。公元925年，镇守芦台的幽州节度使赵德钧看到遍地盐卤，遂建芦台盐场和盐仓，从此天津附近有了盐业的生产、贩运和销售。自元代以后，天津的盐业生产和转运得到迅速发展，并已初具规模。到了明代，制盐、贩盐已经成了天津的支柱产业。明代时长芦盐已经成了一个品牌。清代以后，天津盐场的产销在长芦盐区中占了绝大多数，加之各种管理和监督机构也常驻天津，在产量、运销、税收、稽查上天津始终是长芦盐中心产地、管理中心和转运中心。进入近代后，盐业与天津的关系更加牢固。总之，从盐业出现到近代，天津城市发展的每一个阶段，都留下了盐业影响的痕迹。

盐业是天津历史上的主要经济支柱之一。早期的盐业生产是天津为数不多的产业之一，在明代已经在全国有一定的比重。清代至近代，随着盐业生产技术的改进和运销网络的通畅，天津盐业开始大发展，迎来了生产的鼎盛时期。更为重要的是，在盐产增加的同时，以盐作为原料的化工业以及精盐的生产日趋繁盛。永利制碱公司和久大精盐公司的创建就是很好的印证。天津近代工业兴起后，到20世纪20年代形成了工业的主体框架，即棉纺织、以面粉为主的食品加工业和盐化工业，这是奠定天津近代工业最基础的行业，是当时的支柱产业。至于钢铁、机械、橡胶等都是在20世纪20年代后期和30年代前期出现的。当时，天津的棉纺织业和面粉业的规模与产量还不能与上海、青岛等城市相比，而盐化工业则在全国长期名列首位。这种情况一直持续到20世纪50年代以后。因此，盐业和由此衍生出来的化工业推动了天津经济的发展，使天津成为中国第二大工商业城市。

长芦盐对天津的行政建制和行政管理也发挥了重要作用。由于盐业带来了无限的利源，盐业的生产者和销售者汇集，带动了人口的聚集和商业兴盛，宁河县、香河县和宝坻县的设置与长芦盐的发展有一定的关系。后唐时在芦台附近有了盐场，进而有了宁河县。宋代这里是边境和战场，人烟稀少。到了金代，天津附近的盐场有所增加，盐业生产开始增长，遂建立了新仓镇和香河县。金王朝建都燕京，周边开始聚集各色人口，盐作为国民之必需，新仓镇愈发繁荣。1171年，金世宗冬至曾巡幸"人烟繁庶"的新仓镇，并将其上调为县。该县的县名也与盐业有关，"盐乃国之宝，取如坻如宝之义"，这样宝坻县出现了，新仓镇又成为宝坻县的一个镇。可以说设置宝坻和宁河县与当地盐业的发展有着很大的关系。

长芦盐管理机构移到天津，更促进了天津地位的提升。明永乐十四年

(1416年),明政府设立长芦巡盐御史,到清代成为定制,管辖长芦运司,官阶五品,每年巡视直隶、河南、山东盐业,督催引课。各衙署迁至天津后,购置、修建和改建一批规模宏大、设置奢侈的豪华衙署建筑,内部除按功能分布各区外,还建有辕门旗杆、各类祠堂、敬事堂、轩榭楼台。这些衙门和建筑在天津产生了很大的影响。

◉ 古代天津盐场图

规模庞大的长芦盐业管理机构移驻天津以后,极大地促进了长芦盐业的发展。随着盐业生产工艺大面积改为滩晒,滩田面积不断扩大,盐引课银大幅增长,给官府带来大量财政收入,成为政府的主要财政收入之一。为此,巡盐御史加强了行盐办课和盐政管理,进一步促使中央政府对天津地方的重视与关注。同时由于皇帝出巡频繁下榻天津,引发皇室效应,家眷侍卫、皇宫贵族也蜂拥而至。各地盐商、达官贵人、商贾巨流、文人墨客以及各界名流,也随着天津的兴旺发达纷纷涌入天津。巨大的人流、物流、资金流活跃了天津,促进了城市的繁荣兴旺,给天津的政治、经济、文化教育、商贸物流、城市建设、医疗事业、庙宇和各类慈善公益事业带来了深刻的影响。盐业的快速发展,有力推动了天津地区民族工业和金融业的快速发展,奠定了天津近代民族工业发展的基础。天津地区的繁荣,又带动了很多盐商、皇室的亲朋眷属、各地富贾、满族的高官贵胄、社会名流和实业家对天津地区进行大规模投资,他们大量买地筑坨存盐,投资豪宅、园林、文化设施等。

元、明两代芦盐外运以水运为主,清代除去北运河、大清河、子牙河、南运河、蓟运河五条河道转运外,又增加了铁路和海运,使得漕运文化、码头文化、运河文化、盐商文化等随之兴旺起来。长芦盐业对近代天津的发展起了举足轻重的作用。

由于盐业的兴盛，或由盐业拨付，或由盐商捐资，在天津建设了很多利国利民的基础设施。如为皇帝巡幸驻跸而建柳墅行宫、海河楼、皇船坞、万寿龙亭等；为查验盐包而建津坨掣盐厅、护坨堤、拨船等；为方便漕运和居民往来而建浮桥——西沽浮桥、盐关浮桥、河楼迤西浮桥。这些工程于利漕、恤商、便民、裕课均有裨益，为天津城市的发展贡献巨大。盐商还参与修缮城乡的学堂和寺庙。当时由盐官奏请或倡捐修葺，芦商出资或捐地建设的学校有天津府学文庙、天津县学文庙、问津书院、三取书院、天津义学、京师义学、内蒙古童义学等，建设的庙宇有海光寺、海神庙、宏仁庙、崇禧观、望海寺、恬佑祠、观海台、天后宫等，捐施方面建有育婴堂、义冢、施棺会、救火会等。由长芦盐商组成芦纲公所还在天津城鼓楼东运署北面修建了通纲商人公所，商议支引、配运、输课等公务。作为一个城市，当时并没有专门经费用于修缮城墙、桥梁和街道等建设，盐官和盐商的以上行为，虽然有沽名钓誉和取悦朝廷之意，是为了得到社会和官府的认可，进而提高自身的社会地位和影响，但也对天津城市的基础建设和环境景观改善起到一定的作用。

长芦盐业对天津尤其是近代天津的工商业和金融业的发展也起着重要作用。近代天津的金融业由银钱业、华资银行、外资银行和银号、钱庄等金融机构组成。近百家华资银行中以盐业银行、金城银行、中南银行、大陆银行为北方较著名的银行，史称"北四行"。其实力占据了中国银行业的半壁江山，盐业银行更是赫赫有名。20世纪二三十年代是天津近代民族资本工业发展的黄金时期，社会大兴办实业之风，对资金的需求很大，天津的银行业因此也得以迅速发展，从而确立了天津作为中国北方金融中心的地位。盐业银行是由长芦盐运使张镇芳于1915年3月创办的，股东大多是北洋军阀、政客、盐商、达官贵人等。张镇芳利用与袁世凯的姻亲关系，将政府所收盐税注入银行，开办之初以"辅助盐商、裕税便民"为宗旨，故称盐业银行。盐业银行存在的37年中，对铁路、煤矿、航运、通信、纺织、面粉、医药、酒等实业，予以了大量的资金支持，使我国的民族工业得以迅速发展，形成了一批新兴产业，奠定了天津作为现代工业城市的基础。盐业银行抢救国宝"金编钟"，也成就了传奇佳话。[1]

---

[1] 张利民.长芦盐业与天津的政治地位提升和经济发展.盐业史研究，2012（3）。

六、汉口

汉口是武汉市重要组成部分，武汉三镇之一。

汉口地处华中腹地，素有"九省通衢"之称，在古代与近代交通不发达的情况下，凭借汉水、长江之利，可以内进外出、通江达海，成为商业贸易的集散地。古代汉口镇为汉阳府下汉阳县汉口镇属地。近代脱离汉阳府管辖，于1923年短暂设立第一个直辖市汉口市。汉口从它形成之日起，就与商业紧密相关。今日的汉口只是武汉市区长江西岸、汉江北岸区域硚口，及江岸、江汉三区的统称。汉口虽没有行政上的称谓，但仍然是武汉市和中部地区的商业中心、金融中心、交通运输中心。

历史上，汉口、汉阳有相当长的一段时间是同步发展的。直至明代成化十年（1474年）汉水改道从龟山北麓入江以后，汉口才独立发展。明清以来，汉口商业繁剧，既聚集各路商帮，又中转各色货物。汉口因此迅速发展成为长江中游最大的市镇，与河南朱仙镇、广东佛山镇、江西景德镇并列为全国四大名镇，海外誉为"东方芝加哥"。汉口的港口贸易运输业颇为发达，成为我国内河最大的港口，有"十里帆樯依市立，万家灯火彻夜明"的景况。清乾隆年间，汉口更盛于世，仅"盐务一事，亦足甲于天下"。

明清时期汉口的兴盛，是以商业贸易为起始的。此时汉口的商业贸易是以粮食、食盐、棉花、棉布、茶叶、药材、竹木等商品的贸易为主。以食盐而论，湖北、湖南向食淮盐，淮盐由仪征进入长江运至汉口，再由汉口分运湖北、湖南各府州县，汉口是淮盐的重要转销口岸。《淮鹾备要》载，两淮行湖广引数777 200引，每引重量364斤计，每年由汉口转销的食盐大致在3亿斤，而回空盐船又载各色货物下行，从而形成循环往复的转运贸易体系。应该说，食盐等大额贸易是汉口进一步鼎盛的重要因素。[①]

说起汉口的食盐贸易，就不得不提汉口的汉正街。历史悠久的汉正街是汉口最古老的街道之一。据《夏口县志》等书记载，这条街迄今为止已有500多年的历史。早在明朝万历年间，汉正街就已形成市镇，这里沿江从西至东，出现了宗三庙、杨家河、武圣庙、老官庙和集家嘴等众多的码头，为商埠吞吐、集散物资。由于水上交通便利，沿街店铺行栈日益增多，贸易往来频繁。到清

---

① 陈锋.清代盐政与盐税.郑州：中州古籍出版社，1988。

代康熙、乾隆的经济发展鼎盛时期,汉正街已成为"汉口之正街"。乾隆四年(1739年),汉正街修起条石路面。同治三年(1864年)郡守钟谦钧在此主持修建了万安巷等新码头。从此,汉正街更是商贾云集,交易兴盛,市场繁荣,被称为"江湖连接,无地不通,一舟出门,万里唯意",吸引了四方商旅,盛极一时。于是,本省荆州、孝感各县,外地山西、陕西、四川、湖南、江西、安徽、浙江等省人口纷纷迁入。

❖ 1865年的汉口城远景图

汉口汉正街中段,江汉一桥头东侧,有一条长200多米、宽不足3米的古老小巷,南进北出,名叫淮盐巷。该巷是清代淮盐商人们居住、交易的场所。它的兴盛与变迁,同汉口的淮盐经销密切相关。清代咸丰年间,官府淮盐局就设在这里,不少贩卖淮盐的商人为了办事方便,也多在此集居,淮盐巷因此得名。

清代户部规定:湖北、湖南两省淮盐,都在汉口分销。据乾隆年刊《汉阳府志》载,"盐务一事,便甲于天下,十五省中,亦未有可与匹者"。同时,在淮盐巷附近的武圣庙设立督销淮盐局。淮盐商人的组织淮盐公所也设在巷口,许多盐商在此居住和从事交易活动,盛极一时。

汉口淮盐运销的来历,最早要追溯到明代。明万历四十五年(1617年)建立了商人垄断公盐运销的制度,即所谓"纲法",由商人运销的盐便叫"纲盐"。据《汉阳县志》记载:万历初年,盐商的巨大盐船在许多小郡无法停泊,便"群聚武昌之金沙洲,此汉口盐行之始也"。

因为汉水沿汉正街一带的码头便于停靠大型盐船,从此,淮南纲盐就由长江船运至汉口停集,然后再分销湖北省各州县口岸。汉口的淮盐经销业务,逐年兴旺。淮盐巷因地处汉正街中段，又靠近汉水的各大码头，很自然地成为淮盐贸易中心。汉口盐业在嘉庆、道光年间更是盛极一时，至咸丰元年（1851年）运销淮盐达4亿斤，各地盐商纷纷集聚汉口，形成"十里通津驻盐艘"的盛况。这段时期，也是淮盐的鼎盛时期。

汉口盐商们发了财，除将淮盐巷的住房修成当时汉口最好的里弄外，一些大盐商还在汉口盖起了许多园亭。《汉口丛谈》记载，江苏丹徒盐商包云舫经营淮盐"手致数万金"，其胞侄包包山修建的怡园，为"汉上胜地"。[①]

淮盐巷的兴起与衰落，同汉口淮盐运销的历史密切相关。从清初至道光末年，是汉口淮盐业的黄金时代，各地盐商集聚汉口，形成了淮盐巷的极盛时期。但在咸丰初年，太平天国革命军数度攻克武昌，后又进军南京，从此淮盐船路阻断，川盐东下，淮盐巷也开始由极盛转衰。太平天国失败后，清同治、光绪年间淮盐航路再度打通，汉口淮盐巷又开始热闹了一阵。

辛亥革命以后，"纲盐"制度废除。1921年，久大、通益等公司的精制盐来倾销，淮盐的销路被夺去半数，汉口淮盐经销业务开始衰落，盐商们有的改业，有的回原籍，淮盐巷便冷落了。

第四节 海盐商路盐商

海盐商路的盐商是指政府特许的具有垄断食盐运销特权的食盐专卖商人。他们借此特权而攫取巨额的商业垄断利润，成为中国古代及近代显赫一时的豪商巨贾。经营海盐的盐商通常有运商、场商、总商等名目。他们在食盐流通过程中具有不同的职能，其中以总商的势力为最大。

运商亦称租商。运商认引贩盐，先向拥有引窝的商人租取引窝，缴付"窝价"。然后，赴盐运使衙门纳课请引，凭盐引到指定产盐区向场商买进食盐，贩往指定的销盐区（即引岸）销售。运商在食盐流通过程中起着食盐产地与销售地之间的桥梁作用。

场商是在指定的盐场向灶户收购食盐转卖给运商的中间商人。场商具有收

---

① ［美］罗威廉.汉口：一个中国城市的商业和社会（1796—1889年）.江溶，鲁西奇，译.彭雨新，鲁西奇，校.北京：中国人民大学出版社，2005。

购盐场全部产盐的垄断特权，并采取不等价交换的手法，残酷剥削食盐生产者而攫取商业利润。

总商又名商总。政府盐运使衙门在运商中选择家道殷实、资本雄厚者指名为总商。其主要任务是为盐运使衙门向盐商征收盐课。总商经济势力雄厚，与官府的关系最为密切，是盐商中的巨头。

一、两淮盐商

两淮盐业，无论是从产量、销量、还是销售区域，抑或是盐课负担来看，历朝历代均处于各盐区之首。盐业主要靠盐商去经营，两淮盐商也因此成为历朝历代影响力颇大的一支商业团体。尤其到了明清时期，其发展逐渐步入顶峰。

明清时期，两淮盐商主要集中于淮盐产销集散地——扬州，因此两淮盐商通常又叫扬州盐商。他们主要以经办产量最大的海盐——淮盐为主。明清时期，两淮盐商有总商、散商之分。从其地域来源来看，明代中叶两淮盐商以山西、陕西商人为主，后随着徽州商人不断涌入扬州，山西、陕西商人很快就让位给了徽州的商人。徽商与扬州有密切的历史渊源。近代学者曾说："扬州之盛，实徽商开之。"应该说，徽商是继晋商、秦商（陕西商人）来到扬州的最重要的商帮。在明后期，在扬州经营盐业的山陕人和徽州人还平分秋色，到了清中叶徽商就成了扬州盐商的主流。

凭借政府赋予的食盐专卖特权，明清时期两淮盐商作为政府的代言人，完全垄断了淮盐的运销，并左右食盐市场价格。他们利用朝廷赋予的特权——盐引制，通过垄断经营、贱买贵卖等手段，逐步发展成了拥有巨额财富的商业资本集团。但他们兴盛于此，也败落于此。

富有的两淮盐商无形中承担了许多封建王朝的义务。遇大灾大难时，大力支持清政府是他们报效朝廷的最好机遇。如台湾林爽文起义时，扬州盐商江广达主动捐银二百万两，"以备犒赏"。嘉庆年间，川楚陕白莲教起义，清政府军饷匮乏，扬州盐商鲍漱芳积极向清政府"输饷"，清政府为此赏给盐运使的头衔。清政府治河经费不足，扬州盐商"集众输银三百万两以佐工需"。

因为倚靠特权的庇护，所以两淮盐商具有半官半商的性质。其大量财富往往成了特殊用项的来源；两淮盐税更直接关系到朝廷的经济命脉，所谓"损益盈虚，动关国计"。于是逐渐形成了上至皇帝、下至臣僚和两淮盐商在政治上、经济上的微妙关系。在康乾时代，以徽商为主的两淮盐商，以晋商为主的山西票商，以粤商为主的广东洋商，形成了东方世界掌握财富最多的三大商人集团。但是，两淮盐商的寄生性、依附性和消费性的本质，决定了他们不可能把财富用于扩大再生产。从他们身上找不到同一时期西方资产阶级那种锐意进取的蓬勃朝气。一个颇具讽刺意味的对比是，乾隆二十二年（1757年），正当东方最富有的两淮盐商用大量白银建造瘦西湖上豪华的五亭桥时，英国的瓦特正致力于改进热效率较低的牛考曼蒸汽机。不久，西方掀起了工业革命的狂飙。

明清时期两淮盐商虽然承担了许多封建义务，但其大量的财富还是挥霍在了豪侈消费方面，这一点仅从其日常生活就能窥其端倪。喜好马的盐商，家中蓄养数百匹马，每匹马的日花销量就是数十金；爱好兰花的盐商，则把兰花从门口摆至内室的每一块空地上；还曾有一盐商，花三千金将苏州的不倒翁全部买尽，置于河中，河流都被堵塞了。两淮盐商在一掷千金的消费过程中，逐渐形成了特有的精致文化和繁荣的消费市场。因此，两淮盐商的影响几乎遍及扬州文化的方方面面。因为两淮盐商的口腹之欲，才产生了扬州菜；因为两淮盐商的声色之需，才产生了扬州戏；因为两淮盐商家的装饰需要，扬州玉器业和漆器业才得到高度发展；因为两淮盐商的安居需要，扬州建筑术和造园术才达到巅峰。两淮盐商在事业成功之后，也热心回报社会，兴办公益事业，如文化教育、城乡建设、桥路修造、水上救生、慈善救济等。

清代中后期，随着改纲为票（改纲盐制为票盐制）的推行，两淮盐商的垄断根基被动摇。自此以后，两淮盐商开始衰落。两淮盐商的衰落不仅仅是因为盐法制度演变的结果，同时也与其过度奢靡性消费及封建政府的盘剥密切相关。在上述各种因素的共同作用下，失去垄断专卖特权的两淮盐商在清朝末年很快就走向了衰败。

明清两淮盐商之代表性人物，非程量入、程之韺、汪应庚、马曰琯、马曰璐、江春、鲍志道、黄至筠等八大盐总商莫属。

程量入，字承之，号上慎。安徽歙县岑山渡人，岑山渡程氏11世孙。程量入"综理盐筴，有功两淮"[①]。民国《歙县志》记载他"孝友仁恕，业盐起家。尝代众控得带办，倒追盐斤银一百四十余万两，义声大著"。而其为人则甚宽和，作为盐业总商，他一方面负责每年向众多盐商分摊任务，向千家万户出售食盐；

---

① [清]程梦星编《乾隆新安岑山渡程氏支谱》卷四，影印本，安徽大学徽学研究中心藏。

一方面要负责向政府纳税，保证政府的财政收入入库。他尽忠尽孝，为人仁义宽厚，乐于为众盐商谋福利。

程之䭾，字象六，程量入之子。祖籍安徽歙县岑山渡。扬州凭借两淮盐业发家，业盐扬州的富商巨贾众多。在这些富商巨贾中，较早出名的就有程之䭾，他承接父业，出任两淮总商20年。他没有事就读书，是一个儒商；史称其"暇日观书，尤精史鉴"。程之䭾天性慷慨，持身正直，乐于社会公益活动，在扬州享有很高的声誉。康熙年间，程之䭾与其父亲程量入组织盐商捐输金钱，支持清廷平定了以吴三桂为首造反的"三藩之乱"。朝廷因此赐给程之䭾五品官服，程家迈步官场走出了第一步。

汪应庚（1680—1742年），字上章，号云谷，安徽歙县潜口村（现黄山市徽州区潜口镇）人，后住扬州。雍正间，成为扬州雄资百万之盐商，被誉为18世纪上半叶最具影响力的总商。汪应庚以"义行"闻名乡里，一生"富而好礼，笃于宗亲"。清雍正九年（1731年），淮南海啸成灾，汪应庚煮粥于淮南伍佑、卞仓两盐场，救济灾民，前后共约三个月。此后，连续三年的扬州水患，汪应庚都出钱出谷救济百姓。乾隆三年（1738年），扬州府旱灾，扬州盐商共同商议，捐出银12.716 6万两，其中汪应庚一人独捐4.731万两，设立8个粥厂，赈济灾民，前后达四个月之久。乾隆七年（1742年），扬州府闹水灾，汪应庚又捐银6万两救济灾民。除了救灾，捐资助学也是汪应庚投身慈善事业的经常性项目。乾隆三年（1738年）他出巨资重修年久破败的江都、甘泉学宫，又出资二千余两白银为学宫购置祭祀乐器，还另外出资购置1 500亩沃田捐作学田，以年租充作学宫岁修开支和生员乡试的路资。此举被称为"汪项"，传为美谈。

马曰琯（1687—1755年），字秋玉，号嶰谷。本籍安徽祁门，祖父马承运始业盐两淮，马曰琯自小侨居扬州新城东关街，世代经营盐业。他因经营有道，后最终与其弟弟马曰璐成为扬州著名的盐商巨富。马曰琯曾经以附贡生的资历援例候选主事，授道台衔。雍正十二年（1734年），独资兴建梅花书院，此院原名为崇雅书院。马曰琯家庭豪富，但为人慷慨，热心地方公益事业，曾捐资开掘扬州沟渠，筑渔亭孔道等。马曰琯一生喜爱写诗、藏书和结交文人雅士，雍正年间，在扬州建造小玲珑山馆，广交天下名流，"四方人士闻名造庐，授餐经年，无倦色"。

马曰璐（1711—1799年），字佩兮，号南斋、半槎道人，安徽祁门人。国子生，候选知州，乾隆元年丙辰（1736年）与其兄马曰琯并荐博学鸿词，不就，名重一时。好学、工诗、喜结客，一如其兄。家有小玲珑山馆，富藏书，常与名士作诗画之会。两兄弟侨居扬州，经营盐业，为当地徽商巨富。马氏兄弟发迹以后，捐资开扬州沟渠，筑渔亭孔道，设义渡，造救生船，造福一方百姓，其慷慨好义的名声远为传播，人称"扬州二马"。马氏兄弟既是大盐商，又是清代著名的藏书家和诗人。雍正年间，马氏兄弟在扬州建造了一处园林，名为"街南书屋"。乾隆皇帝下江南时每次巡幸扬州，都要到二马兄弟的园林去游赏一番。

江春（1720—1789年），字颖长，号鹤亭，又号广达（其行盐的旗号为"广达"），安徽省徽州府歙县江村外村人。清代著名的客居江苏扬州业盐的徽商巨富，为清乾隆时期"扬州八大总商"之首。因其"一夜堆盐造白塔，徽菜接驾乾隆帝"的奇迹，而被誉作"以布衣结交天子"的"天下最牛的徽商"。江春一生经营盐业，任总商四十年。江春出身盐商世家，他的祖父"担囊至扬州""用才智理盐策""数年积小而高大"，成为两淮盐商的中坚人物。江春的父亲江承瑜也从事盐业经营，为两淮总商之一。父亲去世不久，江春接任两淮总商。他广交官府王侯，熟悉盐法，精通商务运筹，练达多能，在担任"两淮盐业总商"的40年中，充分发挥了自己的谋略与才华，不仅在乾隆六下江南时筹划张罗接待，同时还于1785年，与其他盐商一道献银100万两，恭贺乾隆皇帝登基50年大典，因此先后蒙乾隆赏赐"内务府奉宸苑卿""布政使"等头衔。江春一生中还十分关心社会公益活动。如1773年，江春捐款400万两银子作为小金川平乱的经费，1788年捐款200万两银子作为平定台湾林爽文乱子的费用。1792年清朝廷平定西藏之乱，1799年平定川陕之乱，江春先后捐款150万两、100万两、200万两银子。1782年江春捐款200万两银子修黄河，1788年捐款100万两银子救济水灾难民，1771年捐款20万两银子恭贺皇太后80寿诞。自康熙至嘉庆年间，清朝廷收到扬州盐商报效银子共达3 982.219 6万两。

鲍志道（1743—1801年），原名廷道，字诚一，自号肯园，歙县棠樾人。11岁那年，因家道中落弃学去鄱阳学会计。数年后转浙江、江苏经营盐业。20岁时，鲍志道来到扬州，应聘当上了一个大盐商的经理。几年的积累，志道有了一定的经济基础，于是辞去了经理职务，决心自己开创事业。他瞄准了盐业经营，一方面盐业是扬州的龙头行业，扬州所处的盐场是当时全国最大的盐场；另一方面盐业经营利润大。这几年经理生涯，他早已摸熟了市场行情，结交了许多社会各界的朋友，建立起了个人人际关系网。这使其事业很快走向成功，家资累至巨万。加上他精明强干、急公好义,因此在业界的声誉也日益高涨。恰好此时,清政府为加强对盐商的控制,决定在盐商比较集中的地方设立盐务总商。于是鲍志道当之无愧地被选为总商。鲍志道处事果断、公允,深受众盐商们拥护,也得到政府的赏识,因而他在总商职位上一干就是20年之久,声望显赫。鲍志道虽巨富,但生活勤俭,重礼好义,为世人称道。他尤其关心社会公益事业,如在扬州铺设康山以西至抄关抵小东门砖石路面;建12门义学,供贫家子弟就读。在其祖籍地歙县,捐银八千,作为补助城南紫阳书院的经费;并同曹文埴一起倡议复建古紫阳书院,独自捐银三千两;还出资建鲍氏世孝祠,增置祀田,捐资建东河(富资水)水射,修造古虹桥等。

　　黄至筠(1770—1838年),又称黄应泰,字韵芬,又字个园。原籍浙江。因为其父亲在赵州做官,他于乾隆三十五年(1770年)出生在赵州,即今河北赵县。黄至筠十几岁时,父亲去世,家产为人掠去。数年之后,他骑着一条毛驴独自进京,凭借父亲的朋友给他捎去的一封信,见到了在京的两淮盐政。两淮盐政见黄至筠谈吐不俗,颇有心机,觉得是个人才,就委任他到扬州经营两淮盐业。从此以后,黄至筠就加入了扬州府甘泉县籍。清嘉道年间黄至筠成为八大盐商之一。清嘉庆初年,朝廷因军费开支增大,水灾急需处理,财政日益困难。黄至筠急朝廷之所急,前后捐资数十万两白银,清廷因此赐他"盐运使"的荣誉官衔。黄至筠在扬州拥有个园,园中承袭了马氏小玲珑山馆的若干风景,也延续了小玲珑山馆的文化传统。

❀ 扬州个园

二、长芦盐商

长芦盐商以天津为聚居地。因此，长芦盐商通常又称为天津盐商。天津盐业自古有之，盐业的生产、运销也促进了天津经济的繁荣，并造就了一批资财丰厚、家业富足的盐商。

盐业和漕运是古代天津城市的两大经济支柱，政府的盐税是通过"引岸专商"制度收取的。盐商遵照政府规定的税率缴纳税款后，便可到盐场砣地按照引额支盐，然后运往引地批发和零售。长芦盐的引地为北直隶及河南的彰德、卫辉二府，输边地区为宣化、大同和蓟州。由于盐是大宗物资，九河下梢的天津成为长芦盐外运的枢纽。因此海河东岸药王庙至季家楼一带就形成了长芦盐暂时储存的盐坨地。盐业的生产和销售推动了天津城市经济的发展，也成就了一批富甲一方的盐商。清末天津的"八大家"，一半以上是盐商，如振德黄、长源杨、益德王、益照临张（海张五）、李善人等都是盐商。

拥有巨额财富的长芦盐商和两淮盐商一样，为了提高身价，扬名社会，他们做了很多赈灾施舍、兴建园林、倡办学校等公益事业，客观上推动了天津文化事业的发展。如著名的水西庄的繁华、昆曲与京剧在天津的发展、地方教育的繁荣都与盐商有着密切的关系。三取书院的早期经费由长芦盐商提供，问津书院由盐商查为义献产而设。盐商们为了保持他们的特殊利益，在清康熙年间成立了芦纲公所。芦纲公所在天津兴办了一系列慈善事业，在诸如育婴、恤嫠、济贫、免费施种牛痘、施粥、义冢等常规慈善事业以及突发事件如水旱灾害等发生时的应急救济中发挥了很大的作用。

乾隆时期，富甲一方的长芦盐商开始从财富显赫的顶峰急速向下滑落。至乾隆后期，盐商或破产或遭参革，没有破产的盐商也大多负债累累。[①]

三、广东盐商

广东盐商是指两广行盐区的盐商。因此，又称广东盐商、两广盐商。两广行盐区包括广东、广西两省，以及福建的汀州府，江西的南安、赣州两府及宁都直隶州，湖南的桂阳、郴州两直隶州以及贵州的黎平府、古州等地。

---

① 芮和林.浅析乾隆时期长芦盐商走向衰落的原因.盐业史研究，1994（4）。

广东官办盐起于西汉[①]，明清时期发展到顶峰，尤其是到了清代，广东盐业对两广社会经济的发展产生了深远的影响。随着广东盐业的发展，广东盐商也日益发展壮大，在两广商业贸易及其地方经济社会发展过程中扮演着十分重要的角色。

整个清代，两广盐商基本上由三种人充当，经历了四个阶段的变化。第一阶段从清初平定广东始，到康熙元年（1662年）。此阶段担任广东盐商的多系"王商"。所谓"王商"，其实就是说这些盐商是藩王尚可喜的属下或家人、家仆。1647年年初，永历帝退出广东后，清王朝派尚可喜坐镇。尚可喜的部下、追随者见充盐商有利可图，于是纷纷霸占盐埠。盐埠，是广东人对商人所开盐店、盐馆的称呼。尚可喜为笼络下属，亦令其部下充盐商，并在津口设立总店，公开插手盐务。这些充商之人被称为"王商"。王商事实上成为占埠行盐并且无引行盐，类同于私商的角色。他们充当盐商以后，一切以谋取一己私利为出发点，结果导致王商承埠期间盐务混乱不堪，"盐价腾贵"。[②]总之，王商承埠的结果，不仅百姓受害，清朝中央政权的收入也不能保证。于是康熙元年（1662年），奉旨裁革王商，改行排商之法。

排商之法实施于康熙元年至康熙二十七年（1662—1688年）。排商是两广盐区的特殊做法，即从里排中签点盐商。规定每商承办一年，凡里排中人轮流充值。其中又有水客、埠商之别。水客专门负责赴场买盐，埠商则负责购买水客之盐，然后赴各州县零卖。[③]将王商取消，设里排之法，其目的在于避免"豪强将资强占要地关津，不容商民贸易，欺压诈害"。但是实际上，里排之法的效果不大。尚可喜的部下仍旧依势占据盐埠。另一方面，里排之法给民间百姓带来了很多困扰。按照排商之法，每人都要充商。这对于农夫而言根本就不可行。所以有的地方群众一听签商，"挈家逃窜，村市为墟"。当时，有的官吏认为排商一年一换过于频繁，于是康熙十三年（1674年）改为三年一换。但是，排商之害并不在于此，所以，改为三年一换也不能解决以上种种弊端。于是，又改行流商。

流商之法实施于康熙二十七年到四十六年（1688—1707年）。该法规定，充任盐商的条件是身家殷富，不论里排，亦不限年岁。这首先改变了排商法

---

① 广东省地方史志编纂委员会.广东省志·盐业志.广州：广东人民出版社，2006。
② 民国.怀集县志卷3赋税志·标税。
③ 李士祯.抚粤政略卷1。

中由本地人充本埠之商的做法，对那些真正签点里排之人充商的地方，可以说是一种解脱。但另一方面，这个方法又引起了其他问题。设流商之后，在商人中选择总商若干名。总商由于有相当的政治势力充当后盾，导致其权力过大，因此，他们往往不将地方官放在眼里。面对这种情况，清政府再次改变了充商之法。

1707年，广东巡抚范时崇建议，废除总商之制，令州县自己招募土著殷实之商承充盐商。这与排商之法有相似之处，因为它规定土著充商，又是为了打破总商的霸道。但却不像排商之法那样，强迫里排所有的人都充当盐商，也并不按年更换。虽然对于一些州县来说，改制之弊端与排商无异，但总的规定比排商法放松了不少。但是，以土著为商的政策是较难长时间维持的。因为州县之中有财力并愿充盐埠者毕竟有限，加上土商法的规定不甚严格，所以土商法也逐渐发生了变化。

综观清代两广行盐区所经过的几个阶段及盐商成分的变化可知，只是到了康熙初年，盐商才渐渐分离于本籍，成为与两淮、长芦等地意义相同的盐商。

从财力上看，清代广东盐商与两淮盐商、长芦盐商相比可谓天壤之别。两淮及长芦盐商以巨富著称，但两广地区却很少见到豪富盐商的记载。就是在清政府的眼中，广东盐商也只不过是"资本微薄，难与他处商人一体较论"的小商而已，不要说与两淮盐商相比差距甚远，就是与两浙、长芦盐商相比也不可同日而语。总之，广东盐商的财力是不够充足的。

与资本微薄相应的，是广东盐商低于两淮、长芦等盐商的社会地位。盐商中，两淮盐商可得天子宠遇，长芦盐商可左右朝廷命官，广东盐商却没有如此显赫的地位。广东盐商子弟中，中试、做官的，据光绪《两广盐法志》载，有3人中进士，20人中举人，数十人选为贡生。而两淮盐商子弟中有139人中进士，508人中举[1]，其差距之大，由此可见一斑。

到了近代，两广地区一方面成为西方资本主义的侵略之地，另一方面又受国内会党、太平天国起义的影响，盐商的生存与发展也因此大受影响，无论是盐业贸易还是盐商群体，在内忧外患的作用下都日渐走向衰落[2]。

---

[1] 何炳棣.扬州盐商：十八世纪中国商业资本的研究.哈佛亚洲，1954（7）.
[2] 王小荷.清代两广盐商及其特点.盐业史研究，1986.

第五节　海盐商路历史影响

海盐商路是联系我国古代海盐生产地与海盐销售地食盐交易的桥梁，同时也是沟通沿海与内陆货物贸易的主要通道。但海盐商路又不仅仅是一条货物贸易通道，同时更是一条不同区域文化交流的纽带，对中国古代社会产生了重要影响。

一、实现国之重利

盐税是我国古代及近代国家赋税的主要来源之一。海盐盐税是盐税之重中之重，其中尤以两淮盐税为最。唐宋以来，两淮盐利之巨，居天下赋税之半。明清时期，两淮盐利在唐宋基础上得以进一步发展，尤其在清代，两淮盐业的好坏对整个国民经济的运行有着重大的影响。两淮盐业不仅承担了河南、江苏、安徽、江西、湖北、湖南六省大多数民众的食盐重任，而且为国家提供了巨额的课税。在课税方面，两淮盐课可谓对国民经济的运行起着举足轻重的作用。乾隆朝两淮巡盐御史李发元指出："两淮岁课，当天下租庸之半，损益盈虚，动关国计。"[①]两淮盐税之重要，由此可见一斑。此仅就两淮盐税而言，如果再加上其他长芦、山东、两浙、福建及两广等盐区盐税，其重要性更是不言自明。

二、促进社会稳定

海盐商路的形成与发展，一方面有力地促进了商路沿岸城市与贸易经济的发展与繁荣，另一方面解决了产销各地及沿岸城市众多老百姓的淡食之苦和就业问题，使其依托海盐经营与其他商品贸易得以安居乐业。同时，海盐盐路对于盐商队伍的形成与发展，也起到了很好的推动作用。依托历代食盐专卖特权，海盐盐商积累了巨额的社会财富。拥有巨资的盐商虽然将大量的资本耗费在了奢侈消费、结交权贵、捐输报效等方面，但他们同时也承担了部分社会责任，将不少资金投向了文化教育、社会救助等公益事业。盐商的所作所为对于社会

---

① 嘉庆两淮盐法志卷55。

的稳定也起到了很好的安固作用。

三、形成商贸网络

海盐商路作为历史上特色贸易商路之一，与丝路、茶路及粮路一样，发挥过重要的商贸作用。它与其他商路或相互交织，或相互叠加，或平行相向，共同组成了我国古代沟通国内外及不同地区间丝、粮、茶、盐及其他商品买卖的商贸通道和流通网络。在推动我国古代商品流通与货物买卖过程中，各商路既自成体系，又相互联系、相互交织。正是依托该商贸网络，海盐的生产与销售不仅有力地促进了食盐产地区域经济的发展，同时使得原本经济并不发达的天津、扬州、仪征、淮安、泰州、汉口等城市，从西汉时起，就开始沿着水路融入了全国巨大的商贸网络之中。

四、促成文教繁荣

依托海盐盐路及食盐专卖政策而发展起来的历朝历代之海盐盐商，均有重视文教、捐资助学之传统。其目的虽然主要是为其子弟创造和提供就学机会，为他们接受教育、读书入仕提供方便，使之走上"学而优则仕"之路。但在此过程中，盐商们的所作所为也为繁荣地方乃至全国文教事业发挥了积极的作用。尤其是对其聚居地（如扬州、天津、广州、汉口、淮安、泰州等地）文化事业的建设和发展起到了显著的推动作用，带动了地区经济文化的整体进步和繁荣，使聚居地形成了商业发展与文化发展相互促进的局面。如明清时期淮安河下因两淮盐商对教育的资助、支持和参与，结果人文蔚起，科名相望。文化繁荣也带动了河下的商务兴盛和市场繁荣。再比如，长芦盐商对天津近代教育更是做出了重大贡献。今日之巍巍南开中学、南开大学、天津大学、河北工业大学、天津财经大学、天津高等医学专科学校的建设与发展，长芦盐商可谓功不可没。[①]

[①] 张绍祖.长芦盐商对天津教育之贡献.盐业史研究，2012（3）。

扩展阅读文献

1. 吴慧.中国盐法史.北京：社会科学文献出版社，2013.
2. 吉成名.中国古代食盐产地分布和变迁研究.北京：中国书籍出版社，2013.
3. ［美］罗威廉.汉口：一个中国城市的商业和社会（1796—1889）.江溶，鲁西奇，译.彭雨新，鲁西奇，校.北京：中国人民大学出版社，2005.
4. 张利民.长芦盐业与天津的政治地位提升和经济发展.盐业史研究，2012（3）.
5. 荀德麟.历史文化名镇淮安河下.江苏地方志，2002（6）.

06
Theme VI

第六章
井盐商路

视频
井盐——
深海井

视频
井盐——
卓筒井

　　井盐是指天然卤水,"凿井取卤,煎炼成盐,名曰井盐。"早在战国时期,我国已开始了井盐生产。中国井盐开采最早的是地表浅层的天然卤水,其开采时间长达1 200多年。11世纪中叶,开始开采地下深层卤水。之后,在清代形成了较为成熟的深井钻凿技艺,井盐产量得到前所未有的提升。井盐商路特指历史上运销四川、云南所产的井盐而形成的辐射四川、云南、贵州、湖北、湖南、重庆等地区的商贸路线。我国早期生产井盐的卤水主要开采于四川、云南、西藏、甘肃等地,尤其集中在四川和云南,井盐商路便由四川、云南向周边省份扩展而形成,成为西南乃至全国社会经济发展的一个重要推动力。

清代四川盐井凿井图

第一节　井盐商路历史沿革

井盐商路的形成与井盐产地及井盐销区的分布直接相关，井盐产量的提升和产区的扩大则直接推动了井盐从产地向我国中西部广大地区的扩散，渐趋形成了一个以井盐销售为中心的商路网络。因为盐路历史悠久，贯通古今。与丝路、茶路等其他商路不同，其发展进程没有明显的兴衰变化标志，故井盐商路的历史沿革以较为固定的路段作为专题阐述。

一、川黔段

川盐入黔，是明代以来至近代贵州食盐来源的主要方式。贵州素不产盐，历史时期所食之盐主要是川盐、淮盐、粤盐和滇盐。元代，贵州即开始食用川盐。"至元二年，是为贵州食川盐之始。"明代"洪武三年，募商纳米中盐，普安、普定、乌撒、乌蒙等处皆杂给淮、浙、四川、安宁等盐"。清代顺治十二年（1655年），贵阳、安顺、平越、都匀、思南、石阡、大定、遵义，以上府州食川盐。至乾隆中期，"不食川盐者惟黎平一府"[①]，即贵州全省几乎全仰仗自贡、乐山、遂宁、彭水等地的川盐供给。

"蜀盐走贵州，秦商聚茅台"，这是清代诗人郑珍对贵州地区运销川盐的真实写照。川盐运黔通道，主要依托仁岸、永岸、綦岸、涪岸四大盐岸，再由"四岸"转运至黔境各地。

1. 仁岸盐道

仁岸盐道，是以四川泸州市合江县城为起点，主线是合江—复兴—丙滩场—胡市镇—土城—顺江场—兴隆场—三合树—茅台村—鸭溪—刀把水—遵义、贵阳等地，逆赤水河而上，水运止于茅台，再转陆运至贵阳、黔西、安顺等地。仁岸主要依靠赤水河航道，该河段滩多水险，实行水陆结合，采用不同船型分段运输的方式。

---

① 丁宝桢.四川盐法志卷10.光绪八年刻本。

2. 永岸盐道

永岸盐道主线是叙永县—普市—赤水河—金银山—毕节—兔场—南毗—水程（城）厅—鸡冠营—代马—普安厅。可分为两条主要分线：其一是经过叙永的雪山关—大定的瓢儿井—大方—织金—普定—安顺—永宁—镇宁，其二是叙永—赤水—毕节—大方—黔西—威宁—水城—兴义—盘州市。该段盐道，主要采用人力背运和马帮运输的方式。

◆ 叙永雪山关

3. 綦岸盐道

綦岸盐道自重庆綦江上运至贵州桐梓县属的松坎起岸。其主线是綦江区三溪—盖石洞—越水镇—牛口石—松坎—新栈—中冈—枧坝—绥阳县—遵义市—羊崖关—崖坑场—瓮安县—平越县—都匀县。有三条主要分线：其一是运至正安县、湄潭县、瓮安县和荔波县；其二是运至桐梓、遵义、息烽、定番、平越、都匀、独山；其三是运至广顺、罗斛等地。该段盐道以綦江水运为主，上岸后通过人力背运、马帮运输分销。

4. 涪岸盐道

涪岸盐道以重庆涪陵为起点，溯乌江经彭水至酉阳龚滩，由龚滩经贵州沿河、思南进入黔境腹地。其主线是涪陵县—小溪场—边滩—羊角碛—江口镇—彭水县—龚滩—沿河县—新滩—潮底场—思南府—葛内渡—塘头场—石阡府—龙家沟—思州府—龙溪口—镇远府。主要支线有两条：其一为龚滩转运至思南、沿河、秀山县城、松桃及铜仁城区；其二为从彭水县运至正安、务川。此段运道以乌江水运为主，上岸后采用人力背运和马帮运输方式分销。

◉ 松坎古盐仓

二、川滇段

云南本产盐，但是滇东北的昭通、曲靖地区与云南盐产地之间的道路险远，是滇盐较少输入的地区，这些地区的民众食盐短缺，主要依靠川盐接济。云南会泽、巧家、昭通、永善、绥江、鲁甸、大关、镇雄、彝良、盐津、宣威等地在明清及民国时期长期食用川盐，是川盐销滇的主要区域。运往云南的川盐，主要是自流井、贡井、犍为、五通桥盐场及凉山盐源县的食盐。据史料记载，早在明洪武元年（1368年），自贡井盐便开始运往云南昭通、镇雄地区。

川滇古盐道主要有三大路线。其一，乌撒入蜀旧路线，即叙永—毕节—威宁—宣威，再从宣威运至沾益、富源等地。其二，大致沿着"五尺道"的路线，即宜宾—珙县—高县—筠连—盐津—豆沙关—大关—昭通—鲁甸—曲靖。上述两条运输路线的食盐主要来自自流井、贡井、犍为及五通桥的盐场。其三，"润盐古道"路线。四川凉山彝族自治州盐源县以白盐井和黑盐井为主要产地的食盐，经西昌、攀枝花、木里到达云南宁蒗、永胜、华坪及丽江。

● 盐津豆沙关古道

三、川鄂段

川盐入鄂，在历史上对川盐的生产和运销产生过重要的影响，尤其体现在太平天国时期和抗日战争时期的两次"川盐济楚"。当时，海盐运入湖北受阻，湖北、湖南的食盐需大量依靠川盐接济。运入湖北的食盐主要是产自自贡的富荣盐场、乐山地区的犍为与五通桥盐场、巫溪的大宁盐场、开县的温汤井盐场、云阳的云安盐场、彭水的郁山盐场和忠县的䀎井、涂井盐场等。清代民国时期，湖北的鹤峰、来凤、建始、宣恩、利川、长乐坪、咸丰、长阳、宜昌、江陵、公安、石首、监利、松滋、枝江、宜都、襄阳、均县、光化、宜城、南漳、钟祥、京山、潜江、天门、郧阳、房县、竹山、竹溪、郧西、保康、荆门、当阳、远安、枣阳、秭归等地均为川盐销区。

川鄂古盐道分布线路，总体上呈"四横一纵"的格局。"四横"即长江线、汉水线、清江线和酉水线，"一纵"即由万县（万州）、奉节等长江盐运码头出发，经陆路翻越大山到湖北恩施，并辐射到湖南凤凰等地。长江线，是川盐入鄂的最主要的运道，自贡、犍为的盐运至泸州，由泸州进长江经江津、朝天门、涪陵、丰都、奉节、巫山沿川江顺流而至湖北的巴东、秭归、宜昌、沙市；忠县、云阳、奉节的食盐直接顺长江运往湖北腹地；巫溪的食盐经大宁河运至巫山后进入长江，再顺江进入湖北销区。汉水线，巫溪、云阳的食盐陆运至竹溪、竹山后再由堵河转运至汉水，由汉水向郧阳、襄樊、荆门运至武汉。清江线，自贡、忠县的食盐水运至石柱西沱，再陆运至恩施，由恩施经清江水运至景阳、水布垭再至长阳、宜昌。酉水线，酉阳、秀山、彭水方向的食盐经利川忠路到咸丰再至来凤，其中一条支线沿酉水进入湖南洞庭湖流域；另一条支线向东经宣恩、鹤峰，再经渔洋河由宜都入长江，进入湖北江汉平原。"一纵"是万州、云阳、巫山、奉节、石柱等方向的食盐在水码头起岸后，翻越七曜山，运至利川、恩施、宣恩、咸丰及来凤等地。此外，运往竹溪、竹山的川盐则进一步转运至陕西安康、镇坪等地。

四、川湘段

湖南与四川并不接壤，川盐需通过湖北或贵州境内到达湖南。川盐运湘，主要是从恩施、酉阳、铜仁3个方向转运入境。第一，恩施方向的川盐进入湘西主要有两条路：其一是经建始、恩施、宣恩、来凤进入龙山、桑植、永顺；其二是经恩施的建始花坪、景阳双土地、石灰窑、鹤峰，进入桑植，再到张家界等地。第二，酉阳方向的川盐，经湖北咸丰、来凤到龙山；或经里耶、洗车河到龙山，再经桑植、张家界、石门到澧县，到澧县后部分盐又经常德进入洞庭湖流域。第三，铜仁方向的川盐，主要是从涪岸经乌江运至铜仁后，转运入湘西的里耶、凤凰及洪江等地，再转运至沅水，由沅水进入洞庭湖流域。

五、滇盐运线

滇盐的运输路线主要分为滇中、滇西和滇南三大区域，其主要线路为：（1）滇中。民国时期的主要干线为：沿元（元永井）平（一平浪）到昆明，再从昆明到宜良、开远一带，再到曲靖、沾益。（2）滇西。滇西各场产盐用人力及驮马等运到洱源县右所，用木船沿洱海运至下关，再运至保山、龙陵一带。（3）滇南。民国年间，有磨黑至元江、按板至元江、元江至蒙自3条线。由元江至蒙自又有2条线：一是沿红河以木船运到斐脚起旱，再用牛、马驮运到个旧、建水。二是沿旱路驮运至石屏，再转运至蒙自。

井盐的对外运销异常艰难，各线路分别须翻越武陵山、大巴山、大凉山、乌蒙山、七曜山、方斗山等山脉，依托沱江、乌江、汉江、郁江、清江、沅江、永宁河、大宁河、赤水河、南广河、澧水、酉水等大江大河，经过重重的跋山涉水方能抵达外省销区。通过这些自然地理的山脉和河道沟通起井盐与销区之间的联系，让日常必需的食盐进入千家万户。

第二节　井盐商路沿线城镇

大规模的食盐跨区域运输需要大量的人力及沿线提供食宿等服务，位于井盐商路起点及沿线交通节点上的城镇逐渐繁荣和兴盛起来，成为因盐产和盐运而兴的商埠，代表性的有自流井、贡井、西沱古镇、丙安古镇、龚滩古镇、茅台镇、土城镇、黑井古镇及石羊古镇等。

一、自流井

"自贡之所以成为自贡者，均发源于'盐'也！"自贡素以盛产井盐闻名，被誉为中国的"盐都"。自贡井盐业发端于东汉章帝时期（76—88年），晋代渐具规模，唐代日趋发展，宋代闻名于世，明代进一步发展，清咸丰、同治年间（1851—1874年）步入鼎盛，抗日战争时期走向辉煌。清末民国时期"自流井产盐最富，号称川省精华之地，宜乎金融活动，有操纵全川经济之实力"[①]。自流井是自贡市的中心城区，是千年盐都自贡的政治、经济、文化、商贸中心。自流井开凿于明嘉靖年间（1522—1566年），它的崛起开启了自贡盐业的新时代。天启年间（1621—1627年），自流井一带已有盐卤、天然气井380眼，形成了一个天车架鳞次栉比、井灶星罗棋布的新盐区。清雍正七年（1729年），由于自流井地区盐业的兴盛，自流井县丞署应运而生，专司盐务。乾隆、嘉庆时期，自流井已成为仅次于射蓬、犍乐的四川三大盐场之一。太平天国和抗日战争时期，自流井凭借丰饶的资源、精湛的技术、广阔的市场和高额的利润，步入鼎盛和辉煌时期，独执四川井盐生产之牛耳，成为"富庶甲于蜀中"的川省精华之地。在历史上，自流井不仅是自贡盐业生产的中心产场，而且是自贡井盐外运的重要枢纽、盐运重镇。

---

① 吴炜.四川盐政史卷12，1932年铅印本。

二、贡井

贡井原名公井，因境内留存有 1 400 余年前的大公井而闻名，既是一座历史悠久、源远流长的盐业重镇，也是一个井盐运销极为繁忙的重要盐埠。北周武帝时期（561—578 年），在大公井所在地设公井镇。唐武德元年（618 年），于公井镇置荣州，升公井镇为公井县。北宋庆历年间（1041—1048 年），贡井地区成为卓筒井的发祥地之一，为人类文明的进步和科学技术的发展做出了卓越的贡献。明洪武九年（1376 年），在"新罗二井设盐课司"，改公井盐监为公井盐课司。嘉靖时期（1522—1566 年），公井更名为贡井，并沿用至今。清雍正七年（1729 年），由于贡井地区盐业的兴盛，贡井县丞署成立，专门负责贡井盐场的产、运、销、缉、税事宜。咸丰、同治年间和抗日战争时期，贡井盐场因"川盐济楚"步入高速发展的黄金时期，与自流井盐场一起成为四川首屈一指的井盐产场。

三、西沱古镇

西沱古镇地处黄金水道长江的南岸，是石柱乃至武陵山区借江出海的重要口岸，与长江名胜石宝寨隔江相望，因古代商业尤其是食盐贸易和转运而发展兴盛。西沱镇古为"巴郡之西界"，地处长江南岸回水沱，又因地处忠县、石柱、万县交界处，故俗称"西界沱"。川盐在西沱起岸后，转陆运翻方斗山，运至湖北腹地，西沱成为川盐销楚的重要中转站，担负起川盐外运的重任。清代《石柱直隶厅志》上记载西沱"水陆贸易，烟火繁盛，俨然一郡邑也"，反映出昔日的繁荣景象。西沱古镇以云梯街及明清、民国时期民居建筑群为主体。云梯街古街道西起长江岸边，沿山脊蜿蜒而上，石梯层层叠叠，宛如登天云梯，故称"云梯街"。该古街原长约 2 000 米、宽 2～6 米不等，在岩石上凿成或条石砌成街面、阶梯，现存的平台为当时盐道上背盐人的歇气坎。明清时期有商号 100 余家分布在云梯街，以经营川盐、茶叶、蜀货等特产著名。清代民国时期的云梯街两旁，有春林药铺、绸缎庄、黄家馆、兴顺祥、冉氏客栈、生记客栈、永茂祥、土地庙、张爷庙、关庙、财神庙、熊家大药房、正荣和、德盛祥及泰和号等商铺、民居建筑和庙宇。清末民初，云梯街上端有官办的同济盐店，民间称之为"上盐店"，云梯街下端有清代举人杨氏经营的"下盐店"，当时这两个

视频
巴盐古道
——主要
线路

视频
巴盐古道
——西沱
古镇

盐店生意十分兴隆,来往盐贩、挑夫络绎不绝。西沱镇南峰村楠木桠组的古道是境内保存得较为原始的古盐道,主体由山间古道、驿站遗址及修路功德碑组成。古盐道依靠山势的高低逐级蜿蜒而上,并在古盐道上遗存了一块咸丰十年(1860年)立的记载修建该段古道的碑刻。西沱境内遗存了大量的盐运器物,包括背篓、马灯、刮汗篦等,是历史时期西沱盐运情况的有力物证。2003年,西沱镇成为全国第一批国家历史文化名镇。2009年,云梯街被公布为第二批重庆市重点文物保护单位。2011年,西沱"盐运民俗"入选重庆市第三批市级非物质文化遗产名录。西沱古镇对研究古代盐业运输贸易、盐运习俗、城镇起源等具有重要的意义和价值。

✤ 西沱镇云梯街背盐习俗展演

四、丙安古镇

丙安古镇,古称丙滩场,是赤水河畔千年古镇,旧时为赤水河航运相当繁荣的水陆码头。丙安古镇历来为川南入黔古道上的重要场镇,是商贾云集的重要场所。它的发展和兴衰,与赤水河的航运史、盐运史密不可分。明清以来的数百年间,丙安古镇因居赤水河中游,凭借着丙滩水路天险和穿风坳陆路咽喉,而成为盐船云集、水陆分流、商贾汇聚、物资集散的重要码头和商埠。丙安古镇既是赤水河中游与下游的分界地,又是过往商旅的食宿站,还是川盐水运转陆运的中转站。古镇内,客栈、饭馆、茶馆林立,食盐、竹木、茶叶、毛皮、药材等物资交易频繁;赶集山民、驻行客商云集互市。据赤水地方史志记载，赤水地域在秦汉至宋初千余年间，并无县级治所设置；长期以来，均归属古代巴蜀地方政权辖治。直至北宋大观三年（1109年），政府才开始在赤水河中下游一带设立县级行政机构。当时的县衙治所，距丙滩场不足20公里。这期间，应当是丙滩由村落发展为集市的阶段。

❁ 丙安古镇

五、龚滩古镇

龚滩古镇是重庆市历史文化名镇。龚滩地处酉阳县、彭水县和贵州省沿河县的结合部，乌江、阿蓬江的交汇处，水陆交通便利，自古以来是川（渝）、黔、湘、鄂客货中转站，素有"钱龚滩"之美誉。历史上，龚滩主要是因水陆的物资转换而发展兴盛起来，是涪岸川盐运输黔东北地区的重要集散地，是乌江流域一个非常典型的因盐运而兴的古镇，运输自贡等地的巴盐已有千年的历史。龚滩自古以来便是乌江流域乃至长江流域著名的货物中转站，是在大江大河边上保存完好的千年古镇。悠久的历史孕育出了独特的人文景观和民族文化。这里的土家吊脚楼悬空托起，气势恢宏，被专家赞誉为"绝壁上的音符"。其古建筑如艺术群雕，堪称古建筑史上的珍品。纤夫文化、码头文化、盐商文化、宗教文化是龚滩古镇活化历史的见证。古镇上的半边仓（盐仓）、西秦会馆、武庙正殿、冉家院子、董家院子、永定成规碑、周家院子、三抚庙等遗存至今。土家族、苗族的民间习俗、民间戏曲、歌舞和手工艺在古镇得以传承。著名国画大师吴冠中先生赞誉龚滩古镇"是唐街、是宋城、是爷爷奶奶的家"。

● 龚滩古镇（龚滩景区管理委员会提供）

六、茅台镇

"蜀盐走贵州，秦商聚茅台"，这是清代诗人郑珍《吴公岩》诗中的描绘，也是过去贵州地区盐业运销情况的大致写照。茅台镇自清代以来便是黔北名镇，是遵义县西部商品集散中心。

据《安氏族谱》记载，元朝末年，这里只有仡佬族先民用来祭祀祖宗的一片台地上，依然长满郁郁葱葱的茅草，故人们又改称茅草村为茅草台村，简称茅台村，并一直沿用了下来。由此，我们可以看到茅台村的偏僻与荒芜。"乾隆十年，张光泗开修河道，始通舟楫，赤水环绕，盐艘集聚，四川自流井之盐，由是起拨。"这是道光《遵义府志·城池》所记载的茅台村。正是从乾隆十年（1745年）起，茅台村才由穷乡僻壤逐渐演变为繁荣商镇，"茅台春"和茅台酒的前称"茅台烧"才在史籍中出现，有了明确的记载。茅台酒的开发、定型和前期发展的经营主体是陕西盐商；而酿造技术上的主体则是陕西酒师。茅台酒在酿造工艺上与山西汾酒有着渊源，产生的时间上限，应是茅台始通舟楫的1745年。"在清朝咸丰以前，有山西盐商来茅台地方，仿照汾酒制法，用小麦为曲药，以高粱为原料，酿造一种烧酒；后经陕西盐商宋某毛某，先后改良制法，以茅台为名，特称曰茅台酒。"

七、土城镇

土城镇位于习水县的赤水河东岸，水陆交通便利，系川盐入黔的重要码头和集散地，是赤水河的四大码头之一，为黔中腹地西出川南的交通要道，航运文化、盐业文化、商埠文化、长征文化等在这里交相辉映，现为中国历史文化名镇。至今，土城镇还保留了与盐运相关的盐码头、盐号、船帮会馆、戏院及庙宇等。土城镇的兴衰与盐业运销紧密联系在一起，由盐业而带来的航运经济是古镇繁荣发展的重要动力。土城镇还是贵州的博物馆集群小镇，有赤水河盐运文化陈列馆、四渡赤水博物馆等8座博物馆。土城镇位居要塞，自古就是赤水河流域的经济中心之一，以经营自贡盐享誉川黔，数百年来一直是赤水河上川盐入黔的重要码头和重要商埠。自贡盐及许多货物水运到这里后，再经陆路转运到贵州北部地区，久之就形成了居住群，继而发展成为各种功能齐全的集镇。这里曾有过木船云集、盐担蔽街、人流如织、生意兴隆、夜市灯火通明的繁荣景象。现存的石板路、保存完好的盐号和船帮旧址等，都是千里井盐路和赤水河上盐商史的历史见证。

土城盐号旧址

八、黑井古镇

黑井古镇因盐而兴，因盐而名，是一个典型的工矿城镇，所谓"民皆煮卤代耕，男不末耜，女不杼轴；富者出资，贫者食力，胥仰食于井"。无论土著还是外来人口，无不依井谋食：有煎盐的，有负贩的，有输卤的，有采薪的等。黑井古镇位于云南省楚雄州禄丰县西北的龙川江畔，历史上属彝族、回族及汉族共居地区。据史料记载，黑井盐业的正式开采始于唐代南诏时期。依据当地出土的文物考证，早在公元前1 200多年以前的新石器时代晚期，黑井一带就有人类居住活动。在石龙、七局村一带战国墓葬遗址中发掘的大量青铜兵器表明，早在战国时代黑井古镇就以其"醝卤之利"而成为人们争夺、攻守的重要地区。元王朝曾在黑井设黑盐井盐运使司，明、清设黑盐井盐课提举司。黑井古镇有灯会、太平会、洞经会、龙王会、财神会等传统节日活动。现存的大龙祠、文庙、观音寺、三元宫、诸天寺和松平清真寺还保持着明清建筑的风貌和格局。古镇保存较好的、有代表性的古建筑有三坊一照壁的包家大院、王子形的武家大院、由三个天井组成的王家四合院。黑井古镇于1995年3月被列为云南省历史文化名镇，于2005年被列为中国第二批历史文化名镇。[①]

九、石羊古镇

石羊古镇旧称为白盐井，位于云南省大姚县城西北部，是云南省首批命名的历史文化名镇之一。石羊为盐业古镇。据《华阳国志·南中志》记载，远在汉、晋时期，蜻蛉县（今大姚）就设有盐官。石羊一名即因传说中开凿盐井时获得石羊而得名。明、清两代官府在石羊古镇设白盐井盐课提举司，民国元年（1912年）置盐丰县后成为盐丰县治所在地。据清《续修白盐井志》载，石羊地区"惟以卤代耕，不务农业。士之外，多有从公为盐务司事以谋薪水者。其余或为售盐商贩，或为担汲卤夫"。石羊古镇的集市贸易，是随制盐业的逐步发展而形成并不断扩大的。到明、清、民国时期，石羊集市已成为附近规模较大的商品市场，成为当地重要的集市贸易中心。汉代开采食盐之初，集市所在地多为少数民族，规模较小，集市贸易多以物易物。清道光二十六年（1846年）石

---

① 保明虎.楚雄州盐业志.昆明：云南民族出版社，2001：290-295。

羊的人口已达到3 100户,"俨然一大集市"。其中,食盐销售是集市的主要商品。清末民初,每天进出盐区的马匹多达四五百匹,商贩二三百人。商人、马帮大都为买盐而来,每天盐仓前挤满了盐商、挑夫、牲口,购买批发食盐后,源源不断运往各地。①石羊古镇的文化遗存十分丰厚,地域和行业特色浓厚的开井节是因石羊地区盐业生产而形成的生产性节日,现存文物有孔庙、孔子铜像、古塔、贝币等。其中,石羊孔庙内有中国现存体积最大的一尊孔子铜像。

第三节　井盐商路盐商

盐商,是从事盐业生产、运输、销售的商人。有专营盐业者,也有兼营者。战国及两汉时期,已有猗顿、刁间等著名盐商。汉武帝时,设盐官,其时盐官多出身于盐商。唐代刘晏改盐法,食盐运销由盐商办理。宋代行盐区域确定后,盐商成为具有垄断特权的专商。元明时期,盐商势力更盛。因经营内容、方式、性质和地域的不同,历代盐商亦有不同称谓。如行钞盐法时名钞商,行引法时名引商,还有票商、纲商、水商、内商等。四川盐商有厂商、井商、灶商、岸商、行商、边商、引商、票商、楚商等,云南盐商有运商、包商、灶商等。盐商是我国历史上非常重要的商人群体,对区域政治、社会、经济、文化的发展有举足轻重的作用。

◈ 盐商会馆——自贡西秦会馆

① 保明虎.楚雄州盐业志.昆明:云南民族出版社,2001:275-289。

一、王三畏堂

在我国井盐业发展史上,自流井盐商家族王三畏堂是19世纪中叶中国最大的工场手工业资本集团。王三畏堂是四川自流井王氏家族的堂名,是自贡盐场老四大家族之一。王三畏堂的兴盛是从王朗云时期开始的,他的祖先在明末清初从湖北迁至四川富顺县自流井居住。这个家族在自流井世代以盐为业,其时间大致为清道光至民国的一百年间。王三畏堂在经营上不仅把井盐业的四大主要业务井、笕、灶、号包罗无遗,还对盐业生产之所需物资及金融周转都设商号加以经营,集土地、工业、商业于一体。王三畏堂仅在楚岸的运盐总额,即占商运楚盐总额的24%,因而王三畏堂有"富甲郡邑""富甲全川"之称。

二、吴景让堂

吴景让堂是乐山五通桥牛华溪一个盐业大家族的堂名,自道光十二年(1832年)由湖南入川,经营盐业三世而成为犍乐地区最大的盐业资本家。吴景让堂经营盐业的重要发家人是吴德嵩,因其岳父是盐商的缘由便开始涉足盐业。积累足够资本后,又涉足其他工商业,如成都的大丰绸缎庄,乐山、宜宾之新兴益百货店,重庆之乐山肥皂厂,以及后太平寺、年路口至丰旺煤矿、兴义煤垣等。

三、华联辉世家

华联辉(1833—1885年),字柽坞,遵义县南乡平水里(今团溪镇)人。咸丰年间贵州农民大起义,南乡一带迭遭兵焚,难以安居。同治元年(1862年),华联辉举家迁到省城贵阳,经营盐业。由于经营妥善,十来年间便积累白银数万两。华联辉又于光绪元年(1875年)考中举人,成为名副其实的儒商。

光绪三年(1877年),贵州平远(今织金县)人丁宝桢总督四川,决意修改盐法,派道员唐炯(贵州遵义人)督办盐务。经唐炯的推荐,华联辉当上了丁宝桢的总文案,协助唐炯办理盐务,推行新盐法,把原来规定的商运商销改为官运商销。由于华联辉办盐有功,经丁宝桢奏请,华联辉以特任知府留川补用。华联辉之弟华国英(又名健庵),也是举人出身,协助兄长经营盐业,历署新都、合川、叙永等州县,后来一直当到四川官运局总办。华联辉、华国英兄弟二人以此获得了川盐运黔的大部分专利权，在仁岸（茅台）和贵阳开设了永隆裕、永发祥两大盐号，还在永岸（叙永）开设了永昌公盐号，一跃而成为贵州垄断川盐销售的最大盐运商，发了大财，进而广置田产，收租万石，成为黔省第一巨富。当时贵阳有"唐家的顶子、高家的谷子、华家的银子"的说法。

华联辉之子华之鸿（1871—1934年），字延厘，后来将主要精力从事商务活动，其盐号所属铺面数百家，布满大半个贵州，获利颇丰。[①]

华之鸿一面继续经营盐业，一面积极参与地方政治活动。他接管了家营的永隆裕盐号，主持仁怀到贵阳一带盐业的运销。他的盐业经营规模庞大，大至省城贵阳，小至黔西北的乡村场镇，都有其盐号和专卖点。华之鸿还倡议开凿涪陵口岸乌江盐运航道。他出资委托当时的贵州商会总会长、盐商徐屏臣主持。民国二年，雇用熟练水手，开大船两只，第一次对乌江进行了远程探测航行。经营盐业而致富的华家，是贵州第一个也是最大的民族资本家。[②]

第四节　井盐商路历史影响

井盐商路是历史上跨区域配置食盐资源的孔道，促进了沿线经济社会发展、区域开发、民族发展进程及文化交融与互动。可以说，井盐商路像血脉一样串起沿线的大小城镇和村落，勾连起盐产地、沿线和销区的经济和社会文化，促进了土家族、苗族、彝族、仡佬族等少数民族地区与外界的交流。

一、增加了国家税收

"盐为食用之品，无论贫富，在所必需，人人皆当食盐。即人人皆负纳税之责，故税之普遍者宜，莫如盐矣。"[③]食盐，是我国古代及近现代重要的税收征收对象，是政府财政收入的核心组成部分，盐税曾经是政府财政收入的重要来源，被誉为"国之命脉"。史籍记载："夫盐，国之大宝也。"[④]"盐者，国之重

---

① 黄万机.三代儒商——贵州华氏家族.贵州文史丛刊．2002（2）。
② 李德芳，林国忠.贵州最早的民族资本家华之鸿.贵州文史丛刊，1981（4）；吴永贵.华之鸿，创文通书局留香西南.光明日报．2008年12月13日。
③ 吴炜.四川盐法志·通论.1932年铅印本。
④ 陈寿.三国志·魏志·卫觊传。

利。""天下之赋，盐利居半，宫闱服御、军饷、百官俸禄，皆仰给焉。"[①] "国家经费，盐利居十之八。"[②] 相当长的历史时期内，云南的盐税在财政收入中位居第二，仅次于田赋。民国元年（1912年），盐税占云南全省财政收入的约28%。而且，井盐的税目和形态极其多样和繁重，仅以四川富荣盐场的税收为例，便可管见井盐业的税收之重（见表6-1）。

表6-1 清末民国时期富荣盐场盐税税目

税种	税目
正税	锅课、引税、正税、产税、销税、专卖利益、盐税
附加税	截角、美余、纸朱、脚力、票厘、引厘、渝厘、黔税厘、滇税厘、盐斤加价、保险费、护商费、马路捐、统一附加税、整理费、外债附税、建设专款、公益费、偿本费、盐工福利费、专卖管理费、食盐战时附加税、国军副食费、盐场建设费
基金	防空捐、商本保障基金、差价补偿基金、井灶保障基金、护运费、搬滩过坳费、预加抵补费、自贡市平价米差价补贴费、盐井河堰闸建设费、保险费、市政特捐、生产建设费

二、开拓了流通渠道

井盐商路是沿线经济发展的生命线，是可与南方丝路、茶马古道媲美的重要战略性物资运输通道，是历史上跨区域配置食盐资源的典型。井盐商路作为商道，不仅供食盐运输，也是茶叶、马匹、铜矿、桐油、中药材、粮食、生漆等交换的通道，促进了物资的流通和商贸网络的形成，对沿线商品经济的发展、集镇的形成具有重要作用。

三、传播了区域文化

井盐商路促进了沿线的区域开发，对区域社会经济发展的进程有重要意义。井盐运销对赤水河流域、乌江流域的开发，对黔北、滇东北、神农架林区、武

---

① 欧阳修，宋祁，等.新唐书·食货志。
② 宋濂，王祎，等.元史卷170。

陵山区、乌蒙山区、大巴山区等地的历史发展有较大的推动作用。同时，井盐的运销也增进了汉族与土家、苗、彝、藏等少数民族之间的联系。盐业运输对井盐产区与销区的交通建设有突出的贡献，这对处于大山区的云南尤为明显。云南绝大部分地区山路崎岖，极少水运，以马帮为主要运力；而马帮运输可以历千年而不衰，与大宗稳定的盐运是分不开的。比如1926年，昆明设立黑井区食盐运销处，收益拨作修筑公路、桥梁、涵洞经费。此后，不少主要运盐干线直接由盐业投资建设，如1927年修复磨黑井盐跨元江所经的把边江铁桥和乔后盐西运要津的西里铁桥，1933年新建元（永）平（一平浪）公路等。并且，井盐商路是文化传播与交融的孔道，促进了沿线地区文化的繁荣及多元文化相融共生的局面。长期大规模的川盐运销，对沿线民族文化的多元性和包容性的形成，及当地文化的传播和交流有深远的影响。

清代川盐水运上滩图

四、保证了社会稳定

井盐商路对中国古代及近代民族国家的治理和边疆地区的稳定有深远影响。先民历经千辛万苦将川盐运入滇、黔、鄂、西康等边区，为民族地区和边区提供了稀缺的食盐资源。井盐商路成为西南和中南地区的汉族、土家族、苗族、彝族、藏族等各民族之间经济联系的通道，对维护民族、政治及边疆的稳定具有重大作用。

扩展阅读文献

1. 自贡市盐业历史博物馆.川盐文化圈图录：行走在川盐古道上［M］.北京：文物出版社，2016.

2. 自贡市盐业历史博物馆.川盐文化圈研究：川盐古道与区域发展学术研讨会论文集［M］.北京：文物出版社，2016.

3. 赵逵.历史尘埃下的川盐古道［M］.上海：中国出版集团东方出版中心，2016.

4. 宋良曦，钟长永.川盐史论［M］.成都：四川人民出版社，1990.

5. 黄培林，钟长永.滇盐史论［M］.成都：四川人民出版社，1997.

第四篇 粮路

07
Theme Ⅶ

第七章
运河粮路

视频
运河粮路
概览

在传统时代，水运是相对舒适快捷的交通方式，在当时的技术条件下，为降低成本和增大运量，粮食运输常常借助江河湖海等水运线路进行。运河粮路仅指通过运河并沟通天然河道的河运线路。运河是人工开凿的河道，连接了自然河道，可以实现不间断、长距离的粮食运输。运河又称漕河，漕的本义是水运，利用水路运送粮米，故民间俗称运河为运粮河。

粮食是人类最基本的生活资料，也是较粗重的货物之一，古代有"千里不运粮，百里不运草"的说法。中国人很早就利用水路从事粮食运输，发生在公元前650年（周襄王二年）的"泛舟之役"①，是目前所见河运粮食的最早历史记载。此次运粮从秦国国都到晋国国都，主要利用了自然河道渭水、黄河和汾河，渭水至黄河间一段则换车陆运。中国历史上的漕运制度，就是"伴随食粮转运而形成"②。全国性的运河粮路开始于隋代，主要包括隋唐运河粮路、宋代运河粮路以及元明清运河粮路，其中尤以元代开挖的北起北京、南至杭州的京杭大运河最具影响。虽然"天庾正供"的漕粮不是商品，但由于漕运带动了大规模跨区域的商品流通，使运河粮路成为独具特色的中国商路。历代漕运保证了京城和北方军民所需粮食，有利于国家统一。由于运粮兼带商货，有利于沟

---

① 泛舟之役的故事见于《左传·僖公十三年》：晋惠公四年（前647年）冬天，晋国因连年大旱而发生饥荒，仓廪空虚，晋惠公只好派大臣去秦国筹粮。尽管当时秦晋两国因割地问题仍有些矛盾，但毕竟两国间有婚姻关系，秦国最终同意把粮食卖给晋国。从秦国的都城雍装载粮食上船，经过渭河顺水而下入黄河，再从黄河拐弯北上，转入汾河后进入浍水，到达晋国的都城绛。泛舟之役是中国历史上首次有明确记载的内陆河道水上运输，也是一次借助水道进行的大宗粮食贸易。

② 李文治，江太新.清代漕运.北京：中华书局，1995：1．

通南北经济和商品流通，进而推动了沿线城镇经济社会的发展。自清代后期开始，由于漕粮海运、运河淤塞、交通路线重大变迁等影响，运河粮路的作用日渐衰微。

第一节　运河粮路历史沿革

一、运河粮路的形成与发展

"尽道隋亡为此河，至今千里赖通波。若无水殿龙舟事，共禹论功不较多。"唐代诗人皮日休的《汴河怀古》既指明了汴河运道的交通价值，也道出了其历史上的传承与更替。不仅如此，作为国家大计所依托的整个运河粮路，也经历了一个形成、发展、繁盛乃至衰落更替的历史过程。

视频

运河粮路兴起

中国有着悠久的运河开发史，学术界比较一致的看法是：中国的运河始于春秋时期，最早开凿运河的是楚国，著名的河道有公元前613年楚国开挖的沟通长江与汉水的荆汉运河以及连接长江与淮河的巢肥运河。此后，连接江淮河济的人工运河不断涌现，公元前506年吴王命伍子胥开堰渎运粮，公元前486年吴王夫差开挖了引长江水入淮河的邗沟。到战国时期，一方面诸侯林立的局面阻碍了运河交通的发展，另一方面各诸侯国内部却通过开挖运河使境内交通得到改善，著名的有魏国开凿的联结黄河与济水、汴水、涡水等水系的鸿沟系统。总体来看，早期运河多位于自然水系相对优越的地区，是地区性的、临时性的河道工程，使用时间不长就淤废，主要是为了政治征伐目的，服务于短时期的军事上运粮运兵的需要，但客观上则为社会经济的发展提供了重要条件，为后来全国性的水运交通网的形成提供了基础或借鉴。

文本

中国早期运河

秦代以后随着历史的发展和技术的进步，中国运河的长度及密度不断增加，开发范围扩展至岭南地区。公元前219年秦始皇"使监禄凿渠运粮"，开挖了沟通湘水与漓水的灵渠，将珠江水系纳入全国水运网。即使在水系相对不发达的华北地区，秦汉时期也开辟了连接长安、洛阳的关中漕渠、汴渠。东汉末年开挖了遏淇水入白沟的白沟运河，联结清河、呼沲河和泒水的平虏渠，凿泃河口入潞河的泉州渠。魏晋南北朝时期，有沟通菏水与济水的桓公渎，连接漳水与呼沲水的白马渠，引呼沲水北入泒水的鲁口渠等。至于水网纵横、水运条件优越的南方地区，这一时期人工运河的开挖更加密集。

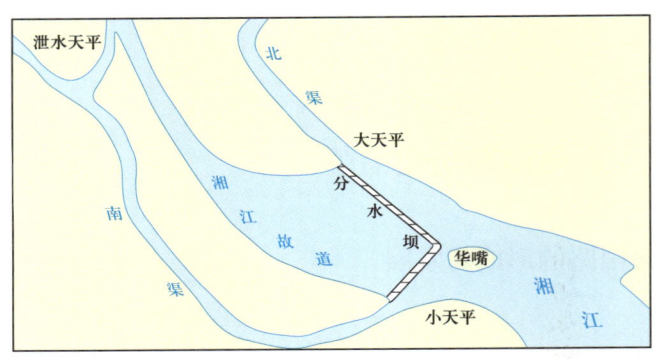

灵渠示意图

春秋战国以后的诸多运河中，对中国历史足以产生重大影响的首推隋唐宋大运河。隋、唐、北宋时期，政治中心所在地远离南方财赋之区，迫切需要物资的调拨调剂，然而一些自然河流无法直接利用，于是开挖人工运河将自然水系连接起来，"由东南而西北的漕运制度由此产生"[1]。于是隋唐时期形成了以洛阳为中心、以北京和杭州为起止点的东南西北方向的大运河，包括通济渠、永济渠、山阳渎、江南河等一系列河段，沟通了五大水系，初步建立起全国性的粮路交通网。隋唐以后中国经济重心不断南移，长江下游地区成为粮食的主产区，有"苏湖熟、天下足"之说。于是北宋时期形成了以都城开封为中心的漕运四渠，即蔡河、五丈河、金水河、汴河，与南方经济重心的联系进一步加强，每年漕运量达800多万石。

元代定都北京后，众多官僚机构、军队以及城市平民的日用供给主要依赖江南。元政府亟须改变前代东南至西北方向的粮路，先后开挖了济州河、会通河，弃弓走弦，取道山东北上。又开挖了通惠河，形成了北起北京南至杭州的南北大运河，改变了隋、唐、宋以洛阳、开封为中心的运河体系，南北向的京杭运河全线贯通。为确保粮路顺畅，运河沿线还设置了闸坝斗门以及一些管理机构，"自是天下利于转输"[2]。但由于新开的会通河岸狭水道浅，故整个元代以海运为重，内河航运仅处于辅助地位，运河粮路的繁盛阶段尚未到来。

文本

南旺分水枢纽工程

---

① 李文治，江太新.清代漕运.北京：中华书局，1995：6。
② [唐]杜佑.通典·食货十。

◆ 元初的运河粮路

二、运河粮路的繁盛

明清时期是运河粮路的繁盛期,其繁盛的基础是一系列的运河治理工程措施以及漕运管理制度的实施。例如,新开了南阳新河、泇河、中运河等黄运分治工程;配套建设了南旺分水枢纽、运河上下闸、湖泊水柜等水源工程;开凿了康济越河、弘济越河、邵伯越河等避湖行运工程;修建了高家堰、黄河大堤等蓄水刷沙工程等。工程措施外,还配套了相应的管理制度,涉及钞关、漕仓、夫役、物料、经费、船只等方面。从而真正实现了运河粮路的全线贯通,以最短的距离纵贯了整个东部的富庶区,从元代的海运为主转向内河航运为主,物资运输以及商品经济的功能增强,运河对社会发展的作用也越来越大。绘制于清乾隆年间的《潞河督运图》,展现了运河粮路上漕船穿梭、店铺林立、人来人往的繁忙景象,是北运河粮路繁华场面的真实写照。

视频
运河粮路
繁盛

◆ 运河船闸

漕河粮路的繁盛主要体现在如下几个方面。

（一）物资的流转

1. 漕运官船

每年沿京杭运河北上的漕运官船达11 000多艘，运军（漕运军队）约12万人，除运送国家规定的有漕运的六省份的正粮400多万石外，还运送竹木、砖瓦、棉花、烟草以及搭载运军随漕船携带的土宜（土产）产品。尤其回空返程时，"每丁兑完粮后，即满载私货以行，船重如山"[①]。

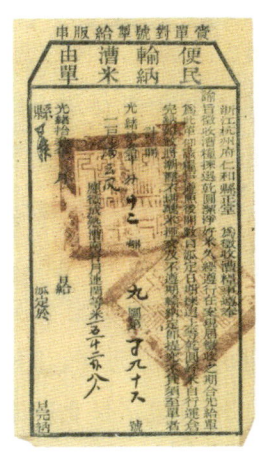 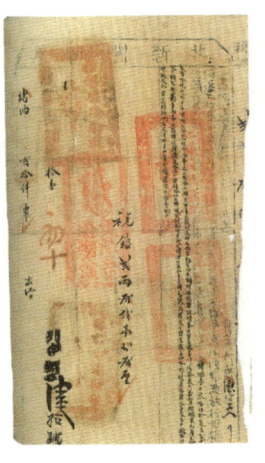

◆ 漕米由单与钞关税单

---

① ［清］毛一鹭.题为转饷竣事敬佐末议等事疏.神庙留中奏疏汇要·户部.

2. 商民船只

除专运江南五府输往内府的"白糙粳糯"18万石的民船外，在其他一些地区也存在漕粮民运。《皇明世法录》载："凡四方朝贡转漕及商旅经营者，率由是道。"据研究，从事商业活动的民船主要短途运送各种农产品以及手工业品，一般集中在粮食、布匹、棉花、盐等几类商品及部分特产品和工艺品上，"民船贾舶，多不可籍数"[①]。

3. 黄马快船

此外还有宫廷用品的运输，运送时鲜贡品的黄马快船上百只，此类船只体积小、速度快。就各类船只的通行次序而言，贡鲜船只享有优先特权，其次是军运漕船，最后是商民船只。运河粮路方便了南北的物资交流，促进了商品的流转，使得京杭运河沿线呈现一片繁忙景象。

（二）机构的设置

唐宋以后，政府设专职官员管理运河交通。到明清时期，为确保粮路的畅通，政府围绕运河漕运活动建立了一整套的管理制度，设置了相应的管理机构，驻扎了大批官员，对运河河道进行疏浚整治，对沿途仓储、税关进行管理。

1. 漕粮仓储的设置

为便于各地漕粮存储转运，明初在天津、德州、临清、徐州、淮安设立五大水次仓，存粮几十万石至上百万石不等。后来随着长运法取代支运法，由军船直接运入京通二仓，五大水次仓的功能削弱，但仍然一直延续到清代。清代仓储粮主要来自附近州县的田赋征解，不仅供应军队需要，还常常用于赈灾救济。

2. 浅铺驿站的设置

明代于运河滨河处设置浅铺568所，用于疏浚河道淤浅。运河沿线还设立50多处水马驿站，不仅用于传递政府文书和情报，还为往来官员、商贾提供便利，为周边民众交换产品创造条件，以驿站为中心的消费需求往往形成新兴的市镇。

---

① ［明］李东阳.重修吕梁洪记.明经世文编·李西涯文集。

3. 钞关的设置

为征收运河商路上的关税，明宣德以后于运河沿线的"客商辏集处"设立浒县、临清、济宁、徐州、淮安、扬州等钞关，"凡各处车辆船只，装载货物经过或彼处发卖，各照货物精粗，定收税银多寡"①。以上七大钞关，六处位于运河沿线，临清关征收船料税兼商税，其他各关均只收船料税。明代后期，由于国家财政困难，钞关所征收税额猛增。清代继承了明代的钞关制度，设立浒墅关、临清关、北新关、淮安关、扬州关等榷关。钞关（榷关）的设置是南北商业贸易激增且集中在运河沿线的结果，反过来又进一步促进了所在地商品经济的发展。

◆ 临清运河钞关

4. 河漕衙门的设置

运河沿线设有河道总督府、漕运总督府、户部分司、工部分司、按察分司等管理机构，有管理人员驻扎巡查。因不同等级、不同类型的管理机构云集于此，运河城镇的政治地位相应会有所提高。"运河之都"淮安以管理机构密集著称，是明清时期的漕运指挥中心、河道治理中心、漕船制造中心、粮食储备中心和淮北食盐集散中心。

---

① ［明］黄训.名臣经济录·题钞关禁革事宜.

（三）人员的往来

在传统时代，水运是相对舒适、快捷的交通方式。由于运河的畅通，在商品经济的刺激下，外来流动人口甚多。雍正元年（1723年）四月五日苏州织造胡凤军的奏折中，描述苏州"系五方杂处之地。惟阊门、南濠一带，客商辐辏，大半福建人，民几及万有余人"。乾隆《淮安府志》称淮安"第以水陆之冲，四方辐辏，百工居肆，倍于土著"。

1. 官司夫役人员

运道的维护、闸座的启闭、关税的征收、货物的剥载、船只的牵挽等，需要大量的机构官员以及铺夫、浅夫、闸夫、纤夫等夫役人员。

2. 士绅客旅及普通百姓

舒适、畅达的交通方式便利了人员的往来，官员士绅、士子客旅以及普通百姓，往往取道运河。流传至今的官绅"旅行日记"可见一斑，日记大量记载了行走运河的情况，仅明代就有杨士奇的《北京纪行录》《南归纪行录》，吴宽的《乙亥上京录》，李东阳的《纪行杂志》，严嵩的《北上志》《西使志》，杨一清的《西征日录》，归有光的《壬戌纪行》等。甚至康熙、乾隆下江南，也多次取道运河。

3. 运军、水手及商人商贩

大量运军、水手以及各地商人商贩前来进行贸易活动，经营谋生，明显的标志是沿线商人会馆遍布。上述人员的往来流动，需要沿途休息游玩，补充给养，这就促进了运河粮路的繁荣。

（四）城镇的崛起

运河商路的畅通，极大地促进了沿线商品经济的发展和人员的往来，促成了沿线一批城镇兴起和繁荣，形成大大小小不同层级规模的商品集散地，如北京、通州、直沽、沧州、德州、临清、聊城、济宁、淮安、扬州、张秋、邵伯等，"商贩所聚……百货倍往时"[①]。北京因物资多来源于外地，有"漂来的北

---

① 续文献通考·征榷考一。

京城"之说。运河城镇多位于水陆交通要冲之区，水网密布、物产丰富，城镇多因漕、盐等原因从无到有、由小到大发展起来，前者如夏镇、清江浦，后者如临清、济宁、淮安、扬州等。其中，小城镇占绝对优势，中等城镇居中，中心枢纽城镇数量最少。天津作为重要的漕运要道和中转码头，是北方的经济重镇。临清在明后期发展成为北方的大城市。聊城在乾隆年间成为运河九大商埠之一，号称"漕挽之咽喉，天都之肘腋，江北一都会"。张秋镇在清代时已"俨然郡邑之观"。济宁在乾隆时升为直隶州，为"百货物聚处，客商往来，南北通衢，不分昼夜"①的场所。淮安为南船北马、九省通衢的咽喉之地，来自湖广、江西、浙江、江南的粮船汇聚于此。扬州在乾隆年间发展成为"四方豪商大贾鳞集麇至，侨寄户居者不下数十万"的大城市。苏州城作为全国最大的商业都市之一，"货物店肆充溢金闾，贸易锻至辐辏"②。杭州在清中期发展成为商业枢纽城市。

运河粮路促进了沿线城镇的发展，在商品流通中扮演着重要的角色，其兴衰变迁取决于粮路的畅通与否，可以说粮路畅则城镇兴，粮路废则城镇衰。后来因铜瓦厢决口导致漕运中断，再加上轮船、火车等新兴交通运输方式的兴起，运河粮路为之一变，城市发展深受影响。

三、运河粮路的更替

自清代后期开始，运河粮路物资运输的作用逐渐减小。一方面，由于漕粮海运、盐法改革、黄河北徙、运河淤塞等因素，运河粮路的重要地位一落千丈，"云帆转海，河运单微，贸易衰而物价滋"③，河道、漕运等管理机构相继被裁撤，商人纷纷转往其他城市。另一方面，由于港口、铁路等新式交通方式的兴起，原来借助运河粮路进行的物资交流商贾随之向沿海转移，大量的粮食等农副产品以及煤炭等工业品不再取道运河，而是转为铁路运输。交通路线的重大变迁，直接导致了粮路的更替。

---

① 乾隆济宁直隶州志·街衢。
② [清]蒋廷锡.古今图书集成·职方典,苏州部分。
③ 光绪淮安府志·疆域志。

（一）铜瓦厢决口与粮路的中断

清代嘉庆以后，漕政弊坏，黄河屡屡决口，运河经常面临淤浅之虞，无奈之下，考虑采用海运漕粮。1826年试行海运，后因朝臣反对，一年后停止。1847年再次试行海运，次年在上海设海运总局，雇用商人船只运漕粮至京师，约10天左右全部船只抵达天津，费用低、效果好，远远超出了预想的效果。1852年江浙漕粮全部改为海运，河运开始废除。1853年湖北、湖南、江西、安徽四省漕粮改折①银两。河漕官员相继被裁撤，政府对黄河、运河的重视程度降低，河患随之加重。

铜瓦厢黄河决口处

1855年，黄河发生了历史上的第六次大迁徙，在河南兰阳铜瓦厢决口改道，夺大清河由山东入海，结束了长达700余年的夺淮入海的局面，京杭运河被拦腰截断。1865年曾试图恢复河运，但没有成功。1872年，李鸿章筹办的轮船招商局承担了粮食的海上运输。轮船运输相对沙船而言，是一种新式运输方式，不仅运量大、运费低，而且更加安全，显示出新式交通工具的优越性，于是漕粮海运成为定例。1900年南方漕粮改用火车由天津运往北京，1901年漕粮全部改折银两。同年，在南方各省漕粮改折以后仍坚持河运旧制的山东省，终将漕粮全部改折，至此运河粮运全线停止。1902—1908年间又裁撤河道总督、漕运总督、督粮道以及运河道厅汛闸各官，于是堡夫、浅夫、闸夫、汛兵、河营、漕夫等夫役失去了工作机会，"悉成游手"②。作为南北粮路的大运河迅速走向衰落。

文本
———
轮船招商局

运河衰落断流后，沿线城镇的发展深受影响，德州"商埠开而京道改变，漕运停而南泊不来，水陆商务因之大减"③。聊城、临清"自南漕折运，……运河已成废渎"④。河床为沿河居民纳租垦种，往来商船大为减少，城镇萧条，商业大受影响，粮行"倒闭无余"。宣统《聊城县志》描述为："迄今地面萧疏，西商俱各歇业，本地人谋生为倍艰矣。"济宁、南阳、夏镇、台庄、安山、开河等地，

① 改折，是指旧时赋税制度中以其他物品或银两替代原定应交物品的缴纳办法。
② 民国续修清平县志。
③ 民国德县乡土志·户口。
④ 民国续修清平县志。

不如繁盛时的十分之一，"航运搁滞，市尘蒙其影响……求如往岁盛时之十一何可得耶"①。峄县"外货不进，内货不出，而峄之生计乃大困"。淮安随着河漕机构的裁撤、海运的兴盛以及津浦铁路、陇海铁路的通车，彻底丧失了南船北马的水陆交通枢纽地位，出现了光绪《淮安府志》所描述的"云帆转海，河运单微，贸易衰而物价兹"，"漕艘停运，江海通轮，舟车罕至，遂日即凋敝，而莫之或卹"的凋残枯萎景象。

（二）近代港口、铁路取代运河粮路

近代铁路、轮船等新式交通运输方式的出现，改变了传统的运输方式和商品流通范围，加快了商品流通的速度。近代以来，随着上海、烟台、青岛等一批沿海港口的崛起，打破了原先以运河为干线的运河城市的南北串联架构，形成了以东西方向为主的扇形交通格局。1843年上海开埠通商，迅速崛起成为长江下游地区新的经济中心，取代了以运河城市苏州为中心的交通网络格局。咸丰十年（1860年）天津被迫开放为通商口岸后，最初城市商业中心在华界，随着租界的发展，城市中心逐渐转移到租界，港口码头等处一片繁忙景象，夫役云集，甘肃、蒙古运来的土产在此等待装卸，以便转运外洋。这种情况下，天津从一个区域商业城市发展为华北地区最大的对外贸易中心。1861年烟台被迫开埠通商，很快发展成为繁华的商埠重镇，形成了以烟台为中心的贸易网络。据《近代山东沿海通商口岸贸易统计资料》，从1864年到1894年，烟台港进出口贸易量迅速增长，在北方港口城市中仅次于天津。到胶济铁路通车以前，烟台已发展成为山东沿海最大的港口城市，直到后来被青岛超越。青岛港的发展晚于烟台，1897年德国强占胶州湾，开始了港口的修建。烟台与青岛凭借着天然良港的地理优势与开埠通商的经济优势，迅速成为中国北方重要的进出口贸易港，不但是山东乃至华北商品物流的集散地，更是中国对开外放的门户与窗口。与港口相伴的是轮船的使用，中国以轮船为动力的轮船航运开始于同治年间，以李鸿章倡办招商局并购买轮船为标志。

近代铁路的兴建，沟通了沿海港口城市与内陆，对漕河粮路的转型起着直接的影响。胶济铁路于1899年兴建，1904年竣工，全长400多公里。胶济铁路筑成后，将青岛港与广大腹地联系起来，改变了山东各地货物的流向，促成了

---

① 民国济宁直隶州续志·山川志。

铁路沿线济南、潍县、周村的发展。津浦铁路从1908年兴工，1912年全线通车，北起天津，南至浦口，全长1 000余公里，与胶济铁路会合于济南，将天津、济南、徐州、蚌埠、南京等城市联系起来，成为我国南北交通的重要通道。

1912年的津浦铁路济南站

津浦铁路的建成，一方面导致了传统的漕河粮路迅速走向衰落，出现了"自津浦路通，运道变迁，岁收俱减""交通惟恃津浦路线"[①]的情况。张家湾因1901年京津铁路建成通车，北运河停止航运，码头彻底废弃。济宁自晚清以来，"粮运改途，河道废弛，津浦通车，于是四方商贩，均改由铁路运输，贸易重心，渐移向济南至徐州一带，该县市况，顿见停滞，不复如昔之蒸蒸日上矣"[②]。淮安清江浦自1912年津浦铁路全线通车后，作为漕运枢纽的交通区位优势至此几乎完全丧失[③]。近代铁路的兴起使扬州的交通地位进一步下降。苏州随着铁路的兴起以及上海的开埠，传统商业贸易地位急剧下降，江南经济中心从苏州转移到上海，出现了"江浙一带富绅，争趋沪滨"的景象。另一方面，促使铁路沿线济南等商业城镇迅速繁荣，一些城镇"因路而兴"。例如，1904年胶济铁路全线通车，将青岛港口与广大腹地联系起来。1912年津浦铁路通车，进一步扩大了青岛的腹地范围，使青岛贸易量剧增。据统计，1906年到1913年间，青岛贸易额由30 723 851海关两增至60 448 850海关两，是青岛开埠后贸易增长速度最

---

① 倪在田.扬州御寇录.//中国近代史资料丛刊·太平天国.上海：神州国光社出版，1953：104。
② 何炳贤.中国实业志·山东省.上海：民国实业部国际贸易局，1934：226。
③ 金兵，王卫平.论近代清江浦城市衰落的原因.江苏社会科学，2007（6）。

快的时期。1910年,青岛在贸易总额上超过烟台,在全国通商口岸中居第六位,仅次于上海、天津、汉口、广州、汕头,成为山东第一大港。① 运河附近州县的输入品,"向由天津、济南运自青岛,铁路通后,皆由青岛或周村运至城内"②。

总之,现代交通的发展提高了商品运输的能力,对传统水运交通影响很大,引起了商业领域的一系列深刻变化。随着黄河北徙、运河断流、漕运衰败,以及港口的崛起和铁路的修筑,明清以来以运河为主干的传统交通格局出现一大转变。一些城镇的商品流通充分利用新的交通形式,以代替传统的运输方式,打破了原先以运河为干线的南北串联架构,形成了以东西方向物资流通为主的交通格局,物流中心已由西部运河流域转移到了东部沿海城市。运河城镇因此大受影响,总体上出现了衰落的景象。不过需要指出的是,运河沿线城镇的衰落情况并非完全一致,有的衰落后一直默默无闻,如临清、济宁、聊城、张秋、淮安、扬州等;有的在衰落过程中伴随发展,如镇江等;也有的发展速度超过了衰落速度,如天津等。

第二节　运河粮路贸易

早在春秋战国时期,越国大夫范蠡利用水运从事商贸活动,被称为陶朱公。唐代李吉甫在《元和郡县志》中描述了运河交通的繁忙景象,称"公家运漕,私行商旅,舳舻相继"。元代欧阳玄记载了运河的贸易与商品情况,称"东南之粟,岁漕数百万石……商货懋迁与民夫日用之所需,不可悉数"。明万历间李鼎描写了运河粮路上"燕赵、秦晋、齐梁、江淮之货,日夜商贩而南,蛮海、闽广、豫章、南楚、瓯越、新安之货,日夜商贩而北"的景象。《利玛窦中国札记》写道,"运河是为运送货物进北京城而建的。他们说,有上万条船从事这种商业运输,他们全部来自江西、浙江、南京、湖广和山东五省"。运河粮路的贸易活动,将中国的南方与北方沟通起来,造就了大规模长途商品流通的基础。粮路上贸易商品多、流通范围大,在全国的商品流通网络中发挥着重要的作用。

---

① 逄振镐,江奔东.山东经济史·近代卷.济南:济南出版社,1998:94-95。
② 光绪高唐州乡土志。

一、运河粮路的贸易形式

运河粮路的贸易可分为商民船贩运、漕船夹带、坐地经营、游商散贩等几种形式。

（一）商民船贩运

明清时期，全国最有实力的商人就是贩运商。[①]贩运包括长途贩运和短途贩运。长途贩运的一般是粗重的大买卖，货物规模大，所需资本大，周转时间长，行程艰难，多选择便宜的线路。与陆路运输方式相比，水路运输因量大价低而成为大宗货物的首选。大运河全线贯通以后，发达的水路交通与特殊的区位优势为长途贩运提供了便利条件，一些大宗商品不再局限于狭小的区域内市场，而是被长途贩运至很远的地方销售。被纳入长途贩运的商品，"一般集中在粮食、布匹、棉花、盐等几类商品及部分特产品和工艺品上，流通机制主要是城市生活消费需求和本地区农业的丰歉"[②]。尤其是粮食，运河沿线出现了许多著名的粮食市场。例如，临清"为四方辐辏之区，地产谷不敷用，尤取资于商贩……秋粮则自天津溯水而至。其有从汶河来者，济宁一带之粮米也。"[③]

根据日本学者松浦章的研究，大运河上每年有4 000只上下的漕船，约占航行于大运河上帆船总数的10%。[④]这样看来，运河上的商船多达四五万艘，其所贩运的商品数量当非常可观。

（二）漕船夹带

漕船夹带主要指运军随漕船夹带的土宜私货。朝廷为体恤运军生活不易，自明洪熙年间始，规定运军随漕船携带一定数量的"土宜"，可以沿途买卖，并且免征课税。[⑤]不断增加的土产品携带，进一步增大了南北物资的交流。除朝廷明文规定的夹带数量外，运军还私自夹带腌猪、豆麻饼、棉花、红黑枣、梨、

[①] 王兆祥，刘文智.中国古代的商人.北京：商务印书馆，1995：27。
[②] 庄维民.近代山东商品流通结构的变迁及其意义.东岳论丛，2000（2）。
[③] 乾隆临清直隶州志卷2市衢。
[④] [日] 松浦章.清代内河水运史研究.董科，译.南京：江苏人民出版社，2010：103。
[⑤] 明初夹带土产数量不超过10石，后来增加为20石，嘉靖时增至40石，万历时增至60石。清代以后，运军夹带数量由60石逐渐增至雍正时的126石、嘉庆时的150石、道光时的180石。

柴、菜等，而且数量更大。运军至京师卸粮后，漕船回空南返时，还沿途违规承揽大量商品，附带私盐，搭载商客，往往导致漕船延迟。

数量庞大的土宜产品的长途贩运，促进了全国物资交流和商品经济的发展，使得大大小小城镇中店铺林立，商贾辐辏，百货集聚。王士性《广志绎》记载，明代杭州城的"湖之丝、嘉之绢、绍之茶之酒、宁之海错、处之磁、严之漆、衢之橘、温之漆器、金之酒"等商品聚集于此。乾隆三十二年（1767年）五月二十一日两江总督的奏折中，明确提到漕河在商品流通中扮演的角色："凡京城所需南货，全赖江南漕船带运。而江南所需北货，亦赖漕船带回。若漕船全停，不惟南北货物不能流通。"嘉庆时学者包世臣在《中衢一勺》中曾提道："南货附重艘入都，北货附空艘南下，皆日用所必需。"

（三）坐地经营

明清时期，朝廷对长途贩运行商的管理非常严格，行商出外经商，需先向政府申请路引，对于无引、引目不符以及持假引者，逮捕治罪。这种情况下，除了部分实力雄厚的大商人外，大多数中小商人会选择坐地经营，在城镇开设市肆店铺或在乡村集市设有固定摊位，从事商品的批发及零售，被称坐商、坐贾、铺户、行户。坐商经营规模大小不等，其中中小商人居多，从事服务行业、饮食业和零售业的居多。他们或者收购零散商货卖给长途贩运者，或者向长途贩运商购买外地商品，或者集手工业者和商人于一身，前店后坊，是运河沿线市镇中的主要群体和中坚力量，活跃了运河区域的商品经济。

此外还有一些游商散贩，本小利微，数量庞杂，活跃于城乡街巷或集市，吆喝叫卖，以服务性行业为多。[①]

二、运河粮路的贸易商品

每年400万石的漕粮运输，是运河上的主要物资，但作为"天庚正供"的漕粮本身以及贡品不是商品。粮路上的贸易商品，主要指借助运河粮路输送的、远超漕粮数量的一般商品，不仅数量多，而且品种繁。《河间府志·风俗》记载

---

① 清代小说《儿女英雄传》第二十二回描写道："但是官船靠住，便有些村妇赶到岸边，提个篮子装些零星东西来卖，如麻绳、棉线、零布袋子，以及鸡蛋、烧酒、豆腐干、小鱼子之类都有，也为图些微利。"

了河北地区的商品贩运情况："贩缯者至自南京、苏州、临清；贩粟者至自卫辉、磁州并天津沿河一带，间以岁之丰歉，或籴之使来，粜之使去，皆辇致之；贩铁者农具居多，至自临清、泊头，皆驾小车而来；贩盐者至自沧州、天津；贩木者至自真定，其诸贩瓷器、漆器之类至自饶州、徽州。"《高唐州志·地理志》记载了明代高唐州的商品来源："缯、绮自苏州、杭州、应天而来，铅、铁自山陕而来，竹、木自湖广而来，瓷、漆诸器自饶州、徽州而来，楮币（纸币）自浙江而来。"《乾隆朝朱批奏折》记载了途经淮安关往来的商品："北路河南、山东、凤阳、徐州等地出产的豆、麦、棉、铁、枣、梨、油、麻等物自此南运，南路江苏、浙江、福建等地出产的绸、缎、布、纸、糖、茶、竹、木等物自此北运。"该奏折还记载了经由扬州关的商品，包括北来的米、麦、豆饼以及南来的丝绸、杂货。许檀《明清时期山东商品经济的发展》一书分析了临清州的商品流通情况：自外地运入的大宗商品有铁锅、瓷器、纸张和茶叶等；经由临清外销的商品主要有棉花、梨枣、丝织品、皮毛制品等。

（一）粮食

在明代的商品流通中，占比例最大的还是粮食，其中值得注意的是长距离的粮食贩运。[①]就运河粮路而言，私商利用运河进行贸易主要是粮商，一是北方各地所产的小麦运往北京，每年有50万~60万石；二是北方的豆、麦通过运河运往南方，当为更多。[②]以山东地区为例，根据许檀的研究，明代鲁西平原的粮食输入途径有二：一是北上漕船随带的南方粮米，山东市场上的稻米大约主要来自漕船所带，嘉隆年间临清市场上即有东吴粳稻。二是灾荒之年官府籴买或招商贩运入境的粮食，嘉靖年间山东、河南歉收，江南米客"个个装粮食来卖"。至清代，运河沿线的粮食流通规模明显扩大，输出、输入量均有明显增长；同时流通范围也扩大，东北这一新的粮产区日渐成为山东输入粮食的重要来源之一。

从运河城镇的具体情况看。德州税关征收的货物，主要是通过运河南北贸易的粮食、布匹、枣果等。临清是重要的粮食转运集散地，"秫粱则自天津溯水而至，其有从汶河来者，济宁一带之粮米也"[③]。大名府小滩镇濒临卫河，是著名的小麦集散地。东昌府聊城城关乡镇普遍设有粮行，著名的有奎兴、聚祥、协

[①] 林葳.明代钞关税收的变化与商品流通.中国社会科学院研究生院学报，1990（3）.
[②] 邹逸麟.山东运河开发史研究.陈桥驿.中国运河开发史.北京：中华书局，2008.
[③] 乾隆临清直隶州志·市衢.

和、文盛、聚和等。恩县小麦由卫河水运至天津销售,每年约"千余石",花生由卫河水运至天津销售,每年约"数百万觔"。阳谷县张秋镇部分粮食来源于河南开封、南阳,由考城、仪丰运至张秋。阳谷县七级镇因粮食转运较多,被称为"金七级"。鲁西南兖州府一带有不少余粮输出。济宁粮食输入输出量均较大,粮食业在商贸行业中最为兴盛,"有籴济宁之谷贩之别地者,亦有籴别地之谷贩至济宁者"①。淮安虽产五谷,但不敷食用,依靠商贾利用舟楫之便从"江、广、光、固"等地输入大米,以及从"河南、山东暨江南凤阳、徐州等处"输入豆麦。粮食是淮安关流通商品的最大宗,占该关税收总额的60%以上。②高邮传统的粮食贸易一直持续到民国时期,"历年输出稻谷,就南门外一处调查,岁约三十万石,麦豆及芝麻等半其数"③。

江南地区因人地矛盾加剧,粮食缺口大,"本地户口繁庶,产米不敷所食,全赖外省客米接济"④。所需稻米借助长江漕路取自江西、湖广,所需豆麦借助运河粮路取自北方各省。康熙间,苏州城周边的枫桥一带出现了专门的米豆粮食市场。乾隆间,浒墅关以米谷为大宗,"税额资于谷麦米粮者,什之六七,资于布帛杂项货者什之三四"⑤,当时过浒墅关的米麦豆粮船每年有五万多艘,过扬州关的麦豆粮船每年有一万多艘(见表7-1)。根据邓亦兵的研究,乾隆时由运河抵达江南的粮食500万石。咸丰以后,江南地区的运河仍旧畅通,无锡成为中国四大米市之一,面粉厂、米厂滨河而建,城北运河两岸的北塘一带,来自湖广、江西等处的粮船,经无锡转运至上海、杭州、天津等城市。

表7-1 乾隆间扬州关、浒墅关通关船舶数

钞关	船舶	乾隆二十四年	乾隆二十五年	乾隆五十五年	乾隆五十七年
扬州关	麦豆船			14 821 只	10 728 只
	杂货船			51 523 只	43 757 只
浒墅关	米麦豆船	58 948 只	54 722 只		
	杂货船	65 090 只	66 741 只		

资料来源:[日]松浦章.清代内河水运史研究.董科,译.南京:江苏人民出版社,2010:147、165。

---

① 乾隆济宁直隶州志卷31艺文.
② 许檀.明清时期山东商品经济的发展.北京:中国社会科学出版社,1998:248.
③ 民国三续高邮州志·物产篇.
④ 清圣祖实录卷233.
⑤ 乾隆朝朱批奏折,乾隆三年十二月初七日.

（二）棉花、棉布和丝绸

明代北方地区盛产棉花，沧州"东南多沃壤，木棉称盛，负贩者皆络绎于市"①。清平县"野多沙土，人多种木棉，连顷遍塍，大约所种之地过于种豆麦"，收获季节，"四方贾客云集，每日交易以数千金计"②。而棉纺织业、丝织业是南方农村的两大支柱性产业，松江、常熟一带盛产棉布，"所产布匹，日以万计"。常熟棉布"捆载舟输，行贾于齐鲁之境者常什六"③。其流通的线路如明末徐光启《农政全书》中所描述的，"吉贝则泛舟而鬻诸南，布则泛舟而鬻诸北"。南京、苏州、杭州一带丝织业著名，吸引商贾前来贩运。陈作霖《金陵物产风物志》载其北销线路为，"北溯淮泗，达汝洛，趋京师，西北走晋绛，逾大河，上秦陇"。这种情况下，一些运河城市发展成为棉花、棉布和丝绸的转销市场。临清是布匹、丝绸的集散地，各地商人前来开店，布店集中于白布巷，绸缎店集中于果子巷。万历间临清城内有布店73家、绸缎店32家，故临清有"冠带衣履天下"的美誉。临清市场的纺织品除了自销外，还转输至山陕、直隶等地区，供应边境地区的军队。

清代以后，随着北方棉纺织业的发展，出现了不少棉纺织中心，江南棉布的销售范围有所收缩，使得棉布的流通格局发生变化：山东部分地区已由棉布输入区变为棉布输出区，东北被开辟为新的江南棉布销售市场。南方的丝织品除继续通过运河输送至临清转运外，还有部分通过海路运输。从事丝织品贩运的有晋商、徽商、吴越商等，尤以徽商著称。

（三）果品和南北杂货

除粮食和纺织品外，运河粮路上的商品还有梨、枣等果品，沿线的泊头、临清、聊城、张秋、台儿庄等城镇是干果鲜品的集散码头。张秋镇聚集了运河南北的货物，"齐之鱼盐，鲁之枣栗，吴越之织文纂组，闽广之果布珠玑、奇珍异巧之物，秦之罽毺，晋之皮革，皆荟萃期间"，"梨枣颇饶，凡贩鬻江淮者多从（张秋）镇发"④。高唐州"铅铁自山陕至，竹木自湖广至"，"磁、漆诸器自

---

① 万历沧州志卷3田赋志。
② 嘉庆清平县志卷上。
③ 嘉靖常熟县志·食货志。
④ 道光东阿县志·艺文；康熙张秋志·物产。

饶、徽至"①。聊城熏枣"每包百斤,堆河岸如岭,粮船回空,售以实仓"②。峄县枣梨"鬻江南贾厚利"③。

(四)食盐

盐运有商运、民运之分。盐运发展带来巨大的商机和利润。北直隶长芦食盐多利用水路,自运河入滏河,经河间、真定、顺天、广平,至磁州。或由大名县的白水潭运至卫辉及道口镇,然后车运渡黄河,再行分运。山东海盐由济南泺口运至阿城镇,然后转运至河南、苏北等地区。光绪《盐法议略》记载:"豫省则自阿城装船,或由运河至鱼台县之南阳镇,转湖车运至砀山之李家口渡黄,或由运河至沛县之夏镇转湖车运至萧县之管粥集渡黄南运。"两淮盐场位于苏北地区,以淮河为界分淮北盐场和淮南盐场,有"两淮盐课,足当天下之半"之说。明代在扬州设两淮都转运盐使司,下辖泰州、淮安、通州3个分司。清代在扬州设两淮巡盐御史,同时设两淮都转运盐使司,下设淮南、淮北两个批验盐引所。万历间"纲运制"的实施稳定了盐商的地位和利益,促进了两淮盐商群体的形成。明后期至清前期,淮南盐业发展迅速,在乾隆时期达到极盛,以徽商为主的盐商大力发展盐、米贸易,"秋冬之交,淮商载盐而来,载米而去"④,获利巨大。

水陆交通之便吸引了大批商人与土著居民从事盐业贸易,造就了一大批盐业中心。例如,沧州盐场林立,商贾云集,俨然一运河巨镇。杨柳青每年有大量的官盐、私盐在此囤积与销售。顾炎武《肇域志》记载阿城镇"夹河而居者数百家,贾人贩盐者往焉"。于慎行《安平镇志序》称张秋镇"盐荚之贾东充者十而出其六七"。扬州、淮安是淮盐转运的枢纽,

❀ 淮安河下古镇

---

① 嘉靖高唐州志·地理志。
② [清]王培荀乡园忆旧录·卷8。
③ 康熙峄县志·物产。
④ 嘉庆长沙县志·商贾。

城市发展与盐业关系密切,所谓"淮北商人环居萃处,天下盐利淮为大"①。乾隆、嘉庆时期是扬州盐业的极盛时期,黄钧宰《金壶浪墨》称:"天下殷富,莫于江浙;江省繁丽,莫过苏扬。"同治十二年(1873年)扬州盐宗庙的创建,从一个侧面反映了扬州盐业的发达。扬州河下与淮安河下一带均是盐商的聚居区,尤以徽商居多,还吸引来自陕西、山西、湖广、江西等地的商人纷纷来此经营。《淮安河下志》描述了当时的繁华场景:"方盐策盛时,诸商声华煊赫……而其间风雅之士倡文社,执牛耳,召集四方知名之士,联吟谈艺,坛坫之盛,甲于大江南北。"

总之,经由运河粮路往来运输的一般贸易商品来自于漕船的夹带、回空装载以及商民船运输,有粮食、棉花、棉布、果品、食盐、茶叶、瓷器、南北杂货等。其中农副产品占有相当比重,尤其以粗重的粮食、布匹为主,表明了城市商业与周边农村的产业息息相关。沿线城镇因各种商品的汇聚,逐渐形成专业性街巷。②

第三节 运河粮路线路

全国性的漕河粮路线路开始于隋代,主要包括隋唐漕河粮路、宋代漕河粮路以及元明清漕河粮路。运河粮路顺应了全国经济重心南移的趋势,充分利用了自然河流的流向,沟通了沿线主要水系,将华北、中原、江南等地区联系起来,形成全国性的运河网络。

---

① 同治重修山阳县志·序。
② 济宁城内有不少以商业命名的街巷,如纸店街、瓷器胡同、果子巷、枣店街、打铜街、竹竿街、油篓街、烧酒胡同、粉坊街、香铺胡同、曲坊街、皮坊街等。临清城内外果子巷、竹竿巷、豆腐巷、青碗市、锅市、马市等街巷门市40余处。张秋镇运河以东有炭市、驴市、菜市、布市;运河以西有税课司街、果子街、木头街、南京店街、猪市街、骡马街等;滨河长街则有竹竿巷、纸店街、杂粮街、米市街、锅市等。沧州比较繁华的街道有竹竿巷、盐场、火神庙、锅市街、钱铺街、书铺街、当铺胡同、缸市街。淮安不仅本城居民经商者增多,而且大量外地商人来此"占籍牟利",商业街巷有羊肉巷、干鱼巷、茶巷、粉章巷、猪市、皮市、米市、柴市等。甚至鲁西北的小镇魏家湾也发展出了许多街巷胡同,有"七大街十六巷"之说,最繁华之处为临近运河的中心大街与钞关前临河街。

一、隋唐运河粮路

隋代结束了魏晋南北朝的长期分裂局面,进入中国第二个大一统的时期,都城长安、洛阳均远处内陆,粮食及百货运输需要依靠内河航路。隋炀帝时为解决国都的粮食问题,疏凿改建了以东都洛阳为中心的沟通南北的大运河,形成了包括广通渠、通济渠、山阳渎、永济渠和江南河在内的粮运水路系统。唐代定都长安,需从江淮地区调拨粮食,于是进一步疏浚补缀了隋代运河,使大运河的效益充分发挥,"岁漕山东粟四百万石"。

(一)通济渠

通济渠是隋代称谓,唐代时称汴渠,又称汴河。隋大业元年(605年)三月开凿通济渠,工程西段自东都洛阳城西郊的西苑引谷水、洛水,沿阳渠故道,穿洛阳城南,至巩县洛口入黄河。通济渠东段自板渚引黄河水东流入汴渠,然后折而东南行,至盱眙县北入淮河,全长约1 000公里,避开了泗水段的徐州洪、吕梁洪(洪是河道中受到水流冲击的乱石滩)之险。唐代以后经常治理,整修了梁公堰,疏浚了汴河。安史之乱时一度失修湮废,到唐中叶藩镇投降以后,才畅通无阻。

(二)山阳渎

隋代称邗沟为山阳渎,唐代改称扬州漕渠。隋文帝开皇年间疏通了邗沟北端,将入淮的水口由末口改至山阳。605年隋炀帝对邗沟进行了凿宽取直,使河道更加顺畅,循东汉陈登开凿的邗沟西道南下,中间不再经过射阳湖,且将南口折向西南由扬子入江。重修后的邗沟,北起山阳,南至扬子,全长约150余公里,宽约40步,便利了长江、淮河间的南北交通。唐代时对盱眙附近淮河湍急问题以及运河入江段进行了治理,开凿了伊娄河。

(三)永济渠

永济渠,又称御河。大业四年(608年)正月,隋炀帝为了转输征伐高丽的粮糈,自涿郡开永济渠,引沁水往南,中间利用了曹魏旧河白沟、清河、平房渠,以下改走德州、临清、馆陶一线,经内黄、新乡至武陟县入黄河,与通济渠相通,全长1 000余公里。永济渠开通之后,自长江南来的船只可穿过黄河溯沁水而上，再经永济渠达涿郡。唐代为加强与河北地区的联系，增开了长丰渠、平房渠、无棣河等一些支线航道，进一步改善了永济渠的粮运条件。唐初贞观年间（627—649年），在永济渠北端的相、幽二州置昌平仓储存粮食。到开元年间（713—741年），今河北南部、山东西北部的魏、邢、贝、博等州，成了粮食转运基地。

（四）江南河

大业六年（610年）冬，隋炀帝重新开浚始凿于春秋时的江南河，自京口引长江水经丹阳，中间绕道太湖以东至余杭，长400余公里，宽10余丈。唐代针对河口淤塞问题进行了治理，创建了京口埭，治理了练湖，重开了孟渎渠，确保了河道的畅通。江南河的开通促进了太湖流域的开发，白居易对其有"平河七百里，沃野二三州"的赞誉。

隋唐运河粮路沿线还设立了洛口、回洛、河阳、常平、广通、黎阳、河阴、含嘉等粮仓，多集中在东都洛阳附近。其中建于隋大业元年的含嘉仓是最大的一座国家粮仓，坐落于唐代东都洛阳，因含嘉城而得名。含嘉城建于隋大业元年营建东都洛阳之际，位于洛阳东城北门外。根据历史地理学家邹逸麟的研究，含嘉仓在唐前期地位非常重要，不仅是洛阳的粮仓，并且还起着关东和关中之间漕米转运站的作用。到唐代后期，该仓的地位下降，储粮规模大不如前，其功能被新建的河阴仓、太原仓所取代。1972年，对该仓进行了考古发掘，初步搞清了含嘉仓的规制、粮窖的布局以及储粮的情况。勘探出大小粮窖400多座，窖口直径10～16米，深7～9米，每窖储粮五六十万斤。

总之，隋唐运河的四段，永济渠通向北方地区，作为调运河北平原粮食以及对北方用兵时运输军粮的主要线路。通济渠、邗沟、江南河三段则是输送江淮粮米的主要通道。在隋唐大一统的政治形势下，大运河顺应了全国经济重心南移的趋势，充分利用了各自然河流的流向，沟通了长江、淮河、黄河、海河、钱塘江五大水系，将华北、中原、江南等地区联系起来，形成了一个以洛阳为中心，西通关中盆地，北抵河北平原，南达太湖流域的全国性运河网络，将政治中心与南方财赋之区联系起来，对当时以及后世产生了深远的影响。

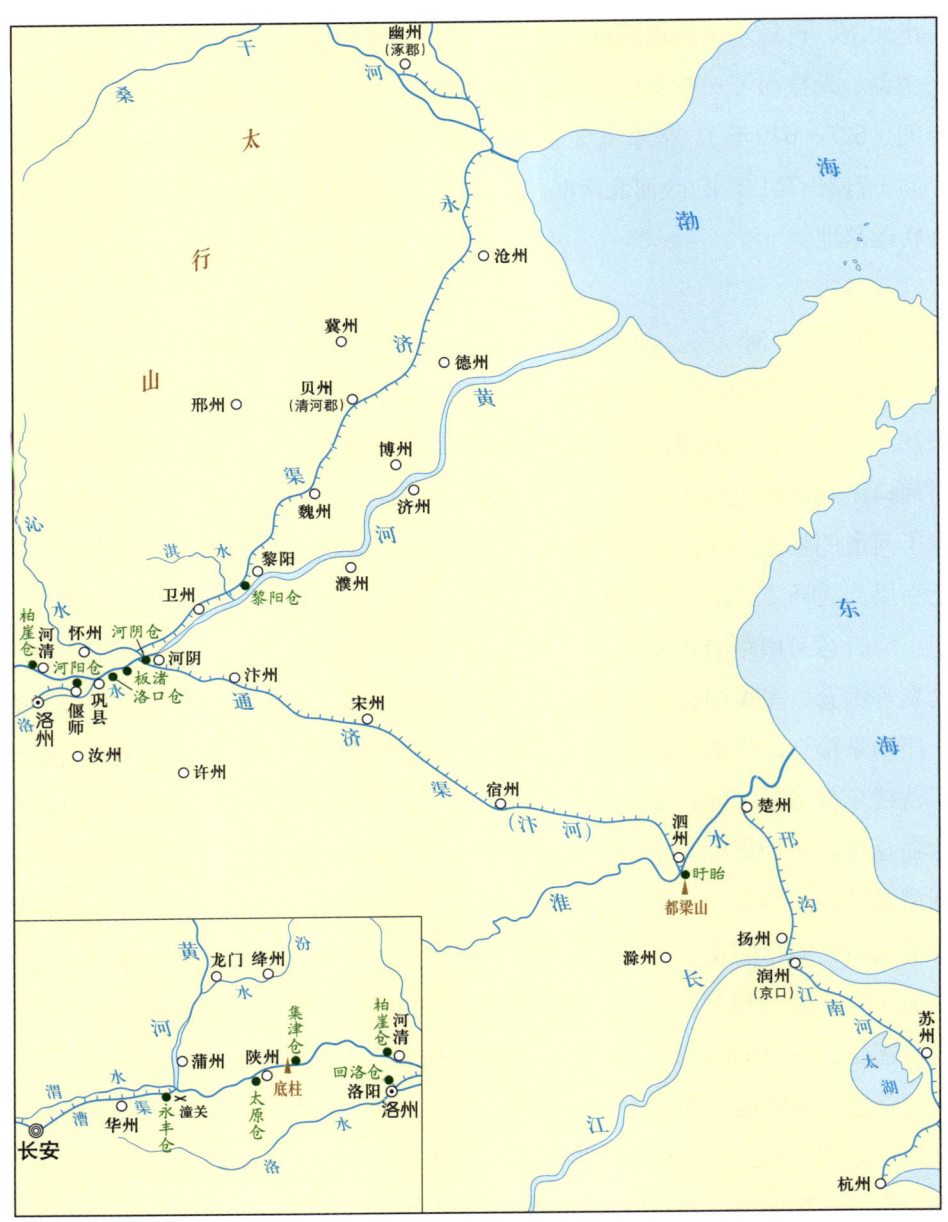

🔸 隋唐运河和大型粮仓分布图[①]

---

① 邹逸麟.从含嘉仓的发掘谈隋唐时期的漕运和粮仓//邹逸麟椿庐史地论稿.天津：天津古籍出版社，2005：120。

二、宋代运河粮路

北宋结束了唐末五代以来的分裂局面,建都开封,接近东南财赋之区。不仅修浚了永济渠、山阳渎,还开挖疏凿了以都城为中心的漕运四渠,即五丈河、金水河、惠民河、汴河,造就了"四水贯城"的水道交通格局。

(一)五丈河

五丈河,又称广济河。961年,从开封向东北开渠,导菏水历曹州、济州、郓城,注入梁山泊,以通齐鲁漕运,每年运粮62万石。至元明以后,逐渐淤塞,不通舟楫。

(二)金水河

金水河,亦名天源河。961年春,命陈承昭凿渠引水,导京、索诸水东流,从荥阳黄堆山祝龙泉起,过中牟,凡百余里,称金水河。至开封城西门,架木槽于汴渠之上,设斗门,东汇于广济河。此河主要引水至京城宫苑,与粮运关系不大。

(三)惠民河

惠民河是唐时李芃所开辟的蔡河。961年正月,浚蔡渠,导闵水自新郑与蔡水合,贯穿京城,南经陈、颍,东南达寿春入淮,运粮60万石。宋开宝六年(973年)改称闵水为惠民河,后来统称蔡渠、闵水为惠民河。金、元以后,随着政治中心北移,惠民河逐渐淤废。

(四)汴渠

汴渠即隋唐时的通济渠,安史之乱后中断,后周时疏浚。北宋时作用最大,"岁运江淮米五七百万斛"[①],是京城的粮食命脉。汴渠水源多来自黄河,多泥沙淤积,故专门设立机构管理疏浚。宋、金对立后,漕运断绝,汴渠运道日渐湮废。北宋画家张择端的《清明上河图》是一幅具有重要历史价值的风俗长卷,生动地表现了京城汴河两岸人口稠密、商船云集的繁荣景象。

---

① 宋史·河渠志三。

《清明上河图》汴河两岸

总之，宋代出于政治、经济和军事上的需要，发展了以首都开封为中心的运河网络，在南北方向有大幅度扩张，尤其汴河水道功能最突出。宋代漕运又称纲运，种类有粮纲、盐纲、布纲、花石纲等，尤以粮纲为大宗。汴河作为国家的经济命脉，与经济重心东移南进的趋势相适应，便于东南漕粮的转输，使运河粮路发挥了更大的效益，"派引脉分，咸会天邑，舳舻相接，赡给公私，所以无匮乏"①。北宋时期除漕运四渠外，江淮地区以及长江地区的运河仍然发挥作用。

三、元明清运河粮路

视频
元明清漕河粮运线路

元、明、清三朝均建都北京，京城所需无不仰给于江南。加上唐宋汴河已经瘀废，于是元代起开挖了北起北京、南至杭州的京杭运河，该运河成为所有运河中影响最大的一条。京杭运河各段名称不同，《明史·河渠志》记载，"漕河之别，曰白漕、卫漕、闸漕、河漕、湖漕、江漕、浙漕。因地为号，流俗所通称也"②。明代后期至清前期，由于南阳新河、泇河、中运河等黄运分离工程的实施，各段又有所变化。概括起来，主要包括如下六段。

---

① 宋史·河渠志三。
② 明史·河渠志三。

◆ 明代运河示意图

（一）北京至天津段

北起北京西北的白浮泉，南至天津三岔河口，包括通惠河和北运河两个部分。通惠河是北京至通州间的一段河道，元代都水监郭守敬主持开挖，自昌平白浮泉引水经瓮山泊至积水潭，然后东南至通州高丽庄入白河，全长约160里，元世祖忽必烈赐名"通惠河"。通惠河建成后，"官粮岁若干万石"全部由陆运改为快捷的水运。明初以后，上游白浮泉至瓮山泊一段河道废弃，后来的通惠河仅指大通桥以东至通州高丽庄一段50里的河道，又称大通河。大通桥为明清南粮北运的终点。

北运河是指通州至天津的一段，又称白河、潞河，民间称通州运粮河，长约240里。隋唐时期北运河是通济河的一部分，宋元时是御河的一部分。明正统（1436—1449年）初年，为解决北运河的决溢泛滥，开挖通济河分水，因此明代的北运河也叫通济河。清雍正年间（1723—1735年）怡贤亲王允祥治水，将京杭运河诸水分为四局，从天津至通州段以"北运河"之名专设一局。北运河因河身狭窄，洪水宣泄不畅，中途修建了青龙湾、筐儿港等减河分泄洪水。康熙皇帝曾亲自阅视筐儿港河堤，题写了"导流济运"御碑。

（二）天津至临清段

北起天津三岔河口，南至临清会通河口，称南运河，长约900里。南运河在秦汉时称清河，山东临清县、河北清河县均由此得名。隋唐两代是永济渠的一部分，故又称永济河。宋元时期称御河，元明清时期称卫河或卫漕，又因位于天津以南，称南运河。卫河"流浊势盛"，虽然为漕河通行提供了充足的水源，但经常面临决口的危险，故沿途修建了捷地、四女寺、哨马营等减水工程，及时减消多余的洪水。

（三）临清至徐州段

北自临清南板闸运口，南至徐州茶城运口，史称会通河。会通河因"资汶、洸、泗水及山东泉源"①，沿途闸座众多，故又称泉河、闸河。会通河前身一部分是元代开挖的济州河，自济州到须城安山，全长150余里，粮船可自安山转大清河至利津出海。但后来由于"海口沙壅"，不得不从东阿转旱路至临清入卫河。鉴于陆运困难，六年后又开挖了会通河，南起须城安山西南，由寿张经东昌至临清，达于卫河，长约250里。会通河开挖后，南北大运河全线贯通，"大都里每年百姓食用的粮食，多一半是客人从迤南御河里搬到这里来卖"②。会通河是完全平地开挖的人工运河，由于河道窄浅，水源不足，且商人建造的超规格船只阻滞往来舟楫，故元代运河作用有限，整个元代仍以海运为主，直到明初才发生改变。

明永乐九年（1411年）重开会通河，引汶、泗作水源，筑戴村坝，截汶水

---

① 明史·河渠志三。
② 通制条格·拘滞车船。

北流入海的通道,引汶水西南流至南旺,然后南北分流。随着南旺分水枢纽工程的修建,永乐十三年(1415年)"废除海运,悉由运河"。会通河南段在明代中后期有所变化,一是南阳新河的开挖,二是泇河的开挖。南阳新河又称夏镇新河,开凿于明嘉靖年间(1522—1566年),自南阳引水经夏村抵留城,长约140里。新运道由昭阳湖西移到湖东,减轻了黄河北决对运河的威胁,夏村由此发展为夏镇。泇河是自微山湖向东至邳州的一段河道,前身是万历三十一年(1603年)所开的韩庄运河,后经过刘东星、李化龙等河臣的努力,至万历三十二年(1604年)开凿成功。自夏镇李家口引运河水东南流,奔台儿庄,至邳州直河口汇入黄河,全长260里,避开了徐州段黄河二洪(徐州洪、吕梁洪)之险,促成了运河城镇台儿庄的发展。

◈ 运河船闸

(四)徐州至淮安段

北起徐州城北的茶城口,南至淮阴以北的清口,全长480余里。明万历年间开通泇河以前,此段运道借黄河行运,黄河即运河,故有"河漕"之称,历史上的"分黄导淮""蓄清刷黄"等工程均位于这一段。该段运河上有徐州洪、吕梁洪两处险滩,明政府多次对徐、吕二洪进行凿治,但终究无法避开黄河二洪之险,最后不得不另开泇河。

为避开邳州至淮安间剩下的180余里黄河之险,清康熙年间靳辅开凿中运河。中运河由通济新河、皂河、中河、新中河等一系列河工组成,前后用工近80年,最终开成。随着泇河以及中运河的开凿,黄河与运河几乎完全分离,不再作为运道,粮船所经行的黄河不过清口附近数里,借黄行运的历史基本宣告结束。

(五) 淮安至扬州段

又称淮扬运河、里河或里运河,北起淮阴清口,南至扬州长江口,全长300余里,沿线湖泊众多,历史上有"湖漕"之称。运河最古老的地段邗沟便是里运河的前身。邗沟南起扬州蜀冈,北至淮安末口。隋唐山阳渎的经行路线大体相当于古邗沟西道,仅局部线路有所变化。里河的名称是相对外河而言,黄河位于北面,故称北河,淮河位于南面,故称南河,二者又称外河,运河则称里河。里河与外河之间不相通,需要盘坝通过。明初平江伯陈瑄开凿清江浦,将运口向北推移至清口地区。此后由于泥沙淤积,水流方向有所变化,"里运河水古昔北流,今则南流,高邮以下平流"[①]。该段运河在扬州以南分为两支:一支由仪征入江,运输湖广、江西之粮;一支由瓜洲入江,运输苏、松、浙之粮。

(六) 镇江至杭州段

北起镇江,南至杭州,又称江南运河、江南河,包括江漕、浙漕两段,全长800余里。该河早在春秋时已出现,隋代重新疏凿和拓宽。元、明、清河道一如前代,变化不大。此外,还有杭州至宁波段浙东运河,可看作是京杭运河的延长段。

总之,元明清运河在南北取直方面有重大突破,航线进一步缩短,人工运河的痕迹愈加明显,沿线水源得到了充分的利用,较好地处理了与黄河的关系。随着水源的妥善解决、平底浅船的建造、闸坝与水柜的设置、水次仓的设立等一系列措施,该线路成为当时情况下最好的选择,为政治、经济和文化的发展,做出了重大贡献。

第四节 运河粮路沿线城镇

以运河粮路为主干的交通网络,带动了商品经济的发展,为人口、物资、

---

① 武同举.江苏水利全书·江北运河一.南京:南京水利实验处,1944.

船只的往来提供了有利条件。商人依靠地域交通之利，借助运河粮路将本地产品与外来商品相交换，从而推动了商业市镇的发展，沿线的淮安、济宁、东昌、临清、德州、直沽等"皆为商贾所聚"。

一、运河粮路沿线城镇的商人与会馆

运河粮路畅达的交通吸引着各地的商人前来贸易。漕河粮路上的商人可分为行商与坐贾，行商是往来各地从事商品贩运的商人，坐贾是坐地经营的商人，多经营城乡居民的各类日用品。明代徽州商人编写的《天下水陆路程》《天下路程图》中所罗列的经商路线，相当一部分是取道运河。明清时期，商人的经营活动不再限于单打独斗，开始以地域关系为纽带结成商帮，出现了一些实力较大的商帮，如晋商、徽商、洞庭商、江宁商、太仓商、江西商、浙江商、闽广商、辽东商等。其中，尤以晋商、徽商最为著称，他们的贸易活动足迹遍及全国各地，为当时势力最大的两个商帮。严慎修《晋商盛衰纪》描写晋商"南则江汉之流域，以至桂粤；北则满洲内外蒙古，以至俄之莫斯科；东则津、京、济南、徐州；西则宁夏、青海、乌里雅苏台"。民国《歙县志》描述徽商"虽滇、黔、闽、粤、秦、燕、晋、豫，贸迁无不至焉。淮、浙、楚、汉，其迩焉者矣"，一些地方流传着"无徽不成镇"的谚语。

运河沿线城镇的优越条件，对各地商人商帮无疑有巨大的吸引力。济宁南门外聚居的商贾"不下数万家"，聊城"西商十居七八"，临清"十九皆徽商占籍"。登州商贾活动于京师、金陵、苏杭、淮扬、临清等地。天津杨柳青石万程靠运输粮食发家，成为天津八大家之一。淮安百姓的生活物资，需依靠商贾利用舟楫之便从外地输送，"售者各以其产来"。

"商贾辐辏之地，必有会馆"[①]。会馆是外籍商人在异地聚集联谊、从事商业活动以及公益活动的重要场所，具有商业性、地域性和封建性的特点。会馆通过祭祀、演戏等一系列文化活动，表达对家乡的眷恋，团结在外地的当地人，维系乡情。不同的会馆有各自的信仰，福建、广东会馆供奉天妃，江西会馆供奉许真君，徽州、宁国、山陕、江浙会馆供奉关公。

---

① 苏州历史博物馆．等．明清苏州工商业碑刻集．南京：江苏人民出版社，1981：325。

聊城山陕会馆

运河沿线城镇是商人会馆集中地。据研究，大运河沿线城市的会馆大致分三类：官绅会馆、科举会馆、商人会馆。前两类主要集中在北京，大运河沿线地方城市的会馆大多属于后者[1]。北京是会馆最集中的地区，清代乾隆嘉庆年间发展最快，光绪《朝市从载》记北京的会馆384座，光绪《顺天府志》记载北京大小会馆414个。其中宣武区（现已并入西城区）会馆最多，《北京市宣武区志》统计了清末至民初宣南地区170条街巷的511座会馆。天津三岔河口一带会馆密集，有闽粤会馆、江西会馆、山西会馆、怀庆会馆、济宁会馆等，大多沿运河分布，一些街巷往往因会馆而得名，如会馆前街、会馆后街等。聊城东关运河沿岸曾设有山陕、武林、江西、福建等八大会馆，其中位于运河北岸的山陕会馆，至今仍保存完好。该会馆始建于清乾隆八年（1743年），由山门、戏楼、夹楼、过楼、钟鼓、关帝大殿、春秋阁等部分构成，精妙绝伦的建筑雕刻和绘画艺术国内罕见，为全国重点文物保护单位。

淮安地处南北要冲，是漕、河、盐权重地，吸引了大量流动人口。淮安城外河下镇是淮盐集散地，会馆分布在运河沿岸、湖嘴大街、中街、竹巷等处，有浙绍会馆、定阳会馆、新安会馆、江西会馆、润州会馆、三皇会馆、福建会馆、江宁会馆、四明会馆、湖北公所等十余家。扬州地处运河与长江交汇处，

---

[1] 陈薇，等. 走在运河线上：大运河沿线历史城市与建筑研究. 北京：中国建筑工业出版社，2013：503。

"四方豪商大贾，鳞集麇至，侨寄户居者不下数十万"[1]，建立起山西会馆、湖北会馆、湖南会馆、岭南会馆、江西会馆、安徽会馆、旌德会馆、绍兴会馆等一批商业会馆。苏州是运河南北往来的水陆交通要道，"凡南北舟车，外洋商贩，莫不毕集于此"[2]，会馆大量分布于城外，以城市商业中心区阊门为核心，沿运河生长出阊门—枫桥、阊门—虎丘和阊门—胥门三条伸展轴[3]。商业会馆有20余处，如岭南会馆、嘉应会馆、宝安会馆、潮州会馆、两广会馆、三山会馆、中州会馆、陕西会馆、全晋会馆、东齐会馆、湖南会馆、安徽会馆、江西会馆等。淮安著名的会馆有江西会馆、湖南会馆、新安会馆、福建会馆、镇江会馆、定阳会馆、四明会馆、江宁会馆等。

二、运河粮路沿线城镇的特征

"城市总是大小不等的网络中心"[4]。运河粮路的畅通加速了南北间的物资交流，加强了区域间的联系，吸引了大量的商人、商船、商货、商帮前来贸易，在交通的节点上形成了不同规模的城镇。清包世臣《中衢一勺》中记载了会通河沿线的城镇，称"闸河以台庄入东境，为商贾所聚，而夏镇，而南阳，而济宁，而张秋，而阿城，而东昌，而临清，皆为水码头"。

明清运河沿线的城镇，可分为中心枢纽城镇、中等城镇、小城镇三种类型。中心枢纽城镇多处在运河与其他河流、湖泊以及陆路交汇处，往往为漕河衙署所在地或府州县治所，通州、天津、临清、济宁、淮安、扬州、苏州、杭州可谓典型。小城镇一般是县城以下的市镇，大都由处在运河闸坝、码头、驿站及交通要道上的聚落发展而来，张家湾、阿城、夏镇、南阳、台儿庄、窑湾、河下、邵伯、盛泽等可谓典型。上述大小城镇，发挥着集散商品、转贩四方商货的作用，均为政治、经济型的城镇。运河沿岸商业城镇的发展，主要表现为五个方面。

---

[1] 乾隆淮安府志·盐法。
[2] [清] 纳兰常安.宦游笔记·卷18。
[3] 陈薇，等.走在运河线上：大运河沿线历史城市与建筑研究.北京：中国建筑工业出版社，2013：525。
[4] [法] 布罗代尔.15—18世纪的物质文明、经济和资本主义.北京：三联书店，1993：570。

（一）城区规模不断扩大

明中期以后，运河城镇规模不断扩大，在运河两岸形成新的市镇或城区。例如，通州明初建城，正统十四年（1449年）将漷县划归通州，并于旧城西门外建新城。乾隆三十年（1765年）拆去旧城西墙，在新、旧二城间修筑城墙，两城合而为一，通州城的范围扩大，已发展到郊外。临清在嘉靖间修建了以中州商业区为中心的土城，万历间成为北方最大的商业都会及纺织品交易中心。万历时来中国的利玛窦称："临清是一个大城市，很少有别的城市在商业上超过它。"张秋镇位于运河与大清河交汇处，是地处济宁与临清间的商业码头，为阳谷、东阿、寿张三县共辖的商业市镇。明于慎行《安平镇志·序》记载，张秋"都三邑之中，绾毂南北，百货所居，埒似济宁而小"。济宁在元代开济州河后筑土城，明洪武四年（1371年）易以砖石，天启二年（1622年）发展成周围32里的大城镇。夏镇随着南阳新河的开凿以及工部分司、户部分司的驻扎，由最初的小村落夏村发展而成，万历年间筑夏镇城，顺治十五年（1658年）改土城为砖城，界连苏鲁两省，分属山东峄县和江苏沛县管辖，形成了"一步两省三座庙，一条大街两县分"的商业重镇。明初增修淮安府旧城，洪武十年（1377年）在旧城北一里处增建新城，嘉靖三十九年（1560年）于新、旧二城之间建

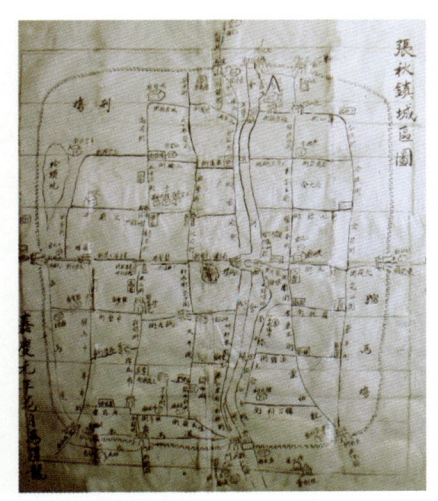

▶ 张秋镇城区图

造夹城，从而形成了由旧城、新城、夹城三城相连的格局。淮安清江浦始于永乐十三年（1415年）陈瑄开清江浦河、建闸设仓，改善了漕运条件，城镇得以发展，《天下郡国利病书》记载"舳舻毕集，居民数万户，为水陆之孔道"。扬州的繁荣开始于隋唐大运河的开凿以及工部分司、户部分司的驻扎，唐代建有子城和罗城，明嘉靖年间于旧城东修建扬州新城。新城、旧城的双城格局，增加了容纳人口的空间，"四方豪商大贾，鳞集麇至，侨寄户居者不下数十万"[①]。《两淮盐法志·杂记》载曰："维扬，天下一大都会也，舟车之辐辏，商贾之萃居。而盐筴之利，南暨荆襄，北通漳洛河济之境。资其生者，用以富饶。"运河造就了扬州城的繁荣，使之成为江淮间最大的商业都会和集散中心。

---

① 乾隆淮安府志·盐法。

（二）城镇人口增多

物资的流动离不开人口的流动。运河粮路上人口流动频繁，促进了商品消费和流通。与运河交通有关的流动人口，包括官僚机构的漕运、河道、船厂、榷关管理人员以及众多的催攒、押运、领运等官员，数以万计的纤夫水手、漕军仓夫，也包括成批的商船和众多的商客，南来北往的士子客旅。一些城市吸引大量外地商人，"淮安、济宁、东昌、临清、德州、直沽，商贩所聚"，"百货倍于往时"[1]。夏镇、济宁、张秋、阿城、东昌、临清等水码头，皆为"商贾所聚"。通州交通的便利吸引了大批客商人员，商业、服务业日趋繁荣，流动人口数量持续增加并远大于当地人口。天津"舟楫之所式临，商贾之所萃集，五方之民之所杂处"[2]。自万历元年至乾隆五十二年（1573—1787年）的200多年间，德州人口增加了3倍以上。[3]明万历三十七年（1609年），济宁州人口已达到15万之多，城关人口2.5万人。到乾隆五十年（1785年），济宁城人口增加到10万人。[4]济宁南门外，"其居民之鳞集而托处者不下数万家，其商贾之踵接而辐辏者亦不下数万家"[5]。明于慎行《安平镇新城记》称阳谷县张秋镇夹河而居者数千家，"四方商贾骈至而滞鬻其中"。泇河开凿以后，台儿庄由原来人烟稀少、环境荒凉的村落变为重要的商业城镇，四方商人纷至沓来，人口迅速增加，逐渐发展成为峄县重要的商业重镇。万历年间，山阳县有三镇五集，到乾隆年间增为六镇十集。《淮关统志》称"淮郡三城内外，烟火数十万家"。淮安的清江浦镇，清初"居人数万家，夹河二十里"，约合3万多人，到乾隆时发展到50多万人。据《杭州运河历史研究》一书统计，成化年间杭州约为30万人，到万历年间达100万人左右，手工业发达、商业繁荣。[6]

（三）城镇政治地位提高

随着运河城镇的发展，或者因不同等级、不同类型的管理机构云集于此，或因变成运输中转站或仓储中心，或因行政级别由散州变为直隶州，或因由普通聚落变为州县治所，政治地位相应会有所提高。例如，天津原名直沽，仅为一个小

---

[1] 明史·食货志五。
[2] 康熙天津卫志·序。
[3] 李文治，江太新.清代漕运.北京：中华书局，1995：506。
[4] 王骏.元明清时期运河经济下的城市——济宁.菏泽学院学报，2005（4）。
[5] 道光济宁直隶州志·街衢。
[6] 陈述.杭州运河历史研究.杭州：杭州出版社，2006：82。

村落，明代大运河贯通后成为重要的漕运要道和中转码头。弘治年间成为南北商货集散地。明中叶以后发展成为一个大商埠，"名虽为卫，实则即一大都会所莫能过也"①。清雍正三年（1725年）改置天津州，属河间府。同年改为直隶州，下辖武清、青县、静海三县。雍正九年（1731年）升为天津府，辖六县一州。天津城市发展迅速，店铺林立，市面繁荣，成为河运、海运的枢纽，是北方的经济重镇，"城西北沿河一带，旧有杂粮店，商贾贩粮百万，资运京、通，商民均便。河东新创杂粮店，商贾贩粮通济河东一带村庄"②。

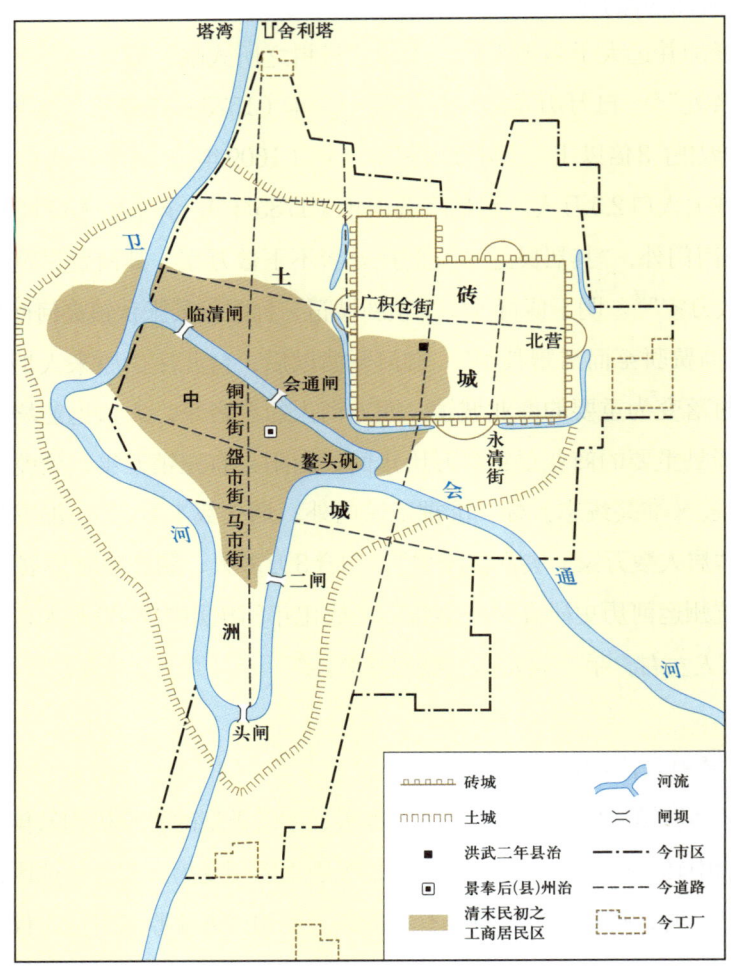

明清临清城区图③

---

① 康熙天津卫志·序。
② 康熙天津卫志·建制。
③ 邹逸麟.山东运河开发史研究//中国运河开发史.北京：中华书局，2008：160。

至元三十年（1293年）张秋镇设立都水分司监，掌管河渠闸坝之政。明成化年间（1465—1487年），将北河分司公署由河西务泊头镇迁至张秋镇，设分司郎中驻扎于此。明正统年间（1436—1449年）设税课局，嘉靖末年设捕河厅。明中期以后，张秋镇已成为运河沿线的重要城镇。清代的张秋镇城幅员数里，虽名为镇，但规模"俨然郡邑之观"①。明宣德年间（1426—1435年）置水次仓于临清，弘治二年（1489年）升为州，领馆陶和邱县。清代时济宁由散州上升为直隶州，河道总督署、城守营、河标左中右三营以及运河营驻扎于此，店铺、行栈、会馆不断增加，乾隆时升为直隶州，发展成为"百物聚处，客商往来"的场所。明万历年间（1573—1620年）开凿珈河后，在台儿庄设巡检司，后设立县丞、守备、闸官、参将等官署机构，清代建台儿庄营。台儿庄由原来人烟稀少、环境荒凉的村落变为重要的商业城镇，逐渐发展成为峄县的巨镇，"商贾辐辏，富于县数倍"②。元代设漕运分司于淮安，明永乐年间（1403—1424年）设漕运总兵官掌漕运河道之事，景泰（1450—1456年）后漕运总督成为定职。淮安还是榷关、工部分司以及淮北盐运分司驻地，清初设漕运总督一员，驻扎淮安，"漕督居城，仓司屯卫，星罗棋布，俨然省会"③。

（四）店铺街巷数量多

运河沿线城镇因各种商品的汇聚和经济的发展，逐渐形成专业性街巷。比如，北京，在靠近码头的崇文门、正阳门外地区出现了商业区，清代以后在外城出现了猪市、骡马市、柴市等专业市场。沧州比较繁华的街道有竹竿巷、盐场、火神庙、锅市街、钱铺街、书铺街、当铺胡同、缸市街。临清城内外有锅市街、盐市街、马市街等街道，街道两边果子巷、竹竿巷、豆腐巷、青碗市等巷弄门市纵横交错，穿插串联着民居与市场。济宁城内有不少以商业命名的街巷，如纸店街、瓷器胡同、果子巷、枣店街、打铜街、竹竿街、油篓街、烧酒胡同、粉坊街、香铺胡同、曲坊街、皮坊街等。张秋镇运河以东有炭市、驴市、菜市、布市；运河以西有税课司街、果子街、木头街、南京店街、猪市街、骡马街等，滨河长街则有竹竿巷、纸店街、杂粮街、米市街、锅市等。甚至鲁西北的小镇魏家湾，也发展出了许多街巷胡同，有"七大街十六巷"之说，最繁华之处为临近运河的中心

---

① 康熙张秋志·艺文志。
② 光绪峄县志·村庄。
③ 民国续纂山阳县志·疆域。

大街与钞关前临河街。

淮安不仅本城居民经商者增多，而且大量外地商人来此"占籍牟利"，商业街巷有羊肉巷、干鱼巷、茶巷、粉章巷、猪市、皮市、米市、柴市等。高邮，城北门大街外商贾云集，东有东台街、新巷口街，西有多宝楼街、太平街，大街两旁兴起了估衣、当铺、毛皮、水鲜、竹木等市场。南门大街的兴起晚于北门大街，随着盂城驿的设立而发展成为食盐和粮食集散中心，附近有运粮巷、盐塘巷。扬州，商业区主要分布在码头、钞关附近，主要商业街有东关街、南门街、便益门街、钞关、埂子街、河下街等，以这些商业街为骨干，两侧形成了各行业聚集的巷弄，如剪刀巷、打铜巷、彩衣巷、芝麻巷、灯草巷、皮市巷等。

而且街巷和店铺的数量不断增加。明代张爵《京师五城坊巷胡同集》记载北京有街巷1 170条，清代朱一新《京师坊巷志稿》中记载北京街巷增加为2 077条。地处运河交通要道的临清，在正德年间（1506—1521年）已是北方最大的纺织品和粮食贸易中心，各类店铺布列其中。到隆庆、万历间（1567—1620年），临清有布店73家、缎店32家、杂货店65家、瓷器店20余家、纸店24家、辽东货大店13家、典当百余家、客店大小数百家。

（五）建筑、园林数量增加

桥梁、会馆、驿站、寺庙等由少到多、从边缘到中心，是城镇发展的见证。杭州的拱宸桥，装载各种商品的船只往来穿梭。苏州城西的阊门、枫桥、虎丘、胥门一带会馆集中，促进了城镇聚落和街巷的形成，山塘街便是著名的"会馆弄"。高邮盂城驿的设立，促进了南门大街的快速发展。济宁清真寺有九座之多，均位于运河以及越河两岸，周围往往形成集市或社区。

园林方面，漕路上盐商的宅第园林是城镇商品经济发展的重要体现。例如，随着盐业、漕运的兴盛，扬州出现了许多著名的园林和盐商住宅，"园林之胜，甲于天下"。据统计，扬州城内私家园林最盛时达200余处。著名的有建于清嘉庆二十三年（1818年）的个园，建于清光绪年间的汪鲁门宅，建于清光绪二十三年（1897年）的盐商卢绍绪宅。淮安河下镇"贾舶连檣，云集湖嘴，回空载重百货山列。继之纲盐集顿，鹾商纷纷投足。从而人文蔚起，甲第相望,园亭林立"①。清初为淮北盐运分司及盐运监掣机构驻地,繁盛局面持续300年之久,有大量豪宅、别墅、园林,以至于李元庚还专门撰写《山阳河下园亭记》一书予以记述。苏州随着商品经济的日趋繁荣,明嘉靖前后掀起建园的高潮,乾隆《苏州府志》记载明代苏州城内的园林40余处,清代以后持续增加,主要集中在城的中北部,体现出了城市水系的变迁。

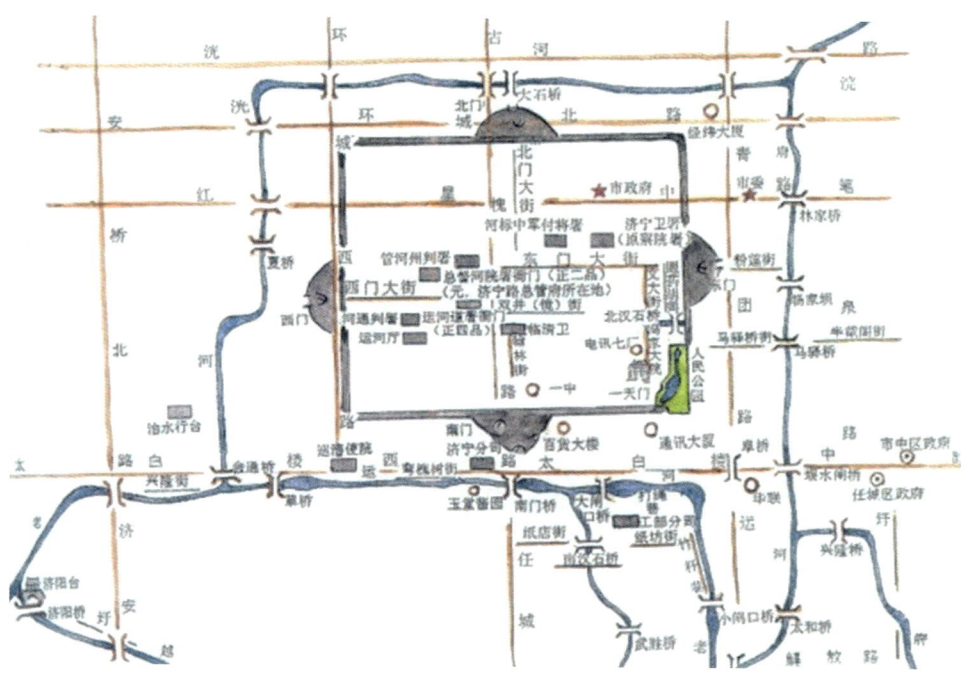

济宁河漕衙门位置示意图②

总之,交通优势是运河沿线城市发展的重要条件,除了军事型、政治型城市外,因商品经济而发展起来的经济型的城市持续增加。而且城市的发展多与仓储、人口、商业等密切相关,城内出现许多以商品或行业命名的专业性街巷。而一旦大运河出现断流淤塞或新的交通方式出现,这些传统运河城市的交通优势就会消失,会对当地的经济带来致命的影响,出现不同程度的城市衰落。

① 淮安河下志·疆域。
② 杜庆生,李广春.中国运河之都——济宁.济南:山东画报出版社,2001.

第五节　运河粮路历史影响

视频
运河粮路
总览

粮路要道的开凿是由中国特殊的自然地理环境决定的，体现了古代劳动人民的聪明与才智。"漕运者，四方赋供之命脉也"①，如果没有每年约400万石的漕粮运输，国家不会投巨资不遗余力地开挖、疏浚、管理和维护运河，运河粮路也不会如此畅通无阻。只有在运河畅通的条件下，才有利于粮路功能的发挥，才能在满足京城、边防以及卫所粮食供给的同时，便利商民船只的往来，促进商品经济的发展。

一、承载着国家的命运

运河粮路是国家重要的经济命脉和维系大一统的政治纽带，粮路的畅通加强了北方政治中心与南方经济区域的联系，对于南北经济文化交流以及国家统一作用巨大。大一统的趋势是中国历史的主流，全国性运河交通网络的出现是大一统的结果，也有利于大一统局面的巩固和发展。隋唐以及元明清时期是中国的大一统时期，同时也是运河粮路畅通、作用充分发挥的时期，促进了各地区的经济联系，影响到城市的布局与发展。

二、活跃了商品流通

尽管漕粮本身不是商品，但伴随这一过程的商业活动无处不在，通过物资和人员的流动，给沿途地区带来了经济繁荣。因此可以说，运河粮路是交通要道也是商品流通之路，运河粮路即商路。物资运输是运河粮路最本质的功能，作为南北经济交流的大动脉，粮路密切了运河区域的经济联系，便利了各地的商人往来，扩大了商品的流通范围，促进了沿线城镇的兴起与发展，随着南北经济联系的加强，运河在全国的商品流通中占有突出的地位，统一的运河区域市场也在形成，沿线百姓的生活深受粮路的影响。

---

① 乾隆山阳县志·东河船政厅题名记。

三、促进了各地的交通网络建设

商品流通不仅仅是物资的互通有无，还加强了各地区的相互联系。为了联通运河主干道，各地的水陆交通网络不断开拓，商业线路不断延伸，流通范围不断扩大，越来越多的地区被纳入商品流通的洪流之中，地方商品市场得到发展，以集镇为中心的地方小市场便利了农村百姓的商品交流活动。但是需要指出的是，运河粮路上的商品流通很多是单向的，且多限于大宗生产资料和生活资料，而且正如黄仁宇在《明代的漕运》中所指出的，漕河粮路的商业发展从未建立在健全而宽广的基础之上。

四、推动了文化的交流与传播

在频繁的商品经济交流中，在各族人民长期的生产和生活实践中，流动的黄金水道便利了文化的交流与传播，齐鲁文化、吴越文化、燕赵文化等在这里交融，中外文化在这里碰撞，运河粮路成为南北文化交流与传播的重要载体。

时至今日，古老的运河粮路作为鲜活的、流动的人类文化遗产依旧发挥作用，继续为商品经济的发展服务。京杭运河部分河段是北煤南运、南水北调的黄金水道，一些续建、扩建工程正在进行当中。未来运河的输送能力将不断提高。

今日大运河

扩展阅读文献

1. 全汉升.唐宋帝国与运河.北京：商务印书馆，1946.
2. ［法］布罗代尔.15至18世纪的物质文明、经济和资本主义.施康强，顾良，译.北京：生活·读书·新知三联书店，1993.
3. 王兆祥，刘文智.中国古代的商人.北京：商务印书馆，1995.
4. 李文治，江太新.清代漕运.北京：中华书局，1995.
5. 范金民.明清江南商业的发展.南京：南京大学出版社，1998.
6. 许檀.明清时期山东商品经济的发展.北京：中国社会科学出版社，1998.
7. 黄仁宇.明代的漕运.北京：新星出版社，2005.
8. 陈桥驿.中国运河开发史.北京：中华书局，2008.
9. ［日］松浦章.清代内河水运史研究.董科，译.南京：江苏人民出版社，2010.
10. 陈薇，等.走在运河线上：大运河沿线历史城市与建筑研究.北京：中国建筑工业出版社，2013.

作者简介

王茹芹,二级教授。中国商业史学会会长、中国商业经济学会副会长。中国人民政治协商会议北京市第十一届委员会委员。曾任全国商业职业教育教学指导委员会副主任、秘书长,北京财贸职业学院院长。京商研究发起人,创建"京商文化"体系,创办《北京商业》刊物和"京商论坛";出版《京商论》《北京商业研究》等著作。国家第二轮修志《北京志·商业志》主编。担任北京市政府商业顾问10余年,主持完成北京市政府"九五""十五""十一五"商业发展规划等省部级课题十余项,担任了10多家商业大企业集团的战略顾问;策划主持国家宣传文化基金项目"中国商贸经典文化"进课堂。在商科专业建设、人才培养、文化传播等方面做出重要贡献,并在全国商业领域和高等职业教育领域享有较高的声誉。

图书在版编目（CIP）数据

中国商路文化 / 王茹芹编著. -- 北京：高等教育出版社，2019.10

ISBN 978-7-04-052570-0

Ⅰ.①中⋯ Ⅱ.①王⋯ Ⅲ.①商业史－研究－中国－古代 Ⅳ.①F729.2

中国版本图书馆CIP数据核字(2019)第181785号

中国商路文化
Zhongguo Shanglu Wenhua

策划编辑	康 蓉	责任编辑	康 蓉
封面设计	赵 阳	版式设计	赵 阳
插图绘制	黄云燕	责任校对	刁丽丽
责任印制	耿 轩		

出版发行	高等教育出版社
社　　址	北京市西城区德外大街4号
邮政编码	100120
印　　刷	北京市白帆印务有限公司
开　　本	787mm×1092mm 1/16
印　　张	18.75
字　　数	310千字
购书热线	010-58581118
咨询电话	400-810-0598
网　　址	http://www.hep.edu.cn
	http://www.hep.com.cn
网上订购	http://www.hepmall.com.cn
	http://www.hepmall.com
	http://www.hepmall.cn
版　　次	2019年10月第1版
印　　次	2019年10月第1次印刷
定　　价	49.80元

本书如有缺页、倒页、脱页等质量问题，请到所购图书销售部门联系调换
版权所有　侵权必究
物 料 号　52570-00
审 图 号　GS(2019)2362号

郑重声明

高等教育出版社依法对本书享有专有出版权。任何未经许可的复制、销售行为均违反《中华人民共和国著作权法》，其行为人将承担相应的民事责任和行政责任；构成犯罪的，将被依法追究刑事责任。为了维护市场秩序，保护读者的合法权益，避免读者误用盗版书造成不良后果，我社将配合行政执法部门和司法机关对违法犯罪的单位和个人进行严厉打击。社会各界人士如发现上述侵权行为，希望及时举报，本社将奖励举报有功人员。

反盗版举报电话　（010）58581999　58582371　58582488
反盗版举报传真　（010）82086060
反盗版举报邮箱　dd@hep.com.cn
通信地址　北京市西城区德外大街4号　高等教育出版社法律事务与版权管理部
邮政编码　100120

防伪查询说明

用户购书后刮开封底防伪涂层，利用手机微信等软件扫描二维码，会跳转至防伪查询网页，获得所购图书详细信息。用户也可将防伪二维码下的20位密码按从左到右、从上到下的顺序发送短信至106695881280，免费查询所购图书真伪。

反盗版短信举报

编辑短信"JB，图书名称，出版社，购买地点"发送至10669588128
防伪客服电话
（010）58582300